»Dieses Buch ist für mich ein Herzensprojekt. Es geht um unsere eigene Stimme – um all die Momente, in denen Frauen sich erheben.«

Cecelia Ahern

Da ist die Frau, die im Boden versinkt und dort auf jede Menge anderer Frauen trifft. Oder die Frau, die auf ihrem Grundstück Zweifel sät. Eine andere Frau, deren Uhr so laut tickt, dass sie nicht schlafen kann, und eine, die aus ihrer Schublade herausklettert. Lauter Frauen, denen gerade dann Flügel wachsen, wenn sie es gar nicht erwarten. So wie es für uns alle in jedem Moment möglich ist, wenn wir nur auf uns selbst hören.

In ihren Romanen berührt Cecelia Ahern Millionen Leserinnen und Leser. Mit diesem besonderen Story-Projekt stellt sie mit sprudelnder Phantasie und liebevollem Humor die Fragen, die uns bewegen: Wer bin ich in dieser Welt? Und wer bestimmt das eigentlich? Was ist mir wirklich wichtig? Und was ist für Frauen alles möglich?

25 Millionen weltweit verkaufte Bücher und ein Ausnahmetalent: Was *Cecelia Ahern* als Schriftstellerin auszeichnet, ist ihre Phantasie, mit der sie den Alltag wunderbar macht und Geschichten erzählt, die Herzen berühren. Und sie ist vielseitig wie wenige andere: Cecelia Ahern schreibt Familiengeschichten genauso wie Liebesromane und Jugendbücher, sie verfasst Novellen, Storys, Drehbücher, Theaterstücke und TV-Konzepte. Ihre Werke erobern jedes Mal die Bestsellerlisten, viele davon wurden verfilmt, so zum Beispiel »P. S. Ich liebe Dich« mit Hilary Swank oder »Für immer vielleicht« mit Sam Claflin. Cecelia Ahern wurde 1981 geboren, hat Journalistik und Medienkommunikation studiert und lebt mit ihrem Mann und ihren beiden Kindern im Norden von Dublin.

Jetzt ganz neu: die überraschende Fortsetzung des Weltbestsellers »P. S. Ich liebe Dich«: **»Postscript – Was ich dir noch sagen möchte«**

Weitere Informationen finden Sie auf www.fischerverlage.de

Cecelia Ahern

Aus dem Englischen von
Christine Strüh

FISCHER Taschenbuch

2. Auflage: Januar 2020

Erschienen bei FISCHER Taschenbuch
Frankfurt am Main, Januar 2020

Die Originalausgabe erschien 2018 unter dem Titel »Roar« im
Verlag HarperCollins, London
© 2018 Cecelia Ahern

Für die deutschsprachige Ausgabe:
© 2018 S. Fischer Verlag GmbH, Hedderichstr. 114,
D-60596 Frankfurt am Main

Satz: Pinkuin Satz und Datentechnik, Berlin
Druck und Bindung: GGP Media GmbH, Pößneck
Printed in Germany
ISBN 978-3-596-70346-3

Für all die Frauen, die ...

I am woman, hear me roar, in numbers too big to ignore.
Helen Reddy und Ray Burton

Inhalt

1. Die Frau, die langsam verschwand 9
2. Die Frau, die man ins Regal gestellt hatte 23
3. Die Frau, der Flügel wuchsen 33
4. Die Frau, die von einer Ente gefüttert wurde 42
5. Die Frau, die Bissspuren auf ihrer Haut entdeckte 51
6. Die Frau, die dachte, ihr Spiegel sei kaputt 66
7. Die Frau, die im Boden versank und dort auf andere Frauen traf 79
8. Die Frau, die das »Seelachs-Special« bestellte 95
9. Die Frau, die Fotos verspeiste 103
10. Die Frau, die ihren Namen vergaß 112
11. Die Frau, deren Uhr tickte 127
12. Die Frau, die Zweifel säte 136
13. Die Frau, die ihren Ehemann zurückgab 150
14. Die Frau, die ihren gesunden Menschenverstand verlor 171
15. Die Frau, die in die Schuhe ihres Mannes schlüpfte 180
16. Die Frau, die ein Spatzenhirn hatte 193
17. Die Frau, die ihr Herz quasi auf der Zunge trug 206
18. Die Frau, die Rosa trug 215
19. Die Frau, die abhob 236

20. Die Frau, die ein gutes Nervenkostüm besaß *244*
21. Die Frau, die Frauensprache sprach *256*
22. Die Frau, die die Welt in ihrer Auster fand *268*
23. Die Frau, die die Hoden hütete *277*
24. Die Frau, die in eine Schublade gesteckt wurde *283*
25. Die Frau, die auf einen Zugwagen aufsprang *292*
26. Die Frau, die lächelte *305*
27. Die Frau,die dachte,anderswo wäre das Grasgrüner *309*
28. Die Frau, die völlig aufgelöst war *319*
29. Die Frau, die sich das Beste herauspickte *331*
30. Die Frau, die brüllt *339*

1
Die Frau, die langsam verschwand

1.

Es klopft leise, dann geht die Tür auf. Schwester Rada kommt herein und macht sie hinter sich wieder zu.

»Ich bin hier«, sagt die Frau leise.

Rada blickt im Zimmer umher, dem Klang der Stimme folgend.

»Ich bin hier, ich bin hier, ich bin hier, ich bin hier«, wiederholt die Frau leise, bis Rada aufhört, nach ihr zu suchen.

Ihr Blick fixiert eine Stelle, die etwas zu hoch und zu weit links ist, also eher in Richtung der vom Regen schon fast weggewaschenen Vogelkacke auf der Fensterscheibe.

Die Frau sitzt auf dem Fensterbrett, von dem sie eine gute Aussicht über den ganzen Campus hat, und seufzt leise. Als sie in die Universitätsklinik kam, war sie so voller Hoffnung, hier geheilt zu werden, aber jetzt, sechs Monate später, fühlt sie sich wie eine Laborratte, deren Zustand Wissenschaftler und Ärzte trotz aller Bemühungen und aller ausgeklügelten Untersuchungen einfach nicht verstehen.

Festgestellt wurde lediglich eine seltene, komplizierte genetische Störung, durch die die Chromosomen der Frau immer mehr verblassen. Sie zerstören sich nicht selbst, sie hören auch nicht einfach auf zu arbeiten, sie mutieren nicht – sämtliche Organe im Körper funktionieren normal, alle Tests weisen darauf hin, dass die Frau gesund und wohlauf ist. Kurz gesagt, sie verschwindet, ist aber noch da.

Zunächst geschah es fast unmerklich. Zwar hörte die Frau des Öfteren Sätze wie: »Oh, ich hab dich gar nicht gesehen«, wurde angerempelt, oder jemand trat ihr auf die Zehen, aber es löste bei niemandem Alarm aus. Jedenfalls nicht zu Anfang.

Die Frau verschwand ganz gleichmäßig, das heißt, es fehlte ihr nicht erst eine Hand, dann plötzlich ein Zeh oder ein Ohr, nein, es geschah ganz allmählich; sie verblasste einfach immer mehr, wurde ein Schimmer, vergleichbar mit einem Hitzeschleier auf der Autobahn, eine schwache Silhouette mit einer flirrenden Mitte. Wenn man sich anstrengte, konnte man gerade eben noch erkennen, dass die Frau da war, je nach Hintergrund und Umgebung mal stärker, mal schwächer. Ziemlich schnell fand sie heraus, dass man sie in vollen und lebhaft dekorierten Räumen am besten sehen konnte – vor einer glatten Wand war sie praktisch unsichtbar. Also besorgte sie sich gemusterte Tapeten und dekorative Sesselbezüge, denn wenn die Muster hinter ihrem nahezu transparenten Körper verschwammen, stutzten die Leute, kniffen die Augen zusammen und schauten zweimal hin. Selbst als sie schon so gut wie unsichtbar war, kämpfte die Frau auf diese Weise weiter darum, wahrgenommen zu werden.

Nun wird die Frau seit Monaten nicht nur von Wissenschaftlern und Ärzten untersucht, sondern auch von zahlreichen Journalisten interviewt und von Fotografen fotografiert, die ihr ganzes Können einbringen, um sie bestmöglich auszuleuchten und ein einigermaßen stabiles Bild von ihr einzufangen. Aber keiner von all diesen Menschen hat ihr wirklich geholfen. Sicher, viele von ihnen waren nett und fürsorglich, aber je schlimmer die Lage der Frau wird, umso enthusiastischer werden sie. Sie ist dabei zu verschwinden, und niemand, kein noch so weltberühmter Experte kann ihr sagen, warum.

»Hier ist ein Brief für Sie!« Rada reißt die Frau aus ihrer Grübelei. »Den wollen Sie garantiert gleich lesen.«

Neugierig geworden, schiebt die Frau ihre Gedanken fürs Erste beiseite. »Ich bin hier, ich bin hier, ich bin hier, ich bin hier«, sagt sie leise, wie man es ihr beigebracht hat. Den Umschlag in der Hand, folgt Rada dem Klang ihrer Stimme. Dann streckt sie die Hand aus und hält den Brief in die Luft.

»Danke«, sagt die Frau, nimmt ihn entgegen und betrachtet ihn eingehend. Zwar ist der Umschlag aus teurem altrosa Papier, aber er erinnert sie an eine Einladung zum Kindergeburtstag, und sie spürt die gleiche erwartungsvolle Spannung. Dass Rada so aufgeregt ist, weckt ihre Neugier. Post ist nichts Ungewöhnliches, jede Woche treffen Dutzende Briefe ein: von Experten, die der Frau ihre Dienste anbieten, von Schmeichlern, die mit ihr Freundschaft schließen, von religiösen Fanatikern, die sie ins Exil schicken wollen, von schmierigen Männern, die sie anflehen, ihre perversen Wünsche an ihr ausleben zu dürfen, weil sie nicht sichtbar, aber fühlbar ist. Doch sie muss zugeben, dass dieser Umschlag, auf dem in wunderschöner Schnörkelschrift ihr Name steht, einen ganz anderen Eindruck erweckt.

»Ich glaube, ich weiß, woher der Brief kommt«, verkündet Rada und setzt sich neben die Frau.

Vorsichtig öffnet die Frau den teuren Umschlag. Er hat etwas zugleich Luxuriöses und zutiefst Hoffnungsvolles, fast Tröstliches an sich. Sie zieht eine handgeschriebene Karte heraus.

»Professor Elizabeth Montgomery«, lesen die Frau und Rada einstimmig vor.

»Hab ich's doch gewusst!«, ruft Rada, greift nach der Hand, in der die Frau die Karte hält, und drückt sie fest.

2.

»Ich bin hier, ich bin hier, ich bin hier, ich bin hier, ich bin hier«, wiederholt die Frau, als das Pflegepersonal erscheint, um ihr beim Umzug in die neue Einrichtung zu helfen, die nun – keiner weiß, für wie lange – ihr Zuhause werden soll. Rada und ein paar andere Schwestern, mit denen die Frau sich angefreundet hat, begleiten sie aus dem Zimmer und bringen sie zu der Limousine, die Professor Elizabeth Montgomery eigens für sie hergeschickt hat. Nicht alle Ärzte sind da, um sich zu verabschieden; einige bleiben fern, um dagegen zu protestieren, dass die Frau die Klinik verlässt, in der man sich doch mit ihr und ihrem Fall so viel Mühe gegeben hat.

»Ich bin drin«, verkündet die Frau leise, und die Autotür schließt sich.

3.

In keiner Phase war das Verschwinden mit körperlichen Schmerzen verbunden. Doch die Gefühle, die damit einhergingen, standen auf einem ganz anderen Blatt.

Schon seit einiger Zeit hatte die Frau das Gefühl gehabt zu verschwinden, ungefähr seit sie fünfzig geworden war.

Vor drei Jahren war ihr dann zum ersten Mal die körperliche Veränderung aufgefallen. Der Prozess verlief langsam, aber stetig. Oft bekam sie zu hören: »Ich hab dich gar nicht gesehen« oder: »Wann bist du denn reingekommen, ich dachte, du wärst nicht da.« Immer wieder hielten Kollegen mitten im Gespräch inne, um ihr den Anfang einer Geschichte zu erklären, obwohl sie die ganze Zeit neben ihnen gestanden und alles mitbekommen hatte. Sie wurde es müde, anderen ständig erklären zu müssen, dass sie längst da war, aber im Lauf der Zeit machte ihr die Häufigkeit solcher Kommentare zunehmend Sorgen. Sie fing an, sich farbenfroher zu kleiden, ließ sich Strähnchen in die Haare machen, sprach lauter, äußerte immer ihre Meinung, bewegte sich mit stampfenden Schritten – kurz, sie tat alles, um Aufmerksamkeit zu erregen. Manchmal hätte sie jemanden am liebsten gepackt und den Kopf des Betreffenden in ihre Richtung gedreht, um einen Blickkontakt zu erzwingen. Immer wieder kämpfte sie mit dem Impuls zu schreien: *Schaut mich doch an!*

An den schlimmsten Tagen ging sie überfordert und verzweifelt nach Hause und musste erst mal in den Spiegel schauen, um sich zu vergewissern, dass sie überhaupt noch da war. Da sich ihr in der U-Bahn immer öfter der Verdacht aufdrängte, dass sie endgültig verschwunden war, steckte sie schließlich einen Taschenspiegel ein, den sie von nun an stets bei sich trug.

Sie war in Boston aufgewachsen und dann nach New York gezogen, weil sie dachte, eine Stadt mit acht Millionen Einwohnern wäre der ideale Ort, um Freundschaft, Liebe und gute Beziehungen zu finden und ein erfülltes Leben zu führen. Lange Zeit klappte es auch ganz gut, aber irgendwann begann sie sich einsam zu fühlen, und zwar umso einsamer, je mehr Menschen um sie herum waren – es war, als verstärke sich dadurch ihre Einsamkeit. Sie arbeitet nicht mehr; vorher hatte sie einen Job bei einem Finanzdienstleister, der in 156 Ländern hundertfünfzigtausend Menschen beschäftigte. In ihrem Bürogebäude in der Park Avenue arbeiteten fast dreitausend Angestellte. Aber die Jahre vergingen, und auch dort kam sie sich zunehmend übergangen und unsichtbar vor.

Mit achtunddreißig Jahren stellten sich bei ihr vorzeitig die Wechseljahre ein, und zwar sehr heftig. Nachts im Bett schwitzte sie oft so, dass sie zweimal die Laken wechseln musste, und in ihrem Innern entwickelte sich eine explosive Wut und Frustration. In dieser Zeit war sie am liebsten allein. Bestimmte Stoffe reizten ihre Haut und lösten Hitzewallungen aus, was wiederum wütende Ausraster nach sich zog. Innerhalb von zwei Jahren nahm sie zehn Kilo zu. Zwar kaufte sie sich neue Kleider, aber nichts fühlte sich richtig an, nichts passte wirklich. Sie fühlte sich einfach nicht wohl in ihrer Haut. Vor allem in männerdominierten Meetings wurde sie rasch unsicher, obwohl sie dieses Problem bisher nie gekannt hatte. Sie war überzeugt, dass jeder Mann im Raum wusste, was mit ihr los war, dass alle die plötzlich aufsteigende Röte an ihrem Hals, die Schweißperlen auf ihrem Gesicht bemerkten und dass jeder es mitkriegte, wenn ihr mitten in einer Präsentation oder einem Geschäftsessen plötzlich die Klamotten am Leib klebten. In dieser Phase konnte die Frau es nicht ertragen, wenn jemand sie anschaute. Sie wollte von niemandem gesehen werden.

Wenn sie abends ausging, sah sie schöne junge Körper, die in knappen Kleidern und auf absurd hohen Absätzen zu Songs tanzten, die sie gut kannte und hätte mitsingen können – schließlich lebte sie ja auch auf diesem Planeten, selbst wenn er nicht mehr für sie gemacht zu sein schien und die Männer in ihrem Alter den jungen Frauen auf der Tanzfläche mehr Aufmerksamkeit schenkten als ihr.

Dabei ist sie noch immer ein wertvoller Mensch, der der Welt etwas zu bieten hat. Nur fühlt es sich für sie nicht so an.

Inzwischen kennt jeder sie aus Zeitungsberichten als »die Frau, die verschwindet« oder »die Frau, die sich auflöst« – mit ihren inzwischen achtundfünfzig Jahren hat sie weltweit für Schlagzeilen gesorgt. Aber keiner der aus der ganzen Welt angereisten Spezialisten, die ihren Körper und ihren Geisteszustand untersucht haben, ist zu einem überzeugenden Schluss gelangt, viele sind unverrichteter Dinge und enttäuscht wieder abgezogen. Dennoch wurden wissenschaftliche Aufsätze veröffentlicht, Preise verliehen und Koryphäen mit Beifall überschüttet.

Vor sechs Monaten kam der letzte Schub. Inzwischen ist die Frau nur noch ein schimmernder Schemen und sehr erschöpft. Sie weiß, dass die mit großem Enthusiasmus angereisten Spezialisten sie nicht heilen können. Jedes Mal, wenn einer von ihnen die Hoffnung aufgibt, sinkt auch die Zuversicht der Frau wieder ein Stück.

4.
Doch als sie sich ihrem Ziel in Provincetown auf Cape Cod nähern, machen Unsicherheit und Angst plötzlich einer ganz neuen Zuversicht Platz. Professor Elizabeth Montgomery erwartet sie schon an der Tür ihrer Praxis, einem ehemaligen Leuchtturm, der auf die Frau wie ein mächtiges Fanal der Hoffnung wirkt.

Der Fahrer öffnet die Tür der Limousine. Die Frau steigt aus.

»Ich bin hier, ich bin hier, ich bin hier, ich bin hier«, sagt sie, während sie den Weg hinaufgeht, um Professor Montgomery zu begrüßen.

»Was in aller Welt reden Sie denn da?«, fragt die Ärztin stirnrunzelnd.

»Das hat man mir so beigebracht«, antwortet die Frau leise. »Damit die Leute wissen, wo ich bin.«

»Das können Sie hier ruhig bleibenlassen«, erklärt Professor Montgomery etwas barsch.

Zuerst fühlt die Frau sich zurechtgewiesen und ärgert sich, weil sie, kaum angekommen, gleich ins Fettnäpfchen getreten ist, aber dann merkt sie, dass Professor Montgomery ihr direkt in die Augen schaut. Sie legt der Frau eine Kaschmirdecke um die Schultern und führt sie die Stufen zu dem Leuchtturm hinauf, während der Fahrer das Gepäck holt. So wie Professor Montgomery hat – abgesehen von der Campuskatze – seit langer Zeit die Frau niemand mehr angesehen.

»Willkommen im ›Montgomery-Leuchtturm für Frauen auf dem Vormarsch‹«, beginnt Professor Montgomery und öffnet die Tür. »Der Name ist ein bisschen eitel und sperrig, aber er hat sich durchgesetzt. Anfangs haben wir unsere Einrichtung ›Montgomery Retreat für Frauen‹ genannt, aber das habe ich ziemlich bald geändert. In ›Retreat‹ schwingt immer der Rückzug mit, mit allen seinen negativen Implikationen. Aber wir gehen unseren Schwierigkeiten hier nicht aus dem Weg, wir fliehen nicht vor Situationen, die uns gefährlich oder unangenehm erscheinen. Ganz im Gegenteil. Wir sind auf dem Vormarsch, wir kommen voran, wir blicken in die Zukunft, wir entwickeln uns weiter.«

Ja! Genau das braucht die Frau. Keinen Rückzug, kein Ausweichen. Sie möchte die Vergangenheit hinter sich lassen.

Professor Montgomery führt sie in den Empfangsbereich. Hier ist der Leuchtturm zwar immer noch sehr schön, aber auch irgendwie unheimlich und leer.

»Tiana, das ist unser neuer Gast.«

Auch Tiana blickt der Frau direkt in die Augen und drückt ihr einen Zimmerschlüssel in die Hand. »Herzlich willkommen.«

»Danke«, flüstert die Frau. »Warum kann sie mich sehen?«, fragt sie die Ärztin leise im Weitergehen.

Aber Professor Montgomery legt ihr nur aufmunternd die Hand auf die Schulter. »Es gibt viel zu tun. Am besten, wir legen gleich los, ja?«

Ihre erste Sitzung findet in einem der Zimmer statt, von denen man einen herrlichen Blick auf den Strand von Race Point hat. Hier, wo man die Wellen ans Ufer schlagen und die Möwen kreischen hört, wo man die salzige Seeluft und das Aroma der Duftkerzen einatmet, erinnert nichts an die typische sterile Klinikatmosphäre, in der die Frau so lange eingesperrt war. Hier kann sie sich endlich entspannen.

Professor Montgomery nimmt in einem mit dicken weichen Kissen gepolsterten Korbsessel Platz und gießt Pfefferminztee in zwei überhaupt nicht zusammenpassende Tassen. Die Ärztin ist sechsundsechzig Jahre alt, hochintelligent und hochdekoriert, Mutter von sechs Kindern, geschieden, zum zweiten Mal verheiratet und das glamouröseste Wesen, dem die Frau je begegnet ist.

»Meine Hypothese«, beginnt sie und zieht die Beine auf den Sessel, »meine Hypothese lautet, dass Sie sich selbst zum Verschwinden gebracht haben.«

»Ich bin also *selbst* schuld daran?«, fragt die Frau, hört ihre Stimme lauter werden und spürt Wut und Hitze in sich aufsteigen. Der kurze Moment der Entspannung ist schon wieder vorüber.

Professor Montgomery lächelt ihr zauberhaftes Lächeln. »Aber ich gebe nicht Ihnen allein die Schuld daran. Mindestens ebenso verantwortlich ist die Gesellschaft, in der wir leben. Die zum Beispiel junge Frauen vergöttert und sexualisiert. Die der äußerlichen Schönheit und Attraktivität viel zu viel Bedeutung beimisst. Die Frauen unter Druck setzt, den Erwartungen anderer gerecht zu werden, auf eine Art, die Männer nicht kennen.«

Ihre Stimme ist hypnotisierend. Sanft. Aber bestimmt. Ohne Wut. Sie wertet nicht. Sie ist weder bitter noch traurig. Sie ist einfach, wie sie ist. Weil alles ist, wie es ist.

Die Frau bekommt eine Gänsehaut und setzt sich auf, ihr Herz pocht. So etwas hat sie noch nie gehört. Seit vielen Monaten ist dies die erste wirklich neue Hypothese, und sie berührt die Frau in Körper und Seele.

»Wahrscheinlich können Sie sich vorstellen, dass viele meiner männlichen Kollegen meine Einschätzung nicht teilen«, fügt die Ärztin trocken hinzu und nippt an ihrem Tee. »Für sie ist das eine bittere Pille, schwer zu schlucken. Deshalb habe ich angefangen, mein eigenes Ding zu machen. Sie sind nicht die erste verschwindende Frau, die zu mir kommt.« Die Frau sperrt die Augen auf.

»Ich habe viele Frauen getestet und analysiert, genau wie die Experten es mit Ihnen gemacht haben«, fährt Professor

Montgomery fort. »Aber es hat eine ganze Weile gedauert, bis ich begriffen habe, wie man diesen Zustand erfolgreich behandeln kann – ich musste erst ein bisschen älter werden, um es wirklich zu durchschauen.

Zu meinen wichtigsten Themen, zu denen ich viel geforscht und über die ich viel veröffentlicht habe, gehört die Tatsache, dass Frauen, wenn sie älter werden, zunehmend aus der Wahrnehmung der Gesellschaft verschwinden. Weder im Fernsehen noch in Filmen noch in den gängigen Modezeitschriften tauchen sie noch auf. Wenn überhaupt, dann lässt man sie im Vorabendprogramm über das Nachlassen ihrer Körperfunktionen oder sonstige Alterserscheinungen erzählen oder für Mittelchen Werbung machen, die den Alterungsprozess bekämpfen sollen. Als müsste man das Älterwerden besiegen. Klingt das vertraut für Sie?«

Die Frau nickt.

Professor Montgomery macht weiter: »Im Fernsehen werden ältere Frauen gern als neidzerfressene Hexen dargestellt, die einem Mann oder einer jungen Frau das Leben vermiesen, oder sie sind passiv und unfähig, ihr eigenes Leben zu leben. Frauen über fünfundfünfzig existieren auch als Zielgruppe so gut wie überhaupt nicht mehr. Es ist, als wären sie einfach nicht mehr da. Und ich habe festgestellt, dass Frauen, die so behandelt werden, dies häufig verinnerlichen. Meine Erkenntnisse werden gern als feministische Tiraden abgetan, aber es ist kein leeres Geschwätz, es sind Beobachtungen.« Wieder nippt sie an ihrem Pfefferminztee und schaut zu, wie die Frau, die zu verschwinden drohte, langsam realisiert, was sie da hört.

»Sie haben also vor mir schon andere Frauen wie mich getroffen?«, fragt die Frau, noch immer verblüfft.

»Tiana, die am Empfangspult sitzt, war vor zwei Jahren, als sie hierhergekommen ist, genau im gleichen Zustand wie Sie jetzt.«

Professor Montgomery hält inne und lässt der Frau Zeit, den Satz auf sich wirken zu lassen.

»Wen haben Sie gesehen, als Sie reingekommen sind?«, fragt sie dann.

»Tiana«, antwortet die Frau.

»Wen noch?«

»Sie.«

»Und sonst?«

»Niemanden.«

»Dann schauen Sie doch bitte noch mal genau hin.«

5.

Die Frau steht auf und geht zum Fenster. Sie sieht das Meer, den Strand, einen großen Garten. Doch dann stutzt sie, denn auf einmal entdeckt sie auf einer Schaukel auf der Veranda ein Schimmern und erkennt daneben eine schemenhafte Gestalt mit langen schwarzen Haaren, die aufs Wasser hinausblickt. Im Garten kniet eine fast transparente Figur und pflanzt Blumen. Je länger die Frau hinschaut, desto mehr andere Frauen sieht sie, alle in unterschiedlichen Stadien der Auflösung. Wie Sterne, die abends am dunkel werdenden Himmel auftauchen – je mehr sich ihre Augen daran gewöhnen, desto mehr entdeckt sie. Überall sind Frauen. Bei ihrer Ankunft ist sie an ihnen allen vorbeigegangen, ohne sie zu bemerken.

»Auch Frauen müssen lernen, andere Frauen zu sehen«, erklärt Elizabeth Montgomery. »Wenn wir einander nicht sehen, wenn wir uns selbst nicht sehen, wie können wir dann erwarten, dass andere uns wahrnehmen?« Die Frau ist überwältigt. »Die Gesellschaft hat Ihnen beigebracht, dass Sie nicht wichtig sind, dass Sie nicht existieren, und Sie haben gedacht, das ist die Wahrheit. Sie haben die Botschaft in sich aufgenommen, haben ihr erlaubt, Sie von innen her zu zerfressen. Sie haben sich selbst gesagt, dass Sie nicht wichtig sind, und Sie haben es sich geglaubt.«

Die Frau nickt überrascht.

»Also, was müssen Sie jetzt tun?« Montgomery legt die Hände um ihre Tasse und wärmt sich, ihre Augen bohren sich in die der Frau, als würden sie mit einem tieferen Teil von ihr kommunizieren, Signale senden, Informationen übertragen.

»Ich muss darauf vertrauen, dass ich wieder erscheine«, sagt die Frau schließlich, aber ihre Stimme klingt heiser, als hätte sie seit Jahren nicht mehr gesprochen. Sie räuspert sich.

»Da ist noch mehr«, ermuntert Montgomery sie.

»Ich muss an mich glauben.«

»Die Gesellschaft redet uns ja ständig ein, dass wir an uns glauben sollen«, meint Montgomery wegwerfend. »Das ist leicht gesagt, Worte sind billig. Woran müssen Sie denn im Einzelnen glauben?«

Die Frau denkt nach, dann wird ihr klar, dass es hier um mehr geht als nur darum, die richtigen Antworten zu finden. Woran möchte sie glauben?

»Dass ich wichtig bin, dass ich gebraucht werde, dass ich eine Bedeutung habe, dass ich nützlich bin und etwas gelte.« Sie zögert und schaut auf ihre Tasse. »Und sexy.« Langsam atmet sie durch die Nase ein und aus, allmählich baut sie Selbstvertrauen auf. »Dass ich ein wertvoller Mensch bin.

Dass ich Potential habe, dass mir Möglichkeiten offenstehen, dass ich immer noch neue Herausforderungen annehmen kann. Dass ich etwas beizutragen habe. Dass ich interessant bin. Dass ich noch lange nicht am Ende bin. *Dass ich hier bin* und dass die Leute das wissen sollen.« Beim letzten Satz bricht ihre Stimme.

Professor Montgomery stellt ihre Tasse auf dem Glastisch ab und greift nach den Händen der Frau. »Ich jedenfalls weiß, dass Sie hier sind. Ich sehe Sie.«

In diesem Augenblick weiß die Frau, dass sie zurückkommen wird. Dass es einen Weg für sie gibt. Für den Anfang wird sie sich auf ihr Herz konzentrieren. Danach wird alles andere von selbst kommen.

2
Die Frau, die man ins Regal gestellt hatte

Es begann kurz nach ihrem ersten Date, die Frau war sechsundzwanzig, alles prickelte und war funkelnagelneu. Sie hatte früh Feierabend gemacht, um zu ihrem neuen Freund zu fahren; den ganzen Tag schon hatte sie die Stunden gezählt bis zu ihrem Wiedersehen. Tatsächlich traf sie Ronald zu Hause an, er war damit beschäftigt, ein Regalbrett an der Wand anzubringen.

»Was machst du denn da?« Die Frau musste lachen, als sie das angestrengte Gesicht ihres Freunds sah, verschwitzt und schmutzig vom Heimwerken, aber mit großer Leidenschaft bei der Sache. Jetzt fand sie ihn noch attraktiver als vorher.

»Ich wollte ein Wandregal für dich machen.« Er sah sie kaum an, sondern hämmerte eifrig den nächsten Nagel ein.

»Ein Wandregal?!«

Aber er hämmerte unbeirrt weiter und checkte schließlich, ob das Brett richtig hing.

»Willst du damit andeuten, dass es dir gefallen würde, wenn ich bei dir einziehe?«, lachte sie, und ihr Herz klopfte. »Ich glaube, eigentlich musst du dann eine Schublade für mich vorbereiten, kein Regalbrett.«

»Natürlich möchte ich, dass du bei mir wohnst. Am liebsten ab sofort. Außerdem wünsche ich mir, dass du deinen Job an den Nagel hängst und dich auf diesem Wandregal niederlässt, damit jeder dich anschauen und bewundern kann. Damit jeder sieht, was ich sehe, nämlich die schönste Frau der Welt. Du musst keinen Finger rühren. Du musst überhaupt nichts tun. Weiter nichts, als auf diesem Brett sitzen und geliebt werden.«

Ihr wurde ganz warm ums Herz, Tränen traten ihr in die Augen. Schon am nächsten Tag nahm die Frau auf dem Brett Platz. Eineinhalb Meter über dem Boden, in der rechten Nische des Wohnzimmers, gleich neben dem Kamin, so traf sie Ronalds Familie und seine Freunde zum ersten Mal. Alle standen mit ihren Drinks um Ronalds neue große Liebe herum und bewunderten sie. Dann setzten sie sich an den Esstisch im Esszimmer nebenan, und obwohl die Frau nicht alle sehen konnte, konnte sie sie doch hören und sich nach Belieben ins Gespräch einschalten, wenn sie es wollte. Sie hatte das Gefühl, über allen zu schweben – angebetet, geliebt, respektiert von Ronalds Freunden, verehrt von seiner Mutter, beneidet von seinen Exfreundinnen. Immer wieder blickte Ronald stolz zu ihr empor, und sein strahlendes Gesicht sprach Bände. *Du gehörst mir.* Jung und begehrenswert, so glänzte und glitzerte sie neben der Vitrine mit seinen Pokalen, die an die Fußballtriumphe seiner Jugend und die Golferfolge neueren Datums erinnerten. Über dem Schränkchen hing, montiert auf eine mit einer kleinen Messingtafel versehenen Holzplatte, eine braune Forelle: der größte Fisch, den Ronald auf einem Angeltrip mit seinem Vater und seinem Bruder gefangen hatte. Für das Wandboard hatte er die Forelle eigens umgehängt, und deshalb betrachteten seine männlichen Freunde die Frau mit noch größerem Respekt. Und wenn ihre Familie und ihre Freunde zu Besuch kamen, konnten sie in dem Bewusstsein nach Hause gehen, dass die Frau an einem sicheren Ort untergebracht war, wo sie nicht nur vor allen Gefahren geschützt, sondern vergöttert und vor allem geliebt wurde.

Für ihren Mann war die Frau das Wichtigste auf der ganzen Welt. Alles drehte sich um sie und ihren Platz in seinem Zuhause, in seinem Leben. Er schmeichelte ihr, er verwöhnte sie und legte großen Wert darauf, dass sie ständig auf ihrem Wandboard zu finden war. Nur am Putztag gab es einen einzigen Moment, der dem Gefühl, so überaus wichtig zu sein, das Wasser reichen konnte. An diesem Tag ging Ronald nämlich sämtliche Trophäen durch und polierte sie auf Hochglanz. Dann hob er selbstverständlich auch seine Frau vom Regal, legte sie hin, und sie liebten sich. Blitzblank, mit neuem Glanz und voll frischer Energie, so kletterte sie dann wieder hinauf auf ihr Regalbrett.

Sie heirateten, die Frau kündigte ihren Job, kümmerte sich um die Kinder, verhätschelte sie, versorgte sie in schlaflosen Nächten auf dem Wandboard und beobachtete sie dann, wenn sie einschliefen, wie sie auf der Wolldecke oder im Laufstall unter ihr Babylaute machten und nach und nach immer größer wurden.

Da Ronald es am liebsten hatte, wenn die Frau allein auf dem Brett war, stellte er für die Kinder ein Kindermädchen ein. So konnte die Frau auch weiterhin den Platz einnehmen, den er für sie erbaut hatte, nichts von ihr ging an die Kinder verloren, und die besondere Beziehung zwischen ihr und ihrem Mann veränderte sich nicht.

Gelegentlich hörte die Frau Geschichten von Paaren, die sich trennten, nachdem sie eine Familie gegründet hatten, und von Ehemännern, die sich nach der Geburt eines Babys vernachlässigt fühlten. Das wollte sie um jeden Preis vermeiden, sie wollte immer für ihren Mann da sein, und sie wollte sich immer über alles geliebt fühlen. Das Wandregal war ihr Platz. Von dort kümmerte sie sich um alle, und weil sie im Haus eine so zentrale Stellung hatte, blickten alle zu ihr auf.

Doch als die Kinder groß waren und das Haus verlassen hatten, begann sich, zwanzig Jahre nachdem die Frau zum ersten Mal auf das Brett geklettert war, die Einsamkeit in ihr auszubreiten.

Und zwar unüberhörbar wie eine Alarmglocke.

Begonnen hatte es mit der Aufstellung des neuen Fernsehers. Die Frau konnte den Bildschirm nicht sehen, wenn Ronald sich etwas anschaute. Bisher hatte sie das gar nicht gestört, denn sie betrachtete sowieso lieber die Gesichter ihrer Kinder beim Fernsehen als den Fernseher selbst, aber jetzt war die Couch leer, das Zimmer still, und die Frau brauchte Ablenkung und ein bisschen Wirklichkeitsflucht. Sie sehnte sich nach Gesellschaft. Nun hatte Ronald einen neuen Fernseher gekauft, einen Flachbildschirm, den man an die Wand hängte, so dass er nicht gedreht werden konnte. Nicht nur die Kinder waren weg, die Frau konnte auch nicht fernsehen.

Dazu kamen noch die Besuchsabende, die Ronald seit einiger Zeit regelmäßig veranstaltete, ohne seine Frau einzuladen oder ihr auch nur etwas davon zu sagen. Es kamen Leute, die sie zum Teil überhaupt nicht kannte, auch Frauen, die ihr nicht geheuer waren – in ihrem eigenen Haus, direkt vor ihrer Nase. Von oben sah sie, wie Ronalds Leben unter ihr ohne sie weiterging, so als gehöre sie nicht mehr dazu. Noch lächelte sie, um ihre Irritation zu verbergen. Sie versuchte, den Kontakt aufrechtzuerhalten, mitzumachen, aber die anderen hörten sie kaum, sie waren es müde, ständig zu ihr hochzuschauen, es war ihnen inzwischen auch zu viel Mühe, ihretwegen lauter zu sprechen. Ronald dachte auch nicht mehr daran, ihr nachzuschenken, wenn ihr Glas leer war, er schaute nicht mehr nach ihr, geschweige denn, dass er sie den Gästen vorstellte. Es war, als hätte er komplett vergessen, dass sie überhaupt da war.

Vor ein paar Monaten hatte er angefangen, das Haus auszubauen, von der Küche zum Garten hin. Dort empfing er nun die Gäste und servierte das Essen. Das Fernsehzimmer, bisher der wichtigste Raum, Zentrum des ganzen Hauses, war zum kleinen gemütlichen Freizeitzimmer degradiert worden, hatte all seine Pracht verloren, und in der Frau machte sich immer mehr das Gefühl breit, dass sie gar keinen Platz mehr im Leben ihres Mannes hatte.

»Ronald«, sprach sie ihn eines Samstagabends an, als sie den ganzen Tag allein verbracht hatte, weil er auf dem Golfplatz gewesen war und die Kinder ihr eigenes Leben lebten.

Er saß auf dem Sofa und schaute sich im Fernsehen etwas an, was die Frau natürlich nicht sehen konnte. Er gab einen Laut von sich, blickte aber nicht zu ihr herauf.

»Ich hab das Gefühl, dass irgendwas nicht stimmt«, fuhr sie fort. Sie hörte das Zittern in ihrer Stimme, ihr war eng um die Brust. *Als du mich hierhergebracht hast, sollten alle Leute mich sehen, ich war das Zentrum deines Lebens, aber jetzt ... jetzt läuft alles weit weg von mir ab, ohne mich. Ich fühle mich abgehängt.*

Aber sie konnte es nicht aussprechen, die Worte kamen ihr einfach nicht über die Lippen. Schon der Gedanke machte ihr Angst. Sie mochte ihr Wandregal, sie fühlte sich wohl hier, es war ihr Platz, den sie schon so lange innehatte, sie wollte bleiben, wo sie war. Ihr Mann hatte ihr alle Sorgen und Verpflichtungen abgenommen, er hatte alles für sie erledigt.

»Möchtest du ein anderes Kissen?«, fragte er schließlich, nahm ein Sofakissen und warf es ihr zu. Sie fing es auf, schaute erst das Kissen, dann Ronald an, und ihr Herz klopfte wild, etwas in ihrem Inneren schmerzte. Ronald stand auf.

»Ich kann dir ein neues Kissen kaufen, ein größeres«, sagte er und stellte den Fernseher mit der Fernbedienung leiser.

»Aber ich möchte kein neues Kissen«, sagte sie leise, erstaunt über ihre Antwort, denn sonst hatte sie sich immer über solche Dinge gefreut.

Es war, als hätte er sie nicht gehört, vielleicht ignorierte er sie aber auch. Sie wusste es nicht.

»Ich bin mal für ein paar Stunden weg, bis später dann«, verkündete er und stand auf.

Wie in Schockstarre blickte sie auf die Tür, als sie hinter ihm ins Schloss gefallen war, und hörte, wie das Auto ansprang.

Es war ganz allmählich passiert, im Lauf der Jahre, aber für sie war dies ein Augenblick der Erkenntnis. Auf einmal ergaben all die kleinen Anzeichen ein Bild, und es war so eindeutig, dass sie fast von ihrem Brett gefallen wäre. Ihr Mann hatte sie hierhergesetzt, seine kostbare Frau, die er vergötterte, die er beschützen und die er allen zeigen wollte, und jetzt, nachdem man sie oft genug gesehen und bewundert hatte, nachdem jeder ihm zu *seinen* Errungenschaften gratuliert hatte, erfüllte sie keinen Zweck mehr. Jetzt war sie nichts anderes mehr als ein Möbelstück in einem Fernsehzimmer, ein Dekorationsobjekt wie seine Sporttrophäen. Ronalds vor langer Zeit bejubelte Heldentaten. Die Frau konnte sich nicht einmal mehr erinnern, wann er sie das letzte Mal zum Putzen und Polieren heruntergeholt hatte.

Zum ersten Mal merkte sie, wie unbequem es hier oben war, sie war schon ganz steif geworden. Ihr Körper brauchte dringend Bewegung. Sie musste sich strecken. Sie brauchte Platz, um zu wachsen. Sie hatte so viele Jahre auf diesem Wandbrett gesessen als Anhängsel von Ronald und seinen Leistungen, dass sie gar nicht mehr wusste, wer sie selbst war. Doch dafür konnte sie ihn nicht verantwortlich machen, schließlich war sie aus freien Stücken auf dieses Wandregal geklettert. Egoistisch und begierig hatte sie die Zuwendung entgegengenommen, das Lob, den Neid, die Bewunderung. Ihr hatte es gefallen, etwas Besonderes zu sein, gefeiert zu werden, ihrem Mann zu gehören. Aber sie war dumm gewesen. Nicht weil sie es schön gefunden hatte, sondern weil sie geglaubt hatte, nur darauf käme es an.

Ihre Gedanken drehten sich im Kreis, das Kissen, das sie umklammert hielt, rutschte ihr aus den Händen und landete mit einem sanften *Pffft* auf dem Plüschteppich. Sie betrachtete es, wie es da lag, und dann überkam sie die nächste Erkenntnis.

Sie konnte das Wandboard verlassen, sie konnte hinabsteigen. Natürlich hatte sie diese Möglichkeit schon immer gehabt, aber aus irgendeinem Grund schien dieses Brett ihr Platz zu sein, ihr angestammter Platz, und niemand verließ doch freiwillig seinen Platz, um sich dann deplatziert zu fühlen. Bei diesem neuen, gefährlichen Gedanken beschleunigte sich ihr Atem, Staub verfing sich in ihrer Kehle, sie hustete und hörte zum ersten Mal ein Rasseln in ihrer Brust.

Da sie keine Lust hatte zu verstauben, kletterte sie langsam hinunter, stellte einen Fuß auf den Sessel, auf dem Ronald vor der Zeit des Flachbildschirms immer gesessen und ihre Füße massiert hatte. Da sie nur Socken trug, rutschte ihr Fuß von der Armlehne, und als sie haltsuchend die Hand ausstreckte, griff sie ins Maul der braunen Forelle. Unter ihrem Gewicht geriet die Forelle heftig ins Schaukeln – sie war all die Jahre nur mit einem einzigen Nagel befestigt gewesen, ziemlich riskant bei etwas so Wichtigem, da hätte ihr Mann doch für mehr Stabilität sorgen müssen. Bei dem Gedanken musste die Frau grinsen. Die Forelle schlingerte an ihrem Nagel, und im gleichen Moment, als die Frau sich auf den Sessel fallen ließ, stürzte sie ab, direkt auf das Glasschränkchen, Heimstätte der Fußball- und Golftrophäen. Krawumm, alles brach in Stücke. Dann wurde es ganz still.

Langsam setzte die Frau einen Fuß auf den Boden. Dann den anderen. Richtete sich vorsichtig auf und hörte dabei ihre steifen Gelenke knacken. Der ihren Augen so vertraute Boden war ihren Füßen vollkommen unbekannt. Sie grub die Zehen in den Teppich, drückte die Fußsohlen tief in die weichen Fasern, verwurzelte sich in dem, was sich unter ihr so neu anfühlte. Jetzt, wo ihre Perspektive sich verändert hatte, fühlte sich der Raum fremd an, wenn sie sich umschaute. Aber sie spürte, dass sie mit ihrem neuen Leben unbedingt etwas anfangen musste.

Als Ronald vom Pub zurückkehrte, fand er sie mit einem Golfschläger in der Hand, seinem besten Driver. Auf dem

Boden lagen seine sämtlichen Fußball- und Golftrophäen in einem Meer von Glasscherben. Mit ihren toten Augen blickte die braune Forelle aus dem Chaos zu ihm empor.

»Es wurde mir zu staubig da oben«, erklärte die Frau etwas außer Atem und schwang wieder den Golfschläger. Weil es sich so gut anfühlte, wiederholte sie die Bewegung.

Das Holzregal splitterte, Späne flogen durch die Gegend. Die Frau duckte sich schnell. Auch Ronald ging in Deckung.

Als er langsam und vorsichtig den Arm wieder vom Gesicht zog, sah er so geschockt aus, dass die Frau lachen musste.

»Meine Mutter hat ihre schicken Handtaschen alle in Plastikfolie gepackt und im Schrank verstaut, damit sie schön blieben für besondere Gelegenheiten. Aber da lagen sie dann herum, bis sie tot war. All diese hübschen, heißgeliebten Dinge haben so gut wie nie das Tageslicht erblickt, weil ihr die seltenen besonderen Gelegenheiten in ihrem Leben nicht besonders genug erschienen. Immer hat sie darauf gewartet, dass etwas noch Tolleres passieren würde – statt die Taschen einfach zu benutzen und sich mit ihnen den Alltag zu versüßen. Sie hat mir immer gesagt, ich wüsste die Dinge nicht genügend zu schätzen und sollte meine Habseligkeiten mehr in Ehren halten, aber wenn sie jetzt hier wäre, würde ich ihr sagen, dass sie es war, die alltägliche Dinge nicht zu würdigen wusste. Sie hätten das normale Leben wertvoller machen können, aber stattdessen hat sie das Potential, das ihr zur Verfügung stand, im Schrank versteckt.«

Ronald machte den Mund auf und schloss ihn wieder, ohne dass ein Wort herauskam. Irgendwie ähnelte er der gerahmten Forelle, die zerschmettert auf dem Boden lag.

»Und deshalb«, erklärte die Frau mit fester Stimme, während sie erneut den Golfschläger schwang, »deshalb bleibe ich hier unten.«

Und so geschah es.

3
Die Frau, der Flügel wuchsen

Der Arzt meinte, die Hormone seien schuld. Nicht nur sprossen seit der Geburt ihrer Babys plötzlich einzelne Haare auf ihrem Kinn, auch die Knochen auf ihrem Rücken traten immer deutlicher unter der Haut hervor, wie Äste eines Baums, ausgehend von der Wirbelsäule. Sie wollte sich nicht röntgen lassen, wie der Arzt es ihr empfohlen hatte, sie hörte auch nicht auf die Warnungen hinsichtlich Knochendichte und drohender Osteoporose, denn was sie in ihrem Körper fühlte, war nicht Schwäche, sondern das Gegenteil. In ihr wuchs eine Kraft, ausgehend von ihrem Rückgrat, über beide Schultern hinweg.

Wenn sie zu Hause ungestört waren, fuhr ihr Mann mit den Fingerspitzen die Linien der Knochen auf ihrem Rücken nach, und wenn sie ganz allein war, zog sie sich splitternackt aus und stellte sich vor den Spiegel, um die Veränderungen an ihrem Körper in Augenschein zu nehmen. Von der Seite konnte sie die Konturen des geheimnisvollen Gewächses, das sich an ihren Schulterblättern entwickelte, genau erkennen. Sie war froh, dass sich alles unter dem locker auf die Schultern fallenden Hijab verstecken ließ.

Wenn nicht das enorme Gefühl der Stärke gewesen wäre, hätte sie sich Sorgen gemacht.

Sie war noch nicht sehr lange in diesem Land, und die anderen Mütter in der Schule beobachteten sie, auch wenn sie vorgaben, es nicht zu tun. Die Szenerie am Schultor schüchterte die Frau ein, Tag für Tag. Wenn sie durch das Tor ging, hielt sie die Luft an, nahm ihre Kinder fester an die Hand, senkte den Kopf und brachte die beiden mit abgewandtem Blick in ihr jeweiliges Klassenzimmer. Die Menschen in dieser netten Stadt hielten sich für höflich und gebildet, deshalb gaben sie auch selten Kommentare ab, aber sie drückten ihre Gefühle durch die Atmosphäre aus, die sie erzeugten. Schweigen war manchmal bedrohlicher als Worte. Verstohlene Seitenblicke und angespanntes Schweigen, während man in der Stadt neue Regularien erdachte, die Menschen, die aussahen wie die Frau und sich kleideten wie sie, den Zutritt zu Orten wie diesem erschweren sollten. Zu den kostbaren Schultoren. Die Tore beschützten die Kinder, die Muttigrüppchen waren die Wächterinnen. Wenn ihnen doch nur klar gewesen wäre, wie viele Gemeinsamkeiten es zwischen ihnen und der Frau gab.

Auch wenn diese Mütter nicht persönlich die Bürokratie ausführten, die der Frau und ihrer Familie das Leben hier schwermachte, waren es Leute wie sie. Die Männer, mit denen sie nachts das Bett teilten. Die nach ein paar Runden Tennis ausführlich duschten, ihren Tee tranken und dann in ihr Büro fuhren, um sich Regeln auszudenken, wie sie Flüchtlinge und Einwanderer am besten daran hindern konnten, in ihr Land zu kommen. Die Cappuccino trinkenden, Tennis spielenden, Spenden sammelnden Gutmenschen, die sich mehr Gedanken um Bücherwochen und Kuchenbasare machten als um schlichten menschlichen Anstand. Die so belesen waren, dass sie durchdrehten, wenn die Invasionen aus ihren Romanen real zu werden drohten.

Die Frau spürte, dass ihr Sohn sie beobachtete, ihr Kriegssohn, so nannten sie ihn, weil er mitten im Krieg geboren war, in ein auf allen Ebenen leiderfülltes Leben – wirtschaftlich, sozial, emotional. Ihr ängstlicher Sohn, der immer unter Spannung stand und versuchte vorauszuahnen, was als Nächstes passieren würde, und zu erspüren, welches Grauen ihm womöglich bevorstand, mit welcher Demütigung seine Mitmenschen ihn unvorbereitet überfallen, welche Grausamkeit das Leben aus dem Hut zaubern würde. Immer war er auf dem Sprung, kaum fähig, sich zu entspannen und seine Kindheit wirklich zu genießen. Die Frau lächelte ihm zu und versuchte, ihren eigenen Kummer zu vergessen, um ihre negativen Gedanken nicht auf ihn zu übertragen.

An jedem Wochentag staute sich all das in ihr auf, morgens beim Hinbringen und nachmittags beim Abholen, und ihr Kriegssohn spürte es natürlich trotz ihrer Bemühungen. Nicht nur am Schultor, auch im Supermarkt, wenn jemand eine beleidigende Bemerkung von sich gab. Oder wenn ihr als Ingenieur hochqualifizierter Mann versuchte, jemanden davon zu überzeugen, dass er zu wesentlich mehr taugte, als die Straße zu fegen. Der jeden Job annahm, damit sie über die Runden kamen.

Ihr Mann war dankbar für alles, was sie bekamen, aber es machte die Frau nur noch wütender, dass sie für das, was ihnen rechtmäßig zustand, für die Dinge also, die sie sich hart erarbeiteten, so dankbar sein sollten. Als wären sie Tauben, die sich auf der Straße um die Krümel stritten.

Als sie jetzt mit ihrer kleinen Tochter und ihrem Sohn

um die Ecke bog und die Schule in Sicht kam, machte sie sich auf die übliche Situation gefasst, aber das Gewächs auf ihrem Rücken pulsierte heute sehr stark. Schon die ganze Nacht hatte sie Schmerzen gehabt, und obwohl ihr Mann sie sanft massiert hatte, musste sie sich, als er eingeschlafen war, auf den Boden legen. Das Pulsieren und die Schmerzen waren immer da, nur die Stärke veränderte sich gelegentlich. Inzwischen hatte sie herausgefunden, dass es immer dann am intensivsten war, wenn sie ihre Wut am heftigsten spürte, wenn sie die ganze Welt schütteln und um jeden Preis zur Vernunft bringen wollte.

Auf Drängen ihres Mannes war sie zum Arzt gegangen. Es hatte Geld gekostet und nichts gebracht, deshalb weigerte sie sich, noch einmal hinzugehen. Das Wenige, das sie besaßen, mussten sie für echte Notfälle sparen. Außerdem erinnerte sie das, was sie verspürte, an ihre Schwangerschaften. Auch jetzt fühlte sie, dass ihr Körper ein neues Leben in sich nährte, nur war es diesmal sie selbst, die zu neuem Leben erwachte. Sie richtete sich auf, doch ihr Körper fühlte sich schwer an und zwang sie, sich wieder zu krümmen.

Nun lag das Schultor, umgeben von den Grüppchen der plaudernden Mütter, schon dicht vor ihnen. Natürlich gab es auch ein paar freundliche Blicke, ein freundliches Hallo, ein Guten Morgen. Ein paar nahmen die Frau überhaupt nicht zur Kenntnis – diejenigen, die den ganzen Tag gestresst hin und her hetzten, gefangen in ihrer eigenen Gedankenwelt, in der sie planten und versuchten, sich selbst einzuholen. Über sie ärgerte die Frau sich nicht. Aber über die anderen. Über die Gruppe. Die mit den Tennistaschen, mit den über dicke Hintern gespannten weißen Röckchen und den Fitnessleggins, aus denen der Speck in Ermangelung eines anderen Auswegs an den Säumen hervorquoll. Diese Gruppe machte die Frau zornig.

Eine von ihnen bemerkte sie. Ihre Lippen bewegten sich kaum, als sie den anderen etwas zuraunte. Jetzt richteten sich weitere Blicke auf die Frau. Erneutes Bauchreden, teils gekonnt, teils weniger gekonnt. Verstohlenes Flüstern, argwöhnisches Starren. Das Leben der Frau, alles, was sie tat, wurde beobachtet und kommentiert. Die Frau stammte nicht von hier, das konnte sie nicht ändern, und sie wollte auch gar nicht zu dieser Gruppe gehören. Genau deswegen misstraute diese Mutterclique ihr ja.

Leider war die Frau heute spät dran, worüber sie sich selbst am meisten ärgerte. Nicht weil sie ihre Kinder nicht pünktlich im Klassenzimmer abliefern konnte, sondern weil sie mitten in der gefährlichsten Zeit eintrafen. Wenn diese Mütter ihre Kinder zu den entsprechenden Klassen gebracht hatten, standen sie gern noch am Schultor herum, steckten die Köpfe zusammen, organisierten Abholdienste, verabredeten Spieltreffen und planten Partys, zu denen die Kinder der Frau natürlich nie eingeladen wurden. In dieser Zeit war es unmöglich, in die Schule zu geraten, ohne mit der Gruppe in Kontakt zu geraten, denn die Gruppe war groß und der Weg schmal. Entweder musste die Frau sich mit ihren Kindern im Gänsemarsch an der Mauer oder an den geparkten schmutzigen SUVs vorbeiquetschen. Oder sie musste sich einen Weg mitten durch die Gruppe bahnen. Wie sie es auch anstellte, sie würde Aufmerksamkeit auf sich ziehen und womöglich mit den Muttis sprechen müssen.

Wütend nahm sie ihr eigenes Zögern und die in ihr aufsteigende Angst vor dieser albernen Clique zur Kenntnis.

Dafür war sie doch nicht aus ihrer vom Krieg zerrissenen Heimat geflohen! Dafür hatte sie nicht all die Menschen und Dinge, die sie liebte, hinter sich gelassen, hatte mit nichts als den Kleidern auf dem Leib in diesem überfüllten Schlauchboot gesessen, ihre weinenden, zitternden Kinder umklammernd, in der Dunkelheit, der Stille. Hoffend, dass endlich die Küste vor ihnen auftauchte. Und nicht nur das hatte sie durchgemacht, sondern danach auch noch den Transport in dem finsteren, luftlosen Container, ohne genügend zu essen, ständig begleitet vom Gestank aus dem Eimer in der Ecke, im Herzen nicht zum ersten und auch nicht zum letzten Mal die Angst, dass sie das Schicksal ihrer Kinder besiegelt und sie alle zum Tode verurteilt hatte. All das hatte sie ganz sicher nicht deshalb auf sich genommen, um sich dann von diesen Schultorwächterinnen einschüchtern und den Weg versperren zu lassen.

Das Pulsieren in ihrem Rücken wurde immer stärker, breitete sich über die ganze Wirbelsäule aus, bis hinauf zu den Schultern. Ein stechender Schmerz, der aber gleichzeitig eine seltsame Erleichterung mit sich brachte. Wie die Kontraktionen der Geburtswehen schwoll er an und ab. Doch er wurde intensiver, steigerte sich zu den mächtigen Wogen einer Superkraft.

Gemessenen Schrittes ging die Frau auf die Gruppe zu, die verstummte und sich ihr zuwandte. Noch immer versperrten die Tennismütter ihr den Weg, anscheinend wollten sie gebeten werden, ihr Platz zu machen. Kindisch, aber wahr. Doch die Frau konnte vor Schmerzen nicht mehr sprechen, das Blut dröhnte in ihrem Kopf, laut pochte das Herz in ihren Ohren. Dann plötzlich spannte sich die Haut auf ihrem Rücken, als wollte sie aufreißen, ein Gefühl wie damals bei der Geburt ihrer Babys, und die Frau wusste, dass auch jetzt neues Leben entstand. Sie reckte das Kinn, richtete sich auf und blickte den Cliquenmüttern direkt in die Augen, ohne Angst, ohne Scheu. Auf einmal fühlte sie eine enorme Macht, eine enorme Freiheit in sich aufsteigen, etwas, was diese Frauen nicht verstehen konnten, denn ihr Leben war nie in Gefahr gewesen, sie hatten keine Ahnung, wie effektiv der Krieg Männer, Frauen und Kinder in Gespenster verwandelte, den Verstand in eine Gefängniszelle, die Freiheit in ein trügerisches Hirngespinst.

Ihr Rücken zog sich zusammen, die Haut dehnte sich, der Stoff ihrer schwarzen Abaya war zum Zerreißen angespannt. Auf einmal spürte die Frau Luft an ihrem Rücken.

»Mama!«, rief ihr Sohn und blickte mit großen Augen zu ihr empor. »Was ist los?«

Wie immer war er voller Sorge, was als Nächstes passieren könnte – die Frau hatte ihn hierhergebracht, in die Freiheit, aber er war noch immer gefangen, das erkannte sie jeden Tag. Bei ihrer Tochter war es anders, sie war jünger, als sie flohen, sie konnte sich der neuen Situation wesentlich besser anpassen. Doch beide würden das Leben für immer im Licht der Wahrheit sehen.

Im nächsten Moment riss der Stoff der Abaya, die Frau fühlte einen Ruck, der von ihrem Rücken ausging und sie so heftig nach oben zog, dass sie für einen Moment den Boden unter den Füßen verlor, ihn aber wiederfand und ihre Kinder an sich zog.

Ihr Sohn machte ein ängstliches Gesicht, ihre Tochter kicherte leise. Die Mütter mit den Tennistaschen starrten sie entsetzt an, doch hinter ihnen blieb eine einzelne Frau, die sich ebenfalls verspätet hatte und gerade eilig das Schulgebäude verließ, überrascht stehen und schlug sich die Hand vor den Mund.

»Oh, Mama!«, flüsterte die kleine Tochter der Frau, machte sich von ihrer Mutter los und ging um sie herum. »Dir sind Flügel gewachsen. Große, wunderschöne Flügel!«

Vorsichtig warf die Frau einen Blick über die Schulter, und sah dort tatsächlich zwei majestätische Flügel aus Tausenden porzellanweißen Federn, mit einer Spannweite von über zwei Metern. Schnell begriff die Frau, dass sie die Flügel bewegen konnte, indem sie die Rückenmuskeln spannte und entspannte, dass ihr Körper sich die ganze letzte Zeit aufs Fliegen vorbereitet hatte, bis hinein in die Fingerspitzen, die nun die Schwungfedern trugen. Ihre Tochter jauchzte vor Freude, während ihr Sohn sich dicht an seine Mutter schmiegte und die Gruppe der starrenden Frauen argwöhnisch beäugte.

Die Frau legte ihre Flügel enger an den Körper und umhüllte schützend ihre Kinder. Dann neigte sie den Kopf und drückte die beiden an sich, so dass sie alle drei eingehüllt waren in wunderbare warme weiße Federn. Ihre Tochter lachte, und als die Frau zu ihrem Sohn schaute, sah sie, dass auch er schüchtern angefangen hatte zu lächeln und sich dem Wunder hinzugeben. Sicherheit. Ein so schwer zu findender Schatz.

Langsam breitete die Frau ihre Flügel zu ihrer ganzen Spannweite aus, hob das Kinn und fühlte sich wie ein Adler auf dem höchsten Berggipfel. Stolz, wie neugeboren.

Noch immer stand die Gruppe ihr im Weg, starr vor Schreck, regungslos.

Doch die Frau lächelte. Ihre Mutter hat ihr einmal gesagt, der einzige Weg zum Ende führe mittendurch. Doch ihre

Mutter hatte unrecht gehabt, denn für die Frau, der Flügel gewachsen waren, galt dies nicht mehr.

»Haltet euch fest, Kinder.«

Sie fühlte, wie sich ihre kleinen Hände vertrauensvoll um ihre schlossen, niemand konnte sie voneinander trennen.

Langsam breitete sie ihre weiten Flügel aus.

Die Berührung der Kinderhände reichte ihr, mehr brauchte sie nicht, denn alles, was sie getan hatte, war für die Kinder gewesen, und so würde es immer bleiben. Sie tat alles für ihre Kinder. Damit sie ein besseres Leben hatten. Ein glückliches Leben. Ein Leben in Sicherheit. All das, was das Geburtsrecht eines Kindes war.

Sie schloss die Augen, atmete tief ein und fühlte noch einmal ihre ganze Kraft.

Dann schwang sie sich zusammen mit ihren Kindern in die Höhe, dem Himmel entgegen.

4
Die Frau, die von einer Ente gefüttert wurde

Werktags sitzt sie um die Mittagszeit immer auf derselben Bank, im selben Park, direkt am See. Heute ist die Holzbank unter ihr sehr kalt, die Frau steht fluchend wieder auf und zieht sich ihren wattierten Mantel über den Hintern, um wenigstens ein bisschen Schutz zu haben. Dann packt sie ihr Schinken-Käse-Baguette aus und legt die Alufolie ausgebreitet auf ihren Schoß. Unter dem Brot kommt eine zerquetschte Tomate zum Vorschein, die mit ihrem Saft alles durchweicht hat. Das gibt der Frau den Rest.

»Verfickte Scheißtomate.«

Sie hat ihre unerträglichen Arbeitskollegen ertragen und im Bus den ekligen Mann direkt neben ihr, der die ganze Fahrt über in der Nase gebohrt und den Popel zwischen den Fingerspitzen gerollt hat, als würde sie nichts davon bemerken. Aber diese Tomate, diese beschissene Tomate bringt das Fass zum Überlaufen. Eigentlich will sie sowieso nur Käse und Schinken auf ihrem Sandwich, und dank dieser unerwünschten Zugabe klebt jetzt der glitschige Käse am Brot fest, und vor ihr liegt eine matschige Einheitspampe.

»Scheiß Tomate«, grummelt sie und wirft das Baguette auf den Boden. Sollen es doch die Enten fressen.

Sie verbringt ihre Mittagspause immer im Stadtpark. Ihr

Büro ist ganz in der Nähe, Wertpapiere, Handelsverkehr, Pisserkollegen. Die Bank hier ist die ruhigste, ein ganzes Stück von den anderen entfernt. Die Frau kommt her, um die Enten zu füttern und dabei über die Leute zu schimpfen, die sie ärgern. Zum Beispiel, um ihren Frust über ihren idiotischen Chef, ihre bekloppten Kollegen und den turbulenten Aktienmarkt loszuwerden. Entenfüttern ist ihr Punchingball.

Die meisten ihrer Kollegen gehen in der Mittagspause ins Fitnessstudio, laufen sich fünfundvierzig Minuten lang ihre Probleme vom Herzen und kehren selbstbewusst, nach Duschgel und Deo duftend und testosterongeladen zurück. Aber die Frau mag lieber frische Luft und Ruhe, egal bei welchem Wetter. Sie muss ihren Frust weggrummeln und fortschimpfen, und mit jedem Stückchen Brot, das sie den Enten zuwirft, segelt ein Teil des Problems davon. Nur ist sie nicht sicher, ob es wirklich funktioniert, denn manchmal gerät sie dabei noch mehr in Wut, und wenn sie ins Büro zurückkommt, hat sie den Kopf voller Dinge, die sie hätte sagen sollen – wichtige Einwände und stichhaltige Argumente, die sie hätte anbringen können.

Sie starrt auf den durchweichten Brotklumpen, den sie auf den Boden geworfen hat. Ein paar Enten streiten sich darum, picken danach, aber letztlich ist es nicht der Großangriff, den sie erwartet hätte. Was nur beweist, dass das Baguette wirklich total scheiße ist.

»Du hättest es in Stücke reißen sollen«, unterbricht eine Männerstimme ihre Gedanken. Erstaunt blickt sie auf. Es ist niemand in der Nähe.

»Wer redet denn da?«

»Ich.«

Ihr Blick fällt auf einen Enterich, der ein Stück von den anderen Enten entfernt steht, die inzwischen nicht nur auf das Baguette, sondern auch aufeinander losgehen.

»Hi«, sagt der Enterich. »Deinem Gesichtsausdruck nach zu urteilen, kannst du mich hören.«

Der Frau bleibt der Mund offen stehen.

Der Enterich lacht. »Okay, war nett, mit dir zu plaudern.« Dann watschelt er zurück zum See.

»Warte! Komm zurück!«, ruft die Frau und überwindet endlich ihren Schock. »Ich geb dir was von dem Brot!«

»Nee danke«, antwortet der Enterich, kommt aber trotzdem zu ihr zurückgewatschelt. »Du solltest Enten nicht mit Brot füttern, weißt du. Mal abgesehen davon, dass das nicht gegessene Brot die chemische und bakteriologische Zusammensetzung des Sees durcheinanderbringt, was zu einer Zunahme von Vogelkrankheiten führen kann, ist es für die Tiere keine gute Ernährung. Für Enten werden allgemein aufgetaute Gefriererbsen, Mais oder Hafer empfohlen. Solche Dinge.«

Die Frau starrt ihn an, sie kommt aus dem Staunen nicht heraus.

»Nimm's mir nicht übel, es ist natürlich nett gemeint, aber Weißbrot ist so ziemlich das Schlimmste, es hat keinerlei Nährwert. Schon mal was von Kippflügeln gehört?«

Sie schüttelt den Kopf.

»Hab ich mir gedacht. Es ist eine Missbildung, die durch falsche Ernährung hervorgerufen wird und bei der die Flugfähigkeit beeinträchtigt oder sogar gänzlich zerstört wird. Ganz schön beschissen, könnte man sagen.«

»O Mann, das tut mir leid. Davon hatte ich keine Ahnung.«

»Schon okay.« Er mustert sie neugierig. »Darf ich mich zu dir setzen?«

»Klar, gern.«

Sofort fliegt er auf die Bank. »Mal wieder Probleme im Büro?«

»Woher weißt du das?«

»Du bist jeden Tag hier. Colin, dieser Pisser. Peter, dieser Scheißkerl. Diese ganzen verdammten Weltmärkte. Diese verfickte Slimming World. Scheiß Tomate.«

»Das hast du alles gehört?«

»Gehört? Wir kriegen es auch zu spüren. Jedes Mal, wenn du hier auftauchst, wappnen wir uns. Du feuerst die Brotstücke auf uns ab wie Handgranaten.«

»Sorry«, sagt sie zerknirscht und beißt sich auf die Unterlippe.

»Schon gut. Wir nehmen an, dass es dir irgendwie guttut, auch wenn es hie und da einer Ente ins Auge geht.«

»Danke für dein Verständnis.«

»Schließlich sind wir ja alle nur Menschen«, meint er.

Verdutzt starrt sie ihn an.

»War bloß ein bisschen Vogelhumor«, kichert er. »Aber im Ernst, wir alle brauchen doch einen Ort, an dem wir uns mal so richtig gehenlassen können. Wo wir uns sicher fühlen.« Er sieht verträumt aus.

Sie mustert ihn. »Hast du auch einen?«

»Ja, klar, im Senegal gibt es dieses tolle Flusstal, in dem ich immer den Winter verbringe. Da wohnt eine süße kleine Spitzschwanzente, mit der ich mich dann treffe. Wir schauen uns zusammen den Sonnenaufgang und den Sonnenuntergang an und hängen am Ufer rum. Das ist mein Platz.«

»Klingt schön.«

»Ist es auch.«

Eine Weile sitzen sie schweigend nebeneinander.

»Sollen wir es mal umgekehrt machen?«, fragt er plötzlich.

»Du willst, dass ich in den Senegal fliege? Ich weiß nicht recht, ob ich der Typ für deine Spitzschwanzente bin.«

Der Enterich lacht. »Nein, ich meine das Füttern.«

Sie kichert. »Willst du mich mit Brot bewerfen?«

»Ich gewisser Hinsicht, ja. Ich könnte dir Feedback geben, ein bisschen Gedankenfutter.«

»Okay.«

»Es steht mir eigentlich nicht zu, mich da einzumischen, deshalb habe ich es bisher nicht getan, aber heute kommst du mir aufgeschlossener vor als sonst, du kannst mich ja sogar hören und alles. Ich habe den Eindruck, dass du wütend bist. Gestresst, gefrustet. Als könntest du deinen Job überhaupt nicht leiden.«

»Doch, ich mag meinen Job. Wenn außer mir niemand im Büro wäre, würde ich ihn sogar lieben.«

»Hey, was meinst du, wie es mir geht? Wenn ich die einzige Ente auf dem Teich wäre, hätte ich auch ein leichteres Leben, das kann ich dir sagen, aber ich lenke mich ab, indem ich die Leute hier beobachte, und du bist mir schon lange aufgefallen. Ich glaube, du kannst nicht sonderlich gut mit Menschen umgehen.«

»Und anscheinend auch nicht mit Enten«, erwidert sie und bemüht sich, nicht beleidigt zu reagieren. Sie hält sich nämlich einiges auf ihren Umgang mit Menschen zugute. Sie belästigt andere nicht, sie stellt keine neugierigen Fragen, mischt sich nicht in Konflikte ein.

»Mit Enten kommst du nach unserem Gespräch bestimmt besser zurecht, und was die Menschen angeht, solltest du Colin endlich mal sagen, dass er ruhig auf deinen Instinkt vertrauen kann. Dass du bei dem Damon-Holmes-Account recht hattest. Es lag nicht an dir, dass er so runtergegangen ist, daran war einzig und allein das Erdbeben in Japan schuld.«

Die Frau nickt.

»Außerdem musst du Paul sagen, dass er dich in den Meetings nicht ständig unterbrechen soll. Und Jonathan, dass dir seine obszönen Mails nicht gefallen und dass du mit Eseln wie ihm nichts am Hut hast. Und Christine von Slimming World, dass wirklich nicht jeder erfahren muss, dass dein Ehemann ihr erster Freund war. Und deinem Mann, dass du keine Tomaten magst. Er legt sie nämlich bloß deshalb auf dein Baguette, weil er merkt, wie gestresst du bist – damit versucht er auf seine Art, wenigstens deinen Lunch ein bisschen zu verschönern, ohne zu ahnen, dass dein Brot bis zum Lunch total durchweicht ist und dass dich das furchtbar stört.«

Die Frau nickt wieder und nimmt alles in sich auf.

»Versteck dich nicht, denn Verstecken macht alles nur schlimmer. Stell dich den Dingen lieber direkt. Aber bleib besonnen. Steh zu dir selbst. Rede mit den Leuten. Benimm dich wie ein erwachsener Mensch. Und dann komm hierher und genieße das Entenfüttern.«

Sie lächelt. »Mit Hafer, Mais und Erbsen.«

»Ja, dann geht es ihnen gut.«

»Danke, Enterich. Danke für deine guten Ratschläge.«

»Gern geschehen«, antwortet er, fliegt von der Bank und watschelt zurück zum Wasser. »Viel Glück«, ruft er noch, schwimmt zur Mitte des Teichs und kann nur knapp einem

Stück Brot ausweichen, das von irgendwoher auf seinen Kopf zusaust.

Die Frau will aufstehen, aber plötzlich wird ihr schwindlig, und sie setzt sich schnell wieder. Etwas von dem, was der Enterich gesagt hat, hat wohl einen Nerv getroffen.

Versteck dich nicht. Rede mit den Leuten.

Das hat sie früher oft gehört, vor ziemlich langer Zeit. Als sie noch klein war, haben es die Erwachsenen ihr dauernd gesagt. Ihre Mutter auf Kindergeburtstagen, ihr Vater, wenn er sie zu einer Verabredung brachte, ihre Lehrer sowieso – praktisch jeder Erwachsene, dem sie über den Weg lief. Deshalb fasste sie schon in sehr jungen Jahren den Vorsatz, anderen Leuten nicht in die Quere zu kommen. Als sie die Worte das letzte Mal gehört hat, war sie schon etwas älter, und sie lauteten etwas anders: *Versteck dich nicht. Rede mit mir*, hatte ihr Exfreund zu ihr gesagt.

Sie hat sich schon immer versteckt, sie wollte nie reden. Als Kind hatte sie Angst, etwas zu sagen, weil sie wusste, dass sie nicht das sagen durfte, was sie sagen wollte. Sie sollte normal sein, sich normal benehmen, dabei war nichts normal um sie herum. Aber das durfte sie nicht sagen. Und wenn sie nicht aussprechen konnte, wie es wirklich war, dann gab es nichts mehr zu sagen, und so wurde Vermeiden ihre Devise. Nur ein einziger Mensch verstand sie, er sagte diese Worte nie zu ihr, und als sie jetzt an ihn denkt, füllen sich ihre Augen mit Tränen. Granddad.

Ihre Eltern führten eine explosive Ehe. Die Frau war ihr einziges Kind, und wenn die Situation zu Hause brenzlig wurde, holte ihr Großvater sie ab und fuhr mit ihr in seinem Auto durch die Gegend. Sie plauderten über Nichtigkeiten, über leichte, harmlose Dinge. Bei ihm fühlte sie sich sicher, denn bei ihm war sie sicher. Sie liebte den Geruch seiner Wollpullover, sie liebte sein Gebiss, das er manchmal herausnahm und vor ihrer Nase klappern ließ, um sie zum Lachen zu bringen. Sie liebte das Gefühl seiner dicken faltigen Hände, in denen ihre kleine Hand völlig verschwand, den Duft von Pfeifenrauch in seiner Wachsjacke. Sie liebte es, weit weg von zu Hause zu sein, und noch mehr, dass er sie einfach *abholte*. Es war ein Gefühl, als rette er sie. Wie durch Magie erschien er immer genau im richtigen Moment, und erst jetzt fällt der Frau ein, dass ihre Mutter ihn wahrscheinlich gerufen hatte. Eine überraschende Erkenntnis nach so vielen Jahren, in denen sie dieselben Ereignisse immer aus der gleichen Perspektive betrachtet hatte.

Wenn sie bei ihrem Granddad war, half er ihr, die Dinge zu vergessen, vor denen sie Angst hatte. Es war nicht so sehr, dass er Licht in die dunklen Ecken ihrer Gedanken brachte, sondern eher, dass er ihr half, für eine Weile zu vergessen, dass diese Dunkelheit existierte.

Er drängte sie nie, etwas zu erklären. Er wusste es bereits. Er sagte ihr nicht, sie solle sich nicht verstecken, er half ihr zu fliehen, und die Zuflucht ihrer Kindheit war für sie als Erwachsene zu ihrem Versteck geworden.

Denn ihr Großvater hatte früher mit ihr die Enten gefüttert.

Wenn es losging mit dem Geschrei, dem Krach, den bösen Worten und den Tränen, dann war Granddad zur Stelle. Sie hörte die Hupe und rannte die Treppe hinunter, gebeugt und mit angehaltenem Atem wie ein Soldat, der sich auf dem Schlachtfeld vor den Granaten duckte, und warf keinen Blick zurück, bis die Tür hinter ihr ins Schloss gefallen war. Vor dem Haus stand Granddads Auto, sie kletterte hinein, und es herrschte Frieden. Es wurde still um sie herum und still in ihrem Inneren.

Zusammen mit ihrem Granddad fütterte sie die Enten, und er sorgte dafür, dass sie sich geborgen fühlte.

Seine Stimme klang sehr ähnlich wie die des Enterichs, mit dem sie sich gerade unterhalten hat.

Eine Weile sitzt sie wie betäubt auf der Parkbank am See und denkt an ihren Großvater, riecht ihn, hört ihn, fühlt ihn wieder. Sie weint, sie lächelt, sie lächelt durch die Tränen, bis ihr irgendwann ganz leicht ums Herz wird. Langsam steht sie auf und geht zurück ins Büro.

5
Die Frau, die Bissspuren auf ihrer Haut entdeckte

An ihrem ersten Arbeitstag nach neun Monaten Elternzeit entdeckte sie den Fleck.

Der Tag fing schon stressig an. Zwar hatte sie bereits am Abend zuvor ihre Arbeitstasche gepackt, wieder ausgepackt und umgepackt wie ein Kind vor dem ersten Schultag, aber trotz der endlosen Planerei, trotz des ganzen Hin- und Herdenkens und obwohl frisch püriertes Essen im Gefrierfach stand, obwohl die Schulbrote vorbereitet und Schultaschen sowie Wickeltasche gepackt waren, obwohl – für den Fall, dass beim Schulsport Grasflecken entstanden, dass es Pannen beim Töpfchentraining oder explosiven Durchfall nach der neuen Babynahrung gab – Klamotten zum Wechseln bereitlagen, obwohl die Schuluniform gewaschen und gebügelt und auch der Jogginganzug für eventuelle Aktivitäten nach der Schule zurechtgelegt war, trotz des ganzen Organisierens also und obwohl sie das Gefühl hatte, wirklich sämtliche Was-wäre-wenn-Szenarien durchgespielt zu haben, waren sie spät dran.

Vor lauter Denken, Planen, Vorbereiten und Notfallpläneschmieden konnte sie in der Nacht nicht schlafen. Wie ein Mühlrad ging ihr alles im Kopf herum, und dazu kam natürlich auch noch die ganz normale Nervosität vor dem ersten Arbeitstag. Ob sie es schaffen würde, dort wieder anzuknüpfen, wo sie aufgehört hatte? Oder würde sie alles durcheinanderbringen wie zu Hause, wo sie Seifenblasenflüssigkeit ins Hähnchencurry geschüttet und es erst bemerkt hatte, als sie nach draußen gegangen war und für ihre verwirrten Kinder Dosentomaten in die Luft blasen wollte? Würde sie einigermaßen akkurat funktionieren? War sie noch wichtig? Hatte man ihre Aufgaben inzwischen an andere Kollegen übertragen? Würden ihre Klienten sich freuen, dass sie zurückkam? Was, wenn ihre Vertretung effizienter, schneller, einfach *besser* gewesen war? Was, wenn ihre Arbeit jetzt ständig auf Mängel geprüft und unters Mikroskop gehalten würde, weil das Unternehmen eine Frau mit drei Kindern lieber loswerden wollte? Es gab Leute, die scharf waren auf ihren Job, Leute, die abends länger bleiben, morgens früher kommen und ihren Terminplan von jetzt auf nachher mühelos neuen Bedingungen anpassen konnten. Junge Männer, ältere Männer mit Kindern, junge Frauen, Frauen, die keine Kinder haben konnten oder wollten oder Angst hatten, alles aufs Spiel zu setzen.

Sie hatte den Sechsjährigen in der Schule, den Dreijährigen im Montessori-Kindergarten und den Neunmonatigen bei der Tagesmutter abgeliefert. Jeder Abschied hatte ihr das Herz gebrochen, jeder war schlimmer als der vorherige gewesen. Als sie ging, heulten alle und schauten sie mit tieftraurigen Augen an, als wollten sie sagen: »Warum verlässt du mich?« Ihre gequälten, vorwurfsvollen Gesichter hatten sich fest in ihr Gedächtnis eingebrannt. Warum tat sie ihnen das an? Die neun Monate zu Hause waren herrlich gewesen – natürlich manchmal auch stressig, aber trotzdem herrlich. Pro Tag ein Schreikrampf, der sie selbst mehr erschreckte als die Kinder, aber sie waren zusammen, sie liebte ihre Kinder, und die Kinder fühlten sich geliebt. Warum also mutete sie ihnen das jetzt zu?

Der größte Teil ihres Gehalts ging für die Betreuung drauf. Zur Not wären sie auch über die Runden gekommen, wenn sie nicht arbeitete, sie hätten dann nur noch ein bisschen sparsamer haushalten müssen. Es ging nicht ums Geld. Jedenfalls nicht nur. Sie arbeitete wieder, weil sie es wollte. Sie liebte ihren Job. Sie wollte arbeiten, ihr Mann wollte, dass sie arbeitete, und das nicht nur, um die Hypothek abzubezahlen, sondern weil er auch die andere Frau liebte, in die sie sich verwandelte, wenn sie arbeitete, die Frau, die ein bisschen zufriedener war, sich ein bisschen nützlicher fühlte, ausgefüllter, wichtiger, ein bisschen weniger launisch. Obwohl sie sich an diesem Morgen überhaupt nicht so fühlte.

Als sie ihr Baby in den Armen der Fremden sah, auf deren Namensschild »Emma« stand, wurde ihr schwer ums Herz. Sie hasste Emma. Sie liebte Emma. Sie brauchte Emma. Das Baby brüllte, und die Frau spürte, wie ihre Brustwarzen reagierten. Jetzt hatte ihre Seidenbluse Flecken, ausnahmsweise nicht von den Kids, sondern von ihrem eigenen Körper. Sie drehte die Autoheizung auf, richtete das Gebläse auf ihre nassen Brüste, stopfte sich vor jede Brust ein Kohlblatt in den BH und suchte im Radio etwas, was sie daran hinderte, weiter darüber zu grübeln, wie sehr sie ihre Kinder enttäuscht hatte.

Als sie abends nach dem Duschen ihren Körper betrachtete, entdeckte sie den roten Fleck auf ihrer rechten Brust.

»Sind bestimmt Hitzepickel«, meinte ihr Ehemann.

»Nein, ganz bestimmt nicht.«

»Du kriegst doch immer solche Flecken, wenn du heiß duschst.«

»Aber das Wasser war gar nicht besonders heiß. Außerdem bin ich schon seit zwanzig Minuten wieder draußen.«

»Dann ist es einfach trockene Haut.«

»Nein, ich hab mich gerade eingecremt.«

»Na, was ist es denn dann?«

»Genau das hab ich dich ja gefragt.«

Mit zusammengekniffenen Augen inspizierte er ihre Brust noch einmal aus der Nähe.

»Hat Dougie dich vielleicht gebissen? Der Fleck sieht nämlich aus wie ein Biss.«

Die Frau schüttelte den Kopf. Soweit sie sich erinnerte, hatte Dougie sie nicht gebissen. Andererseits – vielleicht doch. Obwohl er sie kaum angeschaut hatte, als sie ihn aus der Betreuung abgeholt hatte. Im Auto war er sofort eingeschlafen, zu Hause hatte sie ihn gleich ins Bett gebracht. Sie dachte an den Kampf bei der Übergabe an Emma, konnte sich jedoch auch da nicht erinnern, gebissen worden zu sein. Aber vielleicht ja doch.

Nach dem körperlich und emotional anstrengenden Tag schlief sie gut – trotz eines Pipiunfalls, eines außerplanmäßigen Fläschchens und eines Schlafwandlers. Am Ende lagen die beiden Älteren bei ihrem Mann im Ehebett, während die Frau sich mit dem Baby in ein anderes verkrümelte. Trotzdem war es die beste Nacht, die man unter den gegebenen Umständen erwarten konnte.

Am nächsten Tag hatte sich der Fleck auf ihrer Brust lila verfärbt, und sie fand noch einen neuen. Den bemerkte sie nach dem Lunch im Restaurant. Sie hatte allein am Tisch gesessen, ihr eigenes Essen bestellt und sogar ihren Tee ausgetrunken, ehe er abgekühlt war. Dann war sie zum ersten Mal seit sehr langer Zeit allein zur Toilette gegangen, wo sie ihren Taschenspiegel herauszog und einen noch größeren ovalen Fleck auf der hellen Haut ihres Hinterns entdeckte. Schon vormittags hatte sie beim Hinsetzen kurz gedacht, jemand hätte auf ihrem Schreibtischstuhl eine Stecknadel oder einen Reißnagel hinterlassen, jedoch nichts dergleichen gefunden. Den neuen Fleck zeigte sie ihrem Mann nicht, sorgte aber dafür, dass keines der Kinder sie zwickte oder biss, wenn es sich unbeobachtet glaubte.

Echte Sorgen machte sie sich erst, als sie auf Geschäftsreise in London war. Im Flugzeug – wo sie allein auf ihrem Platz sitzen konnte, ohne den Sicherheitsgurt oder den Sitz mit jemandem zu teilen und ohne sich irgendwelche Ablenkungen ausdenken zu müssen, damit die Kinder aufhörten, gegen die Sitze vor ihnen zu treten oder auf dem Gang auf und ab zu rennen oder einfach lauthals in die Gegend zu brüllen. Aber ein einziger neugieriger Blick brachte sie dazu, sofort nach der Landung Hals über Kopf zu den Toiletten zu laufen. Dort entdeckte sie, dass ihr ganzer Hals mit roten Flecken übersät war. Diesmal waren es eindeutig Bissspuren, man sah die Abdrücke der Zähne ganz deutlich. Sie versteckte die Flecke unter einem Halstuch, das sie auch in dem Taxi, das sie sich mit ihren Kollegen teilte, nicht abnahm, obwohl es furchtbar heiß und stickig war. Abends im Hotelzimmer entdeckte sie dann, dass die Flecken sich über ihren ganzen linken Arm ausgebreitet hatten. Später skypte sie mit ihren Kindern, die viel zu aufgedreht waren, um sich wirklich mit ihr zu unterhalten, und zeigte ihrem Mann schließlich die Bissspuren.

Er reagierte verärgert und misstrauisch und fragte empört, mit *wem* sie eigentlich unterwegs war.

Sie stritten, und ausgerechnet in der einen Nacht, in der die Frau ein Bett für sich allein hatte, konnte sie vor Wut und Verletztheit überhaupt nicht schlafen. Zu allem Überfluss ging um ein Uhr auch noch der Feueralarm los, und sie stand eine halbe Stunde im Morgenmantel auf der Straße vor dem Hotel, bis sie endlich wieder auf ihr Zimmer durfte.

Als sie nach Hause kam, wollte das Baby nichts von ihr wissen und ließ sich nur von seinem Vater beruhigen. Jedes Mal, wenn die Frau es auf den Arm nehmen wollte, fing es an zu brüllen, als würde es gefoltert – und die Frau fühlte sich auch so. Als ihr Mann sie später schluchzend im Bad fand und ihren Körper sah, der übersät war mit Flecken in allen Farben des Regenbogens – manche stark, andere weniger stark geschwollen – wusste er, dass etwas ernsthaft nicht stimmte. Die Frau hatte furchtbare Schmerzen.

Da am nächsten Tag Samstag war, weigerte sie sich zunächst, zum Notdienst zu gehen – schließlich wollte sie am Wochenende doch bei den Kindern sein –, aber ihr Mann bestand darauf. Seine Mutter hatte angeboten, die drei Kinder für den Nachmittag zu sich zu holen. Die Schmerzen wurden immer schlimmer.

Doch die Ärztin beim Notdienst war genauso ratlos – und vor allem misstrauisch. Auch sie war der Meinung, dass es sich bei den Flecken um Bissspuren handelte. Sie verschrieb Schmerzmittel und eine Salbe und riet der Frau wiederzukommen, wenn es nicht besser wurde. Zum Schluss steckte sie ihr noch verstohlen ein paar Broschüren über häusliche Gewalt in die Handtasche.

Drei Wochen später war die Frau kaum noch zu erkennen. Die mysteriösen Flecke hatten auch von ihrem Gesicht Besitz ergriffen, Wangen und Kinn waren rot und entzündet, ihre Ohren sahen aus, als hätte jemand an ihnen geknabbert. Trotz allem war sie die ganze Zeit arbeiten gegangen, sie brachte es einfach nicht über sich, nach neun Monaten schon wieder zu fehlen. Sie hatte viel zu viel zu beweisen, viel zu viel nachzuholen. Aber sie war erschöpft, blass wie die Wand und sah völlig fertig aus. Die Ärzte ordneten Bluttests an, doch alles schien normal, man fand nichts, was man für die Hautveränderungen verantwortlich machen konnte.

Mit Hilfe ihres Mannes desinfizierte die Frau das Haus. Sie entfernten den Teppichboden und legten Parkett aus, für den Fall, dass Hausstaubmilben an den Hautreizungen schuld waren. Wenn die Frau sich morgens von ihren Kindern verabschiedete, protestierte keines mehr, was sie noch trauriger machte. Oft weinte sie den ganzen Weg in die Stadt. Dann legte sie eine Extraschicht Make-up auf und verwandelte sich im Handumdrehen in die kompetente Büromitarbeiterin. Wenn am Wochenende Gäste kamen, rieb sie ihre mit Bissspuren übersäten Beine mit Bräunungscreme ein und wurde zur superaufmerksamen Frau und Freundin.

Auf dem abendlichen Nachhauseweg von der Tagesbetreuung gab sich die Frau alle Mühe, das Baby wachzuhalten, öffnete das Fenster, um frische Luft hereinzulassen, sang mit lauter Stimme, stellte das Radio laut. So gern wollte sie wenigstens ein bisschen Zeit mit ihrem Baby haben. Aber seine Lider flatterten, und es konnte die Augen einfach nicht länger als bis halb sieben offen halten.

Die Frau fuhr schneller, vermied vor Feierabend Gespräche und Telefonate, die sie womöglich länger aufhalten würden. Bei Büroschluss stürzte sie so schnell sie konnte aus dem Haus, um das Baby abzuholen, aber kaum hatte das Auto sich in Bewegung gesetzt, schlossen sich die Augenlider mit den langen Wimpern.

Es dauerte nicht lange, bis die Frau ins Krankenhaus gebracht und an Schläuche und Maschinen angeschlossen werden musste. Da sie nun weder bei ihren Kindern noch bei der Arbeit sein konnte, steigerten sich die Schuldgefühle ins Unermessliche. Natürlich besuchte ihre Familie sie, aber dass sie mit den Kindern nicht spielen und nicht mit ihnen schmusen konnte, wie sie wollte, zerriss sie innerlich. Bei der Arbeit versuchte man zwar, ihr mit einem temporären Arrangement entgegenzukommen, aber sie konnte sich ja auch auf ihren Job nicht hundertprozentig einlassen, und so wurde ihr Gefühl, alle enttäuscht zu haben, von Tag zu Tag schlimmer.

Ihr Körper war überzogen von Hunderten entzündeter Bissspuren, die als eher harmlose Flecken angefangen hatten, und inzwischen zu blutenden Wunden geworden waren. Die Schmerzen waren entsetzlich, aber ihre Unfähigkeit, für jeden immer alles sein zu können, war für die Frau unerträglich. Auch im Krankenhaus verschlechterte sich ihr Zustand weiter. Ständig tauchten neue Bissspuren auf; gerade erst hatte sie zugesehen, wie eine auf ihrem Handgelenk, direkt über dem Puls, erschienen war.

Doch obwohl weder Bluttests noch CTs bisher Ergebnisse gebracht hatten, gab der Aufenthalt im Krankenhaus ihr immerhin Gelegenheit zum Nachdenken, kostbare Zeit allein, die sie, seit sie Mutter geworden war, nicht mehr gehabt hatte. Mit Drähten und Schläuchen ans Bett gefesselt, konnte sie sich nicht rühren, sie konnte nicht aufstehen, ohne das Krankenhauspersonal auf den Plan zu rufen und große Aufregung auszulösen. Sie arbeitete nicht, und weil niemand in der Nähe war, dem sie helfen und den sie trösten konnte, war sie allein – allein in ihrem Zimmer, allein mit ihren Gedanken. Nur im Kopf konnte sie auf und ab wandern, und nach einer Zeit wurden sogar ihre Gedanken müde, blieben stehen und setzten sich schließlich, trommelten mit den Fingern und warteten.

Irgendwann wurde der Druck weniger, das Gefühl zu ersticken ließ nach, sie begann ruhiger zu atmen, und mit dem regelmäßigen Ein- und Ausströmen ihres Atems begannen ihre Gedanken sich allmählich zu verändern, wurden sortiert, strukturiert, kategorisiert und in die richtigen Schubladen gepackt. Hier dieses Ereignis, dort jenes, hier die Dinge, die sie gesagt hatte, dort die, die sie hätte sagen sollen. In Ruhe schaute sie sich alles noch einmal an. Aus einer anderen Perspektive. Es war eine Art gedanklicher Frühjahrsputz, und schließlich hatte sie alles ordentlich in ihren Gedankendateien abgelegt, hatte die wichtigen Themen gespeichert, und die Oberfläche wieder freigelegt. Ein freier Geist in einem freien Raum.

Sie blickte sich um. Was hatte sie hierhergeführt?

Als sie den Puls an ihrem Handgelenk fühlte, stellte sie fest, dass er deutlich ruhiger geworden war. Die Maschine neben ihr, durch einen Draht mit ihrem Zeigefinger verbunden, bestätigte diesen Befund. Der eingesperrte Tiger in ihrem Inneren hatte aufgehört, ziellos hin und her zu traben. Als sie nun den freien Zeigefinger auf ihren Puls legte, streiften die anderen Finger die neueste Bisswunde, und sie strich mit den Fingerspitzen behutsam über den Fleck, vor und zurück, sanft, langsam, systematisch, und rief sich den Moment ins Gedächtnis, in dem er erschienen war.

Am Nachmittag hatten ihr Mann und ihre Kinder sie besucht. Voller Aufregung und ziemlich überdreht waren die drei im Zimmer herumgesprungen, hatten Spielfiguren auf Abenteuer in, auf und um das Kliniksinventar geschickt: Barbie war in ein Infusionsschlauchkostüm gesteckt worden, Lego-Batman geriet auf einem der Betträder in große Bedrängnis, der Teddy hopste auf der Fernbedienung herum, um einen neuen Algorithmus für das Kacka-Land zu finden. Sie legten sich zu ihrer Mama ins Bett, klauten Marmelade und Vanillecreme von ihrem Tablett und erzählten voller Begeisterung und wie drei leibhaftige Wasserfälle von ihrem spannenden, umtriebigen Leben. Natürlich war die Frau ganz Ohr gewesen und hatte ihnen mit dem größten Interesse zugehört – sie liebte den Klang ihrer Kinderstimmen, ihre sich entwickelnden Worte, ihre oft konfuse, aber immer praxisnahe Grammatik, die sie nie korrigieren wollte. Ihr Mann saß im Sessel neben ihrem Bett, ließ ihr den Platz im Rampenlicht, ihre Zeit mit den Kindern, beobachtete sie und bemühte sich, seine Sorgen nicht zu zeigen.

Dann war die Besuchszeit um gewesen, und die Schwestern, die netterweise ein Auge zugedrückt und die ganze Familie gleichzeitig ins Zimmer der Frau gelassen hatten, klopften leise an die Tür, um Bescheid zu sagen. Nun war es Zeit für den Besuch, die Frau wieder allein zu lassen. Die Kinder wurden in ihre Winterjacken eingemummelt, bekamen Wollmützen aufgesetzt, die ihre weichen Bäckchen zusammendrückten, und ihre kleinen Hände verschwanden in dicken Fausthandschuhen. Nasse Küsse landeten auf den

Wangen und Lippen der Frau, kleine Arme, die es kaum schafften, sie ganz zu umschließen, hielten sie fest, und sie atmete den Duft ihrer Kinder ein und wollte sie niemals wieder gehen lassen. Aber es musste sein.

Nachdenklich fuhr sie wieder mit dem Finger über die neue Bissspur.

Im Augenblick des Abschiednehmens hatte sich nämlich bereits dieses Gefühl eingestellt – das Gefühl, dass sich ein neuer Fleck bildete, sie hatte es zum ersten Mal identifiziert. Davor hatte sie geglaubt, die Flecke entstünden spontan, zufällig, aber jetzt war ihr klar geworden, dass sie einem Muster gehorchten.

Sie hatte ihren Mann geküsst – auch er hatte ja ein Anrecht auf ihre Zuwendung – und sich wieder einmal entschuldigt.

»Hör doch auf, dich zu entschuldigen«, hatte er leise gesagt. »Werde einfach wieder gesund.«

Auch bei den Kindern hatte sie sich entschuldigt.

»Es ist doch nicht deine Schuld, dass du krank bist, Mommy«, hatte eine Kinderstimme ihr geantwortet.

Sie hatte ihnen nachgeblickt, hatte ihrem lautstarken Geplapper und den ersten Anzeichen eines Streits gelauscht, der sich auf dem Korridor anbahnte, und es hatte ihr so leidgetan. Es hatte ihr leidgetan, dass es ihr leidtat. Dass sie Schuldgefühle hatte.

Auf einmal verharrten ihre Finger reglos auf ihrem Handgelenk. Die Schuldgefühle! Wenn sie ihr Baby in der Krippe ablieferte, hatte sie ein schlechtes Gewissen. Wenn sie die Geschwister nicht von der Schule und vom Kindergarten abholen konnte, hatte sie ein schlechtes Gewissen. Wenn die Kinder krank waren und sie bei der Arbeit nicht freinehmen konnte, hatte sie ein schlechtes Gewissen. Wenn ihr Haus unordentlich war, hatte sie ein schlechtes Gewissen. Sie hatte ein schlechtes Gewissen, wenn sie erfuhr, dass Freunde eine schwierige Zeit durchgemacht hatten, ohne ihr etwas davon zu sagen – sie hatte nichts davon mitbekommen, hatte die müden Augen ebenso wenig bemerkt wie die Niedergeschlagenheit und die Worte, die die Wahrheit vertuschten. Sie hatte ein schlechtes Gewissen, wenn sie ihre Eltern nicht sofort anrief, sobald sie daran dachte, sondern sich von irgendetwas anderem ablenken ließ. Im Büro hatte sie ein schlechtes Gewissen, weil sie nicht zu Hause war, und zu Hause hatte sie ein schlechtes Gewissen, weil sie nicht bei der Arbeit war. Sie hatte ein schlechtes Gewissen, weil sie für ein Paar Schuhe zu viel Geld ausgegeben hatte, sie hatte ein schlechtes Gewissen, weil sie den Kindern ein Stück Pizza weggegessen hatte, sie hatte ein schlechtes Gewissen, weil sie ihr Fitnesstraining vernachlässigte.

Sie hatte so viele Schuldgefühle in sich aufgestaut, dass sie sich auf einmal vorkam, als wäre sie die personifizierte Schuld.

Sie hasste es, dass sie jedes Mal, wenn sie irgendwo war, dachte, sie müsste anderswo sein. Sie hasste es, dass sie das Gefühl hatte, sich ständig erklären und rechtfertigen zu müssen, sie hasste das Gefühl, beurteilt zu werden, und zwar am meisten dann, wenn sie wusste, dass sie in Wirklichkeit gar nicht beurteilt wurde. Sie hasste es, in ihrem Kopf zu leben.

Irgendetwas lief falsch. Alles lief falsch. Natürlich war ihr klar, dass solche Gedanken absurd waren, denn sie mochte ja ihren Beruf und war eine kompetente, liebevolle Mutter.

Wieder strich sie mit den Fingerspitzen über ihr Handgelenk, drehte es dann langsam um und inspizierte die Haut. Der neueste Biss schien blasser geworden zu sein. Er war nicht verschwunden, sah aber weniger entzündet aus, war weniger rot und geschwollen. Mit klopfendem Herzen setzte die Frau sich im Bett auf und versuchte, ihren Atem und ihre Gedanken wieder zu beruhigen. Die Zahlen auf der Maschine wiesen warnend auf ihre erhöhte Herzfrequenz hin. Hektische Gedanken führten zu nichts Gutem. Sie konzentrierte sich.

Schuldgefühle.

Es lag an ihren ständigen Schuldgefühlen.

Die Flecke waren schlicht und einfach Gewissensbisse.

Die Erkenntnis jagte ihr zwar Angst ein, war jedoch gleichzeitig ein Hoffnungsschimmer, denn nun kannte sie die Wurzel ihrer mysteriösen Hautkrankheit. Und wenn man wusste, wo das Problem lag, dann konnte man es auch lösen. Jedenfalls erzählte sie das ihren Kindern immer, wenn ihnen etwas zu schaffen machte. Nur das große Unbekannte war es, was Angst machte.

Aufgeregt schob sie die Ärmel ihres Nachthemds zurück, betrachtete die Haut, und tatsächlich – auch dort die Spuren ihrer Gewissensbisse, selbst die schlimmsten, waren schon weniger rot, weniger geschwollen. Und während sie die Bissspuren eine nach der anderen untersuchte, erinnerte sie sich plötzlich genau an den Augenblick, an den entscheidenden Moment, in dem sie aufgetaucht waren. Die Geschäftsreise nach London. Der zweite Abend in Folge, an dem sie einen Babysitter engagiert hatte. Der Schulausflug ins Museum, bei dem sie nicht dabei sein konnte. Ihr zehnter Hochzeitstag, an dem sie sich abends so betrunken hatte, dass sie sich im Vorgarten auf die Osterglocken übergeben musste und schließlich auf dem Fußboden im Badezimmer einschlief. Das dritte Mal nacheinander, dass sie eine Essenseinladung bei Freunden abgesagt hatte.

All diese Flecke waren Momente, in denen sie das Gefühl hatte, nicht für die Menschen, die sie brauchten, da zu sein, nicht genug zu tun – nicht zu genügen.

Doch sie wusste, dass das nicht stimmte. Die Menschen, die sie liebten, sagten es ihr. Sie sagten es ihr jeden Tag, sie musste nur auf sie hören.

Vorsichtig kletterte sie aus dem Bett, zog die Infusionsnadel aus ihrem Arm und entfernte das Pulsmessgerät von ihrem Zeigefinger. Sofort fing die Maschine heftig an zu piepen. Aber die Frau achtete nicht darauf, holte ihre Tasche und begann zu packen.

»Was machen Sie denn da?«, fragte Annie, die Krankenschwester, die sich die ganze Zeit so nett um die Frau gekümmert hatte und jetzt nach dem Rechten schauen wollte.

»Danke für alles, was Sie getan haben, Annie. Es tut mir leid, dass ich Ihre Zeit verschwendet habe ...« Die Frau hielt inne. Da war es wieder, das schlechte Gewissen. »Nein, eigentlich tut es mir nicht leid. Ich bin Ihnen dankbar, ich weiß Ihre Freundlichkeit und Ihre Fürsorge wirklich sehr zu schätzen. Aber jetzt möchte ich nach Hause, es geht mir besser.«

»Sie können hier nicht so einfach verschwinden«, widersprach Annie sanft.

»Aber schauen Sie mal«, sagte die Frau und streckte der Schwester die Arme entgegen.

Überrascht begutachtete Annie die verblassenden Bissspuren und strich mit den Fingern darüber, ging schließlich auf die Knie, hob das Nachthemd der Frau ein Stück hoch, und gemeinsam inspizierten sie ihre Beine.

»Wie in aller Welt ist das möglich?«

»Ich habe mich von meinen Schuldgefühlen unterkriegen lassen«, erklärte die Frau. »Mein Gewissen hat regelrecht an mir genagt. Aber damit ist jetzt endgültig Schluss.«

Jedenfalls würde sie es versuchen. Sie war dazu fähig. Sie würde es schaffen, denn sie wollte es – und sie musste es auch. Schließlich war es ihr Leben, das einzige Leben, das sie besaß, und sie wollte es leben, so gut sie konnte. Sie würde jeden Augenblick nutzen, sie würde arbeiten gehen, sie würde bei ihrer Familie sein und sich bei niemandem dafür entschuldigen. Am allerwenigsten bei sich selbst.

Annie sah sie an und lächelte. »Warum haben Sie es dann jetzt so eilig, nach Hause zu kommen?«

Die Frau zögerte und überlegte. Tatsächlich – sie hatte es schon wieder getan!

»Die Bissspuren verblassen, das stimmt schon, aber sie sind noch nicht verschwunden. Wenn Sie die Sache überstürzen, kommen sie womöglich zurück. Ich schlage vor, Sie legen sich jetzt erst mal wieder ins Bett und erholen sich, und dann können sie irgendwann nach Hause. Und zwar ausgeruht.«

Ja, sie hat recht, dachte die Frau. Noch eine Nacht, eine Nacht ohne Schuldgefühle. Und dann ab nach Hause. Zurück in ihr Leben, zurück zu sich selbst. Und von nun an würde sie jeden Augenblick genießen, ohne schlechtes Gewissen.

6
Die Frau, die dachte, ihr Spiegel sei kaputt

»X, R, S, C, B, Y, L, R, T ...«, liest sie die Buchstaben von der Tafel ab.

»Okay, du kannst die Hand jetzt wegnehmen«, sagt der Optiker. Sie befreit ihr rechtes Auge und schaut ihn erwartungsvoll an.

»Deine visuelle Wahrnehmung ist sehr gut«, erklärt er.

»Ich weiß nicht, was das bedeutet.«

»Das ist die Sehschärfe, und zwar in Abhängigkeit von optischen und neuronalen Faktoren, von der Schärfe des Netzhautfokus im Auge, vom allgemeinen Gesundheitszustand, von der Funktionstüchtigkeit der Netzhaut und der Reizverarbeitung im Gehirn.«

»Harry, ich war deine Babysitterin, als du klein warst, ich hab dich erwischt, wie du mit freiem Oberkörper vor dem Spiegel mit deinem Deo als Mikro zu Rick Astley getanzt hast.«

Der junge Mann blinzelt und wird rot. Dann formuliert er seine Erklärung neu. »Es bedeutet, deine Sehstärke ist einwandfrei, du hast optimales Sehvermögen.«

Sie seufzt. »Nein, das stimmt nicht. Ich hab es dir doch gesagt. Und ich muss es schließlich wissen.«

»Ja.« Er rutscht auf seinem Stuhl herum, plötzlich ist seine ganze Professionalität verschwunden, und er ist wieder der nervöse Junge. »Das ist es ja, was ich nicht verstehe. Anscheinend bist du dir ganz sicher, dass irgendwas mit deinen Augen nicht stimmt, aber deine Augen brennen nicht, du hast keine Kopfschmerzen, du siehst nicht verschwommen, in der Nähe kannst du mühelos alles entziffern, und auch in der Ferne gibt es keine Defizite. Auf der Sehtafel erkennst du sogar noch die unterste Zeile, und das kommt ziemlich selten vor. Deshalb verstehe ich einfach nicht, wo dein Problem liegt.«

Sie wirft ihm den gleichen Blick zu, den sie ihm damals zugeworfen hat, als sie ihn dabei erwischte, wie er heimlich am Badezimmerfenster eine Zigarette rauchte. Er hatte die Tür abgeschlossen und behauptet, er hätte sich den Magen verdorben, aber sie öffnete das Schloss kurzerhand von außen, mit einer Münze. Danach hatte er tatsächlich Magenprobleme. Die Frau war eine furchteinflößende Babysitterin, und obwohl sie jetzt beide zwanzig Jahre älter sind, hat ihr einschüchternder Blick noch immer die gleiche Wirkung auf ihn.

Entschlossen ruft er sich ins Gedächtnis, dass er inzwischen ein erwachsener Mann ist, verheiratet, zwei Kinder, Ferienhaus in Portugal, Hypothek zur Hälfte abbezahlt. Seine ehemalige Babysitterin kann ihm nichts mehr anhaben. Er richtet sich auf.

Sie holt tief Luft und zählt bis drei. Dieser junge Mann hier hat eine Ausbildung, ist qualifiziert, aber anscheinend auch immer noch der dumme Teenager, den sie beim Wichsen erwischt hat – in eine Socke.

»Es hat vor ein paar Wochen angefangen«, erklärt sie betont ruhig.

»Was hat angefangen?«

»Das Problem mit meinen Füßen.«

Er starrt sie verständnislos an. »Das meinst du jetzt ironisch, oder?«

»Ja, klar. Weshalb bin ich wohl hier?«

»Wegen deiner Augen.«

»Richtig, wegen meiner *Augen*«, blafft sie.

Der erwachsene Harry, der Ehemann und Vater sind wieder verschwunden, zurück bleibt wie vorhin der gedemütigte Teenager. Und die Sockenerinnerung.

»Ich kann den Tag nicht genau festlegen, aber ich würde sagen, es war vor etwa drei Wochen. Da bin ich aufgewacht, am Morgen nach meiner Geburtstagsparty, und hab mich erbärmlich gefühlt. Ich hab mich kaum im Spiegel erkannt, aber zunächst hab ich das auf die Tequila Slammer geschoben, verstehst du, deshalb hab ich noch ein paar Tage verstreichen lassen, bis mir dann klar wurde, dass es nicht einfach nur ein Kater gewesen sein konnte, sondern dass etwas mit meinen Augen nicht stimmt.«

»Und was genau stimmt nicht?«

»Sie sehen mich falsch.«

Er schluckt. »Deine Augen *sehen dich falsch*?«

»Sie sehen mich nicht so, wie sie mich sehen sollten. Sie zeigen mir eine andere Version meiner Person. Eine falsche Version. Das bin ich nicht. Folglich ist mit meinen Augen irgendwas nicht in Ordnung. Vielleicht ist es nicht das Sehvermögen, vielleicht muss ich zum Röntgen oder zum MRT. Vielleicht ist es nicht die Linse, sondern die Pupille oder die Iris oder ... was weiß ich.«

»Damit ich das richtig verstehe«, beginnt er, beugt sich vor und stützt die Ellbogen auf die Knie – lange Oberschenkel, lange Arme und Finger, sehr attraktiv für jemanden, der mal so eine kleine Nervensäge war. Aber er hat ein Lächeln auf den Lippen, das die Frau wahnsinnig macht, weil es aussieht, als müsste er sich das Lachen verkneifen. Sie hätte nicht herkommen sollen.

»Du bist hier, weil du dich, wenn du in den Spiegel schaust, anders siehst als bisher?«, fährt er fort.

»Ja«, antwortet sie ruhig. »Meine Augen zeigen mir nicht das, was ich fühle. Deshalb kann die Botschaft, die meine Augen mir übermitteln, nicht richtig sein. Verstehst du? Ich sehe anders aus, überhaupt nicht so, wie ich mich fühle. Ehrlich gesagt, bin ich sogar ein bisschen erschrocken.« Sie hört das Zittern in ihrer Stimme, er hört es auch, sein Lächeln verblasst, sein Gesicht wird weicher und sieht ein bisschen besorgt aus. Sie erinnert sich, wie er sich, vor sich eine Schüssel mit Popcorn, in seinem Fleecepyjama mit Äffchenmuster an sie gekuschelt hat, wenn er mal wieder aus einem Albtraum aufgewacht war. Er war ja nicht die ganze Zeit über ein kleiner Scheißer.

»Kannst du dir nicht vorstellen, dass es eine andere Erklärung gibt?« Seine Stimme klingt sehr freundlich.

Die Frau denkt angestrengt nach, denn sie hat den Eindruck, dass Harry ihr etwas sagen will. Das macht er sehr nett, und dann – peng! – ist auf einmal alles klar. Wie konnte sie bloß so ein Idiot sein? Lachend wirft sie den Kopf in den Nacken.

»Natürlich! Warum hab ich daran nicht vorher gedacht? Das ist doch offensichtlich! Meine Augen sind überhaupt nicht das Problem.«

Offenbar ist er erleichtert, dass sie nicht hier auf seinem Behandlungsstuhl durchdreht. Er setzt sich auf und lächelt.

Die Frau klatscht in die Hände und steht auf. »Vielen Dank, dass du dir die Zeit genommen hast, Harry, du warst mir eine große Hilfe.«

Auch er steht auf, ein bisschen unbeholfen. »Wirklich? Das freut mich. Du brauchst übrigens nichts zu bezahlen.«

»Ach, sei nicht albern«, wehrt sie ab und greift nach ihrer Tasche. »Ich hab jahrelang genug Geld von dir gekriegt – na ja, von deiner Familie –, und wir wissen beide, dass es sich nicht gelohnt hat.« Sie lacht, so froh ist sie, dass das Rätsel endlich gelöst ist und sie kein Augenproblem hat.

Verlegen nimmt er das Geld entgegen, nicht einmal eine Quittung verlangt seine ehemalige Babysitterin.

»Und ... was hast du jetzt vor, wenn ich fragen darf?«

»Na ja, wenn es nicht an meinen Augen liegt, Harry, was könnte es dann wohl sein?«, fragt sie. »Ich muss meinen Spiegel reparieren lassen!«

Der Spiegelmann, Laurence, steht vor dem Ganzkörperspiegel im Schlafzimmer der Frau und kratzt sich am Kopf.

»Und was genau soll ich jetzt tun?«

»Den Spiegel reparieren, bitte.« Schweigen. »Das ist doch Ihr Job, oder nicht? Auf Ihrer Website steht, Sie haben eine Werkstatt für Glas- und Spiegelkunst.«

»Na ja, hauptsächlich entwerfe ich Dinge auf Kundenwunsch. Aber wir installieren und ersetzen natürlich auch Spiegel und Glasscheiben, wir reparieren Rahmen und bessern Schadstellen aus. All so was.«

»Wunderbar.«

Aber Laurence wirkt immer noch verwirrt. Beim Hereinkommen hat er den Blick kurz in ihrem Schlafzimmer umherschweifen lassen, und die Frau ist nicht sicher, ob ihm aufgefallen ist, dass hier nur eine Person schläft. Nur sie allein, kein Ehemann. Nicht mehr. Allem Anschein nach haben sie das Schlimmste überstanden, jedenfalls sagen ihre Freunde, die eine Trennung hinter sich haben, dass man schon das Licht am Ende des Tunnels sieht. Hoffentlich, sie hat bald keine Kraft mehr, und die Geschichte mit ihren Augen hat auch nicht gerade geholfen.

»Gibt es denn ein Problem?«, fragt sie.

»Das Problem ist, dass ich an diesem Spiegel kein Problem sehe.«

Sie lacht. »Bezahle ich Sie etwa für so eine Diagnose?«

Er lächelt. Mit Grübchen. Plötzlich hat die Frau den starken Impuls, sich die Haare zurechtzumachen, und wünscht sich, sie hätte sich vor seinem Eintreffen überhaupt ein bisschen mehr Mühe mit ihrer äußeren Erscheinung gegeben.

»Also, es gibt ein Problem, glauben Sie mir. Können Sie das Spiegelglas austauschen? Den Rahmen möchte ich gern behalten. Er hat meiner Mutter gehört.« Sie lächelt, strahlender als nötig, denn das Lächeln des Spiegelmannes ist sehr ansteckend. Sie kann nichts dagegen machen, sie lächelt sogar immer mehr, obwohl sie sich auf die Innenseite der Wangen beißt. Und auch sein Lächeln wird immer breiter. Seine Augen wandern über ihren Körper, und sie bekommt eine Gänsehaut.

»Hat das Glas denn irgendwo einen Sprung?«, fragt er schließlich und reißt den Blick von ihr los, studiert den Spiegel und streicht mit der Hand über den Lack. Sie kann die Augen nicht von ihm abwenden.

»Nein, das nicht. Aber er ist kaputt.«

»Wie denn kaputt?« Er runzelt die Stirn und kratzt sich wieder am Kopf.

Also erklärt sie ihm alles. Dass sie beim Optiker war, aber dass mit ihren Augen anscheinend alles in Ordnung ist und dass sie und der Optiker deshalb gemeinsam zu der logischen Schlussfolgerung gelangt sind, dass es am Spiegel liegen muss.

Er starrt sie neugierig an, freundlich, ohne zu urteilen.

»Vielleicht ist Ihnen so ein Problem schon mal untergekommen?«, fragt sie.

Er setzt zu einer Antwort an, überlegt es sich dann aber anders. »Na klar«, beteuert er. »Sogar ganz häufig.«

»O gut«, sagt sie erleichtert. »Wenn es nicht am Spiegel liegt, hätte ich gar nicht mehr gewusst, wo ich als Nächstes nach einer Lösung suchen könnte.«

»Ist das der einzige Spiegel, den Sie benutzen?«, fragt Laurence.

»Ähm ...« Die Frage verblüfft sie, daran hat sie noch gar nicht gedacht. »Ja. Ja, ist es.« Sie hat Spiegel ziemlich lange gemieden, seit in ihrem Leben alles den Bach runtergegangen ist. Sie hatte einfach keine Lust mehr, sich anzuschauen. Und als sie langsam wieder damit angefangen hat, ist ihr gleich das Problem aufgefallen.

Der Spiegelmann nickt. Schaut sich noch einmal kurz in ihrem Schlafzimmer um. Vielleicht merkt er jetzt, dass hier nur eine Person schläft. Erkennt man das? Sie möchte gern, dass er es erkennt.

»Ich muss den Spiegel mit in die Werkstatt nehmen, dort nehme ich dann das Spiegelglas raus und schneide ein neues zu, das genau reinpasst. Und ich könnte auch den Rahmen ein bisschen für Sie aufarbeiten, ihm sozusagen neues Leben einhauchen.«

Die Frau zögert.

»Ich werde gut darauf aufpassen, keine Sorge. Ich weiß doch, dass er für Sie wichtig ist.«

Auf einmal sieht die Frau ihre Mutter vor dem Spiegel posieren, in ihrer Erinnerung sitzt sie selbst als kleines Mädchen auf dem Boden neben ihr, schaut zu, wie sie sich zum Ausgehen fertig macht, und wünscht sich, sie begleiten zu können, diese exotische Kreatur, der sie ganz sicher niemals ähneln wird. Sie riecht das Parfüm ihrer Mutter, das nur an ganz besonderen Abenden zum Einsatz kommt.

Dreh dich, Mummy.

Und das tat sie auch, immer. Plisseefalten wirbelten. Röcke bauschten sich. Seitenschlitze gaben Einblicke frei.

Jetzt schaut die Frau wieder in den Spiegel. Sie sieht das kleine Mädchen nicht mehr. Das hat sie auch nicht erwartet, oder doch? Sie sieht eine Version von sich selbst, die ihr nicht gefällt. Älter. Schnell wendet sie den Blick ab. Das ist nicht sie selbst. Nein. Der Spiegel muss weg.

»Vermutlich könnte ich schon einen anderen, einen neuen Spiegel brauchen …«

»Nein, tun Sie das nicht«, meint der Spiegelmann. »Das hier ist der, den Sie wollen.« Zart, fast liebevoll streicht er über den Rahmen. »Und ich sorge dafür, dass er perfekt für Sie wird.«

Die Frau muss ein Schulmädchenkichern unterdrücken. »Danke.«

Ehe Laurence geht, sagt er noch einmal: »Versprechen Sie mir, dass Sie in keinen anderen Spiegel schauen, bevor dieser hier fertig ist?«

»Versprochen«, antwortet sie und nickt. Als sie die Tür hinter ihm zumacht, hat sie Herzklopfen.

Am nächsten Tag ruft Laurence an. Es wäre ihm recht,

wenn sie in die Werkstatt kommen und das Spiegelglas aussuchen würde. Sie fragt sich, ob das wirklich notwendig ist. Oder möchte er sie einfach gern wiedersehen? Eigentlich hofft sie es.

»Ist das Glas nicht immer gleich?«

»Gleich?«, ruft er in gespieltem Entsetzen. »Wir haben flache Spiegel, Hohlspiegel, Einwegspiegel. Ich möchte mich erst entscheiden, wenn ich weiß, was Ihnen gefällt.«

Am nächsten Tag fährt sie zu seiner Geschäftsadresse. Diesmal hat sie mehr Zeit in ihr Äußeres investiert. Beim Anziehen war sie aufgedreht und kam sich vor wie ein Idiot, weil sie sich so vorschnell Hoffnungen machte.

Die Frau erwartet, dass die Werkstatt sich in einem schmutzigen, seelenlosen Lagerhaus befindet, aber alles ist ganz anders. Am Ende eines hübschen Feldwegs gelangt sie zu einer umgebauten Scheune neben einem strohgedeckten Cottage. Die Werkstatt wirkt wie aus einem Designmagazin, ein Studio mit den hinreißendsten Spiegeln, die sie jemals gesehen hat.

»Für die Rahmen verwende ich Recyclingholz«, erklärt Laurence, während er die Frau in der Werkstatt herumführt. Überall sind Spiegel, in den unterschiedlichsten Formen und Größen. »Das hier ist mein neuestes Produkt, fast fertig. Das Holz stammt von einer Baumwurzel, die ich hier draußen gefunden habe«, erklärt Laurence und deutet dabei durchs Fenster zu dem weitläufigen Waldgebiet, das die Scheune umgibt. »Es muss auch kein besonders edles Holz sein – der Badezimmerspiegel hier ist zum Beispiel aus einer alten Transportpalette gemacht.«

Die Frau streicht über die Rahmen, beeindruckt von seiner Kunstfertigkeit, und es ist ihr ein bisschen peinlich, dass sie einen dermaßen talentierten Mann kontaktiert hat, nur um ihr Spiegelglas zu ersetzen.

Unterdessen erzählt Laurence, wie er die Scheune ausgebaut hat, und erklärt die Fenster, den Lichteinfall und Reflektionseffekte. Zwar versteht sie nicht alles, aber es klingt wunderschön. Und wenn es je einen Menschen gegeben hat, der dafür geboren ist, mit Spiegeln zu arbeiten, dann ist es Laurence. Wenn sie ihn anschaut, fühlt die Frau etwas, was sie schon seit sehr langer Zeit nicht mehr gefühlt hat. Ein Gefühl wie aus einem anderen Leben, als sie ein anderer Mensch war – die Frau, der sie jetzt nicht mehr ähnlich sieht.

Er geht zu ihr, legt seine Hände auf ihre Arme und dreht sie um. Die persönliche Berührung überrascht sie ein wenig.

»Dein Spiegel ist dort hinten«, sagt er und deutet in die Richtung.

Jetzt erst entdeckt sie in einer Ecke des Raums ihren Spiegel. Offensichtlich hat Laurence genau das gemacht, was er angekündigt hat: Er hat dem Spiegel neues Leben eingehaucht, hat ihn abgeschliffen und neu lackiert, und auf einmal sieht die Frau ihn vor sich, wie er früher war, im Schlafzimmer ihrer Eltern, beim Schrank, gleich neben Daddys ordentlich aufgereihten Schuhen und Mummys Heißwicklern.

Langsam geht die Frau hinüber, stellt sich vor den Spiegel und sieht auch Laurence darin, direkt hinter ihr. Sie betrachtet ihr Spiegelbild, nimmt es in sich auf, mustert es prüfend.

»Du hast ihn schon in Ordnung gebracht«, meint sie lächelnd. Sie ist wieder da. Sie erkennt sich wieder, verjüngt, als hätte sie eine Gesichtsbehandlung machen lassen oder eine neue teure Gesichtscreme verwendet, was beides nicht der Fall ist. Es lag am Spiegel, sie hat es doch gewusst. »Ich dachte, ich bin hier, um ein Glas auszusuchen, aber du hast mich an der Nase rumgeführt!«, lacht sie.

»Gefällt er dir denn?«, fragt er, und seine Augen funkeln, denn das Licht, das von so vielen Spiegeln reflektiert wird, tanzt im Raum umher und bringt alles zum Leuchten.

»Ja, er ist perfekt«, sagt die Frau und untersucht den Spiegel noch einmal.

Auf dem Glas ist ein kleiner roter Punkt, aber als sie ihn mit der Hand berühren will, ertastet sie nur das Glas, aber keinen Fleck. Verwirrt dreht sie sich zu Laurence um. »Was für ein Glas hast du benutzt?«

»Schau es dir noch mal an«, sagt er, einen seltsamen Ausdruck im Gesicht.

Es fühlt sich an wie ein Trick. Langsam wendet sie sich um und schaut wieder in den Spiegel. Untersucht den Rahmen, das Glas, eigentlich alles außer ihrem Gesicht – dafür fühlt sie sich zu befangen und flattrig, wenn Laurence so dicht hinter ihr steht. Noch immer ist der rote Punkt auf dem Glas, und sie fragt sich, ob sie womöglich eine Art Test bestehen soll. Aber sie hat doch schon versucht, diesen Punkt zu ertasten, und er war nicht da.

»Hast du schon mal was von Simultankontrast gehört?«

Sie schüttelt den Kopf.

»Der Ausdruck kommt aus der Malerei.«

»Dann malst du also auch?«

»Nur so als Hobby. Mit Simultankontrast bezeichnet man den Effekt, dass bestimmte Farben, wenn sie direkt nebeneinander liegen, anders wahrgenommen werden. Die Farben selbst bleiben unverändert, es liegt ausschließlich an der Wahrnehmung.«

Er wartet eine Weile, damit sie sich die Erklärung durch den Kopf gehen lassen und nachvollziehen kann.

»Dreh dich noch mal um und schau dich an«, sagt er dann sanft.

Sie tut es und nimmt ihr Bild diesmal bewusst gründlich wahr. Ihr Blick wandert über ihr älter gewordenes Gesicht, ihre volleren Wangen, die Falten um ihre Augen, ihren etwas dickeren Bauch. Verlegen zieht sie die Bluse ein Stück von der Taille weg, und in diesem Moment sieht sie den roten Punkt wieder. Doch statt auf das Glas zu fassen, schaut sie auf ihren Arm hinunter und entdeckt dort den Sticker. »Wie ist der denn da hingekommen?«, fragt sie, während sie ihn abpult.

Laurence grinst.

»Ah – du hast ihn mir bestimmt vorhin aufgeklebt«, sagt sie und erinnert sich daran, wie überrascht sie war, als er sie angefasst und umgedreht hat. Diese Gelegenheit hat er wohl genutzt, um den roten Sticker auf ihrem Arm zu platzieren.

»Das ist der Spiegeltest. Den machen wir Spiegelkünstler alle«, scherzt er.

»Als ich den Punkt zum ersten Mal gesehen habe, dachte ich, er klebt auf dem Spiegel«, sagt sie, während sie sich noch einmal klarmacht, wie das Ganze funktioniert. »Beim zweiten Mal hab ich gemerkt, dass er auf mir klebt.«

Er nickt.

»Es war nicht der Spiegel, sondern ich«, meint sie nachdenklich, und erst in diesem Moment kommt die Botschaft richtig bei ihr an. »Nicht der Spiegel war kaputt, es lag die ganze Zeit an mir.«

Er nickt wieder. »Obwohl ich nicht sagen würde, dass du kaputt warst. Es geht immer um die Wahrnehmung. Ich wollte den Spiegel nicht verändern. Er ist perfekt, so wie er ist.«

Die Frau stellt sich wieder vor den Spiegel. Studiert ihr Gesicht, ihren Körper. Sie ist älter geworden. Im letzten Jahr ist sie mehr gealtert als in den fünf Jahren davor, aber so ist sie jetzt eben. Sie verändert sich, sie wird älter. Manches wird schöner, anderes ist nicht so leicht zu akzeptieren.

»Und?«, fragt Laurence. »Möchtest du ihn immer noch ersetzen?«

»Nein, er ist perfekt, ich danke dir«, antwortet sie.

7
Die Frau, die im Boden versank und dort auf andere Frauen traf

Es passierte alles nur, weil sie im Büro eine Präsentation machen musste. Sie hatte Präsentationen schon immer gehasst, schon in der Schule, wo die beiden Idioten hinten im Klassenzimmer jedes Mal »ssssss« zischten, wenn sie rot wurde. Zwar machten die beiden sich auch über jeden anderen gnadenlos lustig, aber sie war ein leichtes Opfer – ihr Gesicht lief knallrot an, sobald sie ihre eigene Stimme hörte und Blicke auf sich spürte, die sie zu durchbohren drohten.

Zwar hatte sich das Rotwerden im Lauf der Zeit gemildert, aber nun bahnte die Nervosität sich einen Weg durch ihren ganzen Körper und manifestierte sich in heftig zitternden Knien. Sie wusste nicht, was schlimmer war. Das knallrote Gesicht damals, das sie zumindest nicht beim Sprechen beeinträchtigt hatte, oder jetzt das Knieschlottern, das ihren ganzen Körper so zum Zittern brachte, als wäre ihr kalt, obwohl ihre Achselhöhlen schweißnass waren. Wenn sie Röcke trug, bebten sie, dass sie aussah wie eine Comicfigur, sie konnte beinahe ihre Knochen klappern hören. Ihre Hände musste sie entweder verstecken oder zu Fäusten ballen. Wenn sie ein Blatt Papier in der Hand hielt, war es noch schlimmer, denn Papier konnte nicht lügen.

Am besten war es, Papiere von vornherein auf den Tisch zu legen und lieber die Fäuste zu ballen oder einen Stift zu umklammern. Sich hinzusetzen und lieber Hosen als Röcke zu tragen, und zwar schmal geschnittene, denn je weniger Stoff da war, desto weniger konnte zittern. Allerdings durfte die Hose am Bauch keinesfalls spannen, sondern musste reichlich Platz zum Atmen lassen. Möglichst legere Kleidung also. Für Kaffee und Tee benutzte sie Pappbecher, denn in ihren zitternden Händen fing eine Tasse auf der Untertasse gern an zu klirren.

Nicht, dass die Frau ihre Materie nicht beherrschte. Das tat sie nämlich sehr wohl, und wie. Zum Üben marschierte sie in ihrer Wohnung umher, als hielte sie einen TED-Talk. Zu Hause war sie kompetent, niemand konnte so interessant und inspirierend über die Quartalsumsätze berichten wie sie. Sie dozierte wie Sheryl Sandberg, sie redete wie Michelle Obama, bei der alles interessant klang, sie war eine Kriegerin, die Zahlen und Fakten abspulte – in ihrer Wohnung, nachts, allein, war ihr Selbstvertrauen unerschütterlich.

Zunächst lief die Präsentation im Büro gut, wenn auch vielleicht nicht ganz so kurzweilig und weltbewegend wie der Probelauf in der Nacht zuvor. Es gab nicht so viele lehrreiche Zwischenbemerkungen aus ihrem Privatleben und überhaupt keinen Humor – für ihre Phantomzuhörer hatte sie witzige Nebenbemerkungen nur so aus dem Ärmel geschüttelt –, aber definitiv war ihr Vortrag gradliniger und präziser. Sie war nicht besser und nicht schlechter als sonst immer, abgesehen von dem nervigen »per se«, das sie ständig wiederholte, obwohl sie den Ausdruck noch nie in ihrem ganzen Leben benutzt hatte. Jetzt kam er plötzlich in fast jedem Satz vor! Sie freute sich jetzt schon darauf, sich später mit ihren Freunden in der Kneipe darüber lustig zu machen. Sie würden mit einem »Per se!« anstoßen, es den ganzen Abend in jeden Satz einfügen und vielleicht sogar eine Challenge draus machen oder ein Trinkspiel.

»Entschuldigung, Mr Bartender«, könnte eine Freundin sagen und sich mit hochgezogener Augenbraue über den Tresen beugen, »könnte ich wohl noch einen Cosmo kriegen, per se?«

Und dann würden sich alle biegen vor Lachen.

Aber da war ihre Phantasie wohl etwas vorschnell gewesen, und sie war übermütig geworden. Bis zu diesem Punkt war mit der Präsentation alles gutgegangen, aber jetzt hatte sie sich in einem Tagtraum verirrt und den gegenwärtigen Moment aus den Augen verloren. Um sie herum stand das zwölfköpfige Team – wer seinen Teil der Präsentation bereits hinter sich hatte, ganz entspannt, der Rest voller Erwartung, endlich selbst im Rampenlicht stehen zu dürfen. Und da öffnete sich die Tür, und Jasper Godfries kam herein. Der CEO der Firma. Der neue Boss, der überhaupt noch nie bei einem Verkaufsmeeting anwesend gewesen war. Die Frau bekam Herzklopfen, und wie aufs Stichwort setzten Knieschlottern und Fingerzittern ein, ihr wurde heiß, sie bekam keine Luft mehr. Plötzlich befand sich ihr ganzer Körper im Fluchtmodus.

»Entschuldigt, dass ich zu spät komme«, sagte Jasper Godfries zu den überraschten Gesichtern. »Ich war in einer Telco mit Indien.«

Weil keiner ihn erwartet hatte, war kein Stuhl mehr frei. Das Team rutschte zusammen, machte Platz, und auf einmal stand die Frau nicht all ihren Kollegen, sondern auch noch ihrem CEO gegenüber. Mit schlotternden Knien und wild klopfendem Herzen.

Natürlich bemerkte das ganze Team sofort, dass die Papiere in der Hand der Frau angefangen hatten zu zittern; ein paar reagierten amüsiert, andere wandten mitleidig den Blick ab. Nur Jasper Godfries schaute der Frau weiter in die Augen. Verzweifelt versuchte sie, sich zu beruhigen, ihren Atem zu kontrollieren, aber sie konnte keinen klaren Gedanken mehr fassen. *Der Boss, der Boss, der Boss*, das war alles, was sie noch im Kopf hatte. Obwohl sie letzte Woche für bestimmt hundert verschiedene Szenarien geplant und geprobt hatte, war sie darauf nicht gefasst gewesen.

Denk nach, denk nach, redete sie sich gut zu, während die anderen sie gespannt anstarrten.

»Fang doch einfach noch mal von vorn an«, schlug Claire, ihre Chefin, schließlich vor.

Claire, diese blöde Kuh.

Jetzt kreischte die Stimme in ihrem Kopf nur noch panisch, aber die Frau rang sich ein Lächeln ab. »Vielen Dank, Claire.«

Nervös blickte sie auf ihre Notizen, blätterte zurück zu Seite eins, aber alles verschwamm vor ihren Augen. Sie war praktisch blind, ihr Gehirn war leer, nur das Gefühl war noch da, eine körperliche Nervosität. Alles passierte in ihrem Körper, sie fühlte, wie sie zitterte, ihre Knie, ihre Beine, ihre Finger. Ihr Herz raste, so schnell und heftig, dass man sein Vibrieren wahrscheinlich durch ihre Bluse sehen konnte. Dann entwickelte sich ein Bauchkrampf. Nur in ihrem Kopf herrschte immer noch gähnende Leere.

Claire sagte irgendetwas, vermutlich, um der Frau auf die Sprünge zu helfen, die anderen blätterten in ihren Unterlagen, zurück zum Anfang. Aber die Frau konnte unmöglich noch einmal von vorn anfangen, so eine Präsentation schaffte sie nicht zweimal, darauf war sie nicht vorbereitet.

Auf einmal schnürte sich ihre Kehle zu, ihr verkrampfter Bauch lockerte sich, und langsam und leise entwich aus ihrem Hintern eine Luftblase. Gut, dass es wenigstens leise geschah, aber es dauerte nicht lange, bis der heiße, penetrante Geruch ihrer Panik sich im ganzen Raum verbreitete. Zuerst erreichte er Colin, das erkannte sie genau. Sie beobachtete, wie er zusammenzuckte und die Hand zur Nase führte. Garantiert wusste er, dass sie es gewesen war. Bald würde der Geruch auch Claire erreichen. Da. Die Augen der Teamchefin wurden groß, fast unmerklich wanderte ihre Hand zu Mund und Nase.

Heftiger zitternd als je zuvor blickte die Frau auf ihr Blatt, und zum ersten Mal seit fünfundzwanzig Jahren fühlte sie wieder die heiße Röte in ihre Wangen steigen, wo sie brannte und brannte, ihre Haut versengte.

Und dann hörte sie, wie die Worte »per se« aus ihrem Mund kamen, gefolgt von einem nervösen Kichern. Die anderen blickten von ihren Unterlagen auf, um die Frau erneut anzustarren, erstaunt, amüsiert oder auch irritiert. Beurteilend. Eine schreckliche, lange, aufgeladene Stille entstand, und die Frau hatte nur noch den Wunsch wegzulaufen. Oder dass der Boden sich unter ihren Füßen öffnen und sie verschlingen würde.

Und da geschah es. Zwischen ihr und dem Konferenztisch erschien ein schönes, einladendes schwarzes Loch. Dunkel, vielversprechend, tief, verlockend, sie brauchte nicht lange nachzudenken. Sie wollte nur weg.

Schon sprang sie hinein.

Stürzte durch Dunkelheit und landete in Dunkelheit.

»Autsch.« Sie rieb sich den Hintern. Dann erinnerte sie sich daran, was passiert war, und schlug die Hände vors Gesicht. »Ach du Scheiße.«

»Du auch, was?«

Als sie aufblickte, stand neben ihr eine andere Frau, die ein Hochzeitskleid mit dem Namensschild *Anna* trug, aber es interessierte sie nicht, was diese Anna getan hatte, sie wollte an nichts anderes denken als an ihre eigene Blamage und sie immer wieder analysieren.

»Wo sind wir hier?«, fragte sie.

»In Peinlichsdorf«, antwortete Anna. »O Gott, ich bin so blöd«, fuhr sie fort und sah die Frau mit schmerzverzerrtem Gesicht an. »Ich hab Benjamin zu ihm gesagt. Ich hab *Benjamin* zu ihm gesagt!« Sie war völlig durch den Wind, schaute die Frau aber an, als müsste jeder Mensch in der Lage sein nachzuvollziehen, wie schwerwiegend dieser Fehler gewesen war.

»Er heißt also nicht Benjamin?«, fragte die Frau vorsichtig nach.

»Nein, natürlich nicht!«, blaffte Anna, und die Frau zuckte zusammen. »Er heißt Peter. *Peter.*«

»Oh. Hm. Also, das ist ja nicht mal ähnlich«, meinte die Frau verständnisvoll.

»Überhaupt nicht, nein. Benjamin war mein erster Mann.« Anna wischte sich die Augen. »Mitten in meiner Hochzeitsrede spreche ich meinen neuen Mann mit dem falschen Namen an. Sein Gesichtsausdruck!«

»Der von Benjamin?«

»Nein, der von *Peter* natürlich!«

»Oh.«

Anna schloss die Augen und kniff sie fest zusammen. Als könnte sie damit alles ungeschehen machen.

»Du Arme«, sagte die Frau und konnte die Peinlichkeit der Situation so gut nachvollziehen, dass sie ihren eigenen Ausrutscher schon ein bisschen weniger schlimm fand. Wenigstens war er ihr nicht bei ihrer eigenen Hochzeit, sondern nur vor ihrem Chef und ihren langjährigen Kollegen passiert. Aber nein, es war trotzdem schlimm. Sie seufzte und schauderte erneut.

»Was hast du denn gemacht?«, fragte Anna.

»Ich habe bei einer Präsentation im Büro Panik gekriegt und vor meinen versammelten Arbeitskollegen gepupst – und vor dem neuen CEO, den ich eigentlich positiv beeindrucken wollte.«

»Oh.«

Annas Stimme bebte, und die Frau ahnte, dass sie sich das Lachen verbeißen musste.

»Das ist überhaupt nicht komisch«, entgegnete sie, schauderte und hielt sich die Hände vor ihre schon wieder knallroten Wangen. Plötzlich öffnete sich die Decke über ihnen, ein greller Lichtstrahl blendete ihre Augen, Sand rieselte auf sie herab, und neben ihnen auf dem Boden landete eine Gestalt.

»O Gott«, wimmerte sie. Auf ihrem Namensschildchen stand *Yukiko.*

»Was ist passiert?«, fragte die Frau den Neuzugang, um sich von ihrer eigenen Blamage abzulenken und die Gesichter ihrer Kollegen in dem Augenblick, als der Pups ihnen in die Nase stieg, für eine Weile vergessen zu können.

Gequält blickte Yukiko auf. »Ich bin gerade den ganzen Hotelstrand langgewandert, ohne zu merken, dass meine

Brust raushängt.« Beim Gedanken daran begann sie sofort wieder an ihrem Bikini herumzunesteln. »Ich hab mich gefragt, warum alle mich so angrinsen, aber ich dachte, sie wären einfach freundlich ... o Gott. Danke für dieses Loch im Boden«, stöhnte sie und blickte sich um.

Im nächsten Augenblick öffnete sich die Decke erneut, Klaviermusik war zu hören, und ein köstlicher Essensduft wehte zu ihnen herab.

Eine Frau fiel durch das Loch und landete auf den Füßen. *Marie.* Offenbar hatte sich ihr Rock beim Anziehen in der Unterhose verfangen, denn sie zerrte ihn gerade hektisch über die Pobacken. Dann wanderte sie, leise auf Französisch vor sich hinmurmelnd, allein weiter in die Dunkelheit hinein. Die drei anderen sahen ihr nach, sagten aber nichts.

»Wie lange bleiben wir wohl hier unten?«, fragte Yukiko.

»Für immer hoffentlich«, antwortete die Frau und machte es sich in einer dunklen Ecke gemütlich, ehe sie sich zum xten Mal voller Entsetzen ihre Präsentation und den Gesichtsausdruck ihrer Kollegen ins Gedächtnis rief.

»Ich bin hier schon eine ganze Weile. Irgendwann öffnet die Decke sich wieder an der Stelle, durch die man reingesprungen ist, und man klettert wieder nach oben. Vor mir haben das schon zwei Frauen gemacht«, erklärte Anna. »Vermutlich wussten sie, dass es für sie Zeit war zu gehen.«

»Wahrscheinlich kann man wieder hoch, wenn das Schaudern aufhört«, fügte die Frau hinzu und hoffte dabei, dass es bei ihr wenigstens noch in diesem Leben geschehen würde.

»Bei mir wird das nie passieren«, jammerte Yukiko, setzte sich hin und kauerte sich in ihrem knappen Bikini fröstelnd zusammen. Offensichtlich erlebte sie in Gedanken den Augenblick am Strand noch einmal. »Mein Nippel hing raus, ich war so gut wie nackt …«, stöhnte sie und vergrub das Gesicht in den Händen.

Ein Stück weiter entstand erneut eine Öffnung. »Du bist echt so blöd, Nora – warum denkst du nicht einfach mal nach, bevor du losplapperst!«, schimpfte die Gestalt, die nun zu ihnen herunterpurzelte.

Anna lachte, ohne auf die Neue zu achten, sie war noch immer ganz mit ihrer eigenen Situation beschäftigt. »Womöglich denkt Peter ja, es war lustig, dass ich ihn Benjamin genannt habe. Vorher haben wir nämlich sogar Witze darüber gemacht, dass mir der Name rausrutschen könnte, aber ich hab es echt nicht erwartet. Vielleicht sollte ich einfach so tun, als wäre es ein Witz gewesen.«

Direkt über ihr erschien ein schmaler Spalt in der Decke.

»Du könntest auch einfach die Wahrheit zugeben«, schlug die Frau vor.

»Was ist denn überhaupt passiert?«, wollte Yukiko wissen.

»Sie hat den Namen ihres Manns bei der Hochzeit mit dem ihres Exmanns verwechselt.«

Yukiko riss die Augen auf.

Sofort schloss sich der Spalt wieder. Allem Anschein nach war Anna noch nicht bereit für die Rückkehr nach oben, aber jetzt wussten wenigstens alle, wie die Sache lief. Man konnte die Schauderhöhle erst verlassen, wenn man wirklich dazu bereit war. Was möglicherweise bedeutete, dass sie alle noch eine Weile hier schmoren mussten.

»Ihr beide seid nicht gerade hilfreich«, klagte Anna und versteckte wieder ihr Gesicht. »O Gott«, stöhnte sie, »seine Eltern, seine Brüder, seine grässliche Schwester! Die werden die Geschichte niemals vergessen.«

»Aber es war doch eigentlich nicht so schlimm«, gab die Frau zu bedenken. »Peter wird dich doch bestimmt nicht verlassen, weil dir so ein kleiner Patzer unterlaufen ist. Eine Hochzeit ist immer eine emotionale Angelegenheit, da warst du einfach nervös. Wahrscheinlich wolltest du diesen Namen auf gar keinen Fall in den Mund nehmen, und da ist er dir rausgerutscht. Das ist doch echt nichts Weltbewegendes – keiner von euch beiden hat eine schreckliche Krankheit, keiner ist fremdgegangen, es gab keinen Krach zwischen euch.«

»Und es ist auch keiner mit raushängendem Busen vor den Altar getreten«, fügte Yukiko hinzu.

»Oder hat vor versammelter Gemeinde gepupst«, ergänzte die Frau, worauf Yukiko sie anschaute und jetzt, da sie über die peinliche Geschichte Bescheid wusste, amüsiert die Nase kräuselte.

Anna lachte. »Stimmt.«

»Du hast bloß die Namen verwechselt«, sagte die Frau freundlich.

»Ich schätze schon«, lächelte Anna und sah auf einmal erleichtert aus. »Ihr habt recht. Danke, Ladys.«

Über ihnen öffnete sich das gleiche Loch wie vorhin. Sie hörten eine Toilettenspülung, und eine Männerstimme rief: »Anna! Anna! Bitte komm raus!«

»Hast du dich auf der Toilette versteckt?«, fragte die Frau.

Anna nickte und sah hinauf zu der Öffnung. »Zeit, der Angelegenheit ins Gesicht zu sehen.«

»Viel Glück«, wünschte ihr die Frau.

»Danke. Dir auch.«

Um besser klettern zu können, raffte sie ihr Hochzeitskleid bis zum Knie, und die anderen beobachteten, wie sie noch eine Weile auf die geschlossene Toilettentür starrte, um sich zu sammeln, und schließlich tief Luft holte. Als sie die Hand nach dem Riegel ausstreckte, schloss sich der Boden unter ihr, und sie war verschwunden.

Im gleichen Augenblick öffnete sich die Decke schon wieder, und sie blickten erneut in eine Toilettenkabine.

»Ist da wieder Anna?«, fragte Yukiko.

»Nein. Andere Toilette«, erklärte die Frau und kam näher, um besser nach oben spähen zu können.

Doch der Geruch, der zu ihnen herabwehte, war so durchdringend und scheußlich, dass alle sich unwillkürlich Mund und Nase zuhielten und ein Stück von der neuen Öffnung zurückwichen.

Die Frau, die gerade herabgestürzt war, stand auf, blickte zu dem Loch empor, das sich gerade wieder schloss, dann musterte sie die anderen. Auf ihrem Namensschildchen stand *Luciana*.

»Irks«, sagte die Frau und zog eine Grimasse. »Was für ein Gestank.«

»Ich weiß«, gab Luciana ihr schaudernd recht. »Und es stand auch noch eine ewig lange Schlange vor der Tür, alle haben mich gehört. Ekelhaft. Ich bleibe hier unten, bis der Gestank sich gelegt hat.«

»Möglicherweise wirst du Miete bezahlen müssen«, grummelte Yukiko und hielt sich die Nase zu.

Wieder öffnete sich ein Loch, die Nächste fiel herunter, warf einen kurzen Blick auf die Anwesenden, biss sich auf die Unterlippe und fing an, auf und ab zu gehen. Schließlich hielt sie inne. Auf ihrem Namensschild war *Zoe* zu lesen.

»Ich habe gerade am Schultor eine Mutter gefragt, wann ihr Baby kommen soll. Aber es gibt gar kein Baby, sie ist einfach nur dick. Als wäre sie hochschwanger. Ich sehe sie jeden Tag, und ich hab sie vor allen anderen gefragt.« Zoe stöhnte.

Ein Stück weiter öffnete sich bereits der nächste Spalt, und eine Gestalt landete wimmernd auf dem Boden. »Ich bin auf dem Weg zur Bar gestolpert, direkt neben seinem Tisch.«

Aus der Dunkelheit ertönte eine Stimme: »Ich konnte bei der Beerdigung einfach nicht aufhören zu lachen.«

Und noch eine entferntere Stimme, hohl und gequält, fügte hinzu. »Ich wollte ihn bloß umarmen, und wir haben uns auf den Mund geküsst.«

»Also bitte, das sind doch alles Lappalien«, sagte Marie, deren Kleid im Slip feststeckte. Sie sprach mit französischem Akzent und trat, eine Zigarette im Mundwinkel, ein Stück aus der Dunkelheit hervor – eine Szene wie aus einem Nullachtfünfzehn-Spionagefilm. »Nicht wie wenn man mit dem Rock in der Unterhose quer durchs ganze Restaurant marschiert«, fügte sie mit zusammengebissenen Zähnen hinzu.

Die anderen, die zuhörten, holten hörbar Luft.

Erneut öffnete sich ein Spalt in der Decke, schon wieder stürzte jemand herab, nackt, in ein Laken gewickelt, einen gehetzten Ausdruck im Gesicht. Auf ihrer Brust ein Namensschild mit *Sofia*. Niemand machte sich die Mühe zu fragen, welcher Situation Sofia gerade entflohen war, und sie ignorierte die anderen sowieso, offenbar war sie vollkommen in Gedanken.

Dann ließ sich von ziemlich weit weg eine zarte Stimme hören, und als die Augen der Frau sich etwas an die Dunkelheit gewöhnt hatten, sah sie eine Gestalt auf dem Boden sitzen, die sie bislang noch gar nicht bemerkt hatte, obwohl sie schon bei ihrer Ankunft hier gewesen sein musste. Vorsichtig legte die schemenhafte Figur etwas auf den Boden und schob es der Frau zu. Als es bei ihr ankam, sah sie, dass es ein Namensschildchen war, auf dem *Guadalupe* stand.

Guadalupes Stimme klang heiser und tief, als wäre sie schon lange hier, ohne Wasser. »Schieb es zu mir zurück«, verlangte sie.

Da die Information also wohl vertraulich behandelt werden sollte, gab die Frau das Schildchen zurück, Guadalupe hob es auf und zog sich damit wieder ein Stück zurück. Offensichtlich brachte sie es nicht mal über sich, das Ding zu tragen.

»Ich habe eine Mail falsch verschickt. Die Person hätte die Mail nie sehen dürfen, weil es darin genau um sie ging. Ich muss immer an den Moment denken, als ich auf Senden geklickt habe – könnte ich das doch bloß rückgängig machen.« Kaum dass ihr Geständnis heraus war, verkroch sich Guadalupe wieder in ihrer dunklen Ecke.

»Wie lange bist du schon hier?«, fragte die Frau.

»Ich geh hier nie mehr weg«, antwortete Guadalupe mit ihrer kratzigen Stimme.

Marie schnaubte und zog an ihrer Zigarette. Die Frau beschloss, dass sie nicht so lange in dieser Höhle bleiben wollte. Schließlich konnte sie doch nicht ewig vor sich hin schaudern und ihren Fauxpas bereuen, sie hatte ein Leben zu leben.

Das nächste Loch ging auf, und herab purzelte eine sehr elegante Dame in einem wunderschönen Abendkleid. Schockiert blickte sie um sich. »Ich hab gewonnen.«

»Du hast gewonnen?«, wiederholte die Frau verwundert. »Glückwunsch. Was hast du denn gewonnen?«

»Einen Preis. Eine Auszeichnung, für die ich mein ganzes Leben gearbeitet habe.«

»Toll. Aber du siehst nicht aus, als wärst du glücklich.«

»Weil ich hingefallen bin«, flüsterte sie, immer noch etwas benommen. »Ich bin auf der Treppe zur Bühne gestolpert. Vor allen Leuten. Alle haben es gesehen.«

»Ooouh«, machten alle wie aus einem Munde.

»Aaautsch«, fügte Luciana hinzu.

Über ihnen ging die Decke wieder auf, und die Frau erkannte die hölzerne Wandverkleidung des Konferenzraums, den Tisch, Colins Fuß, seine in allen Farben des Regenbogens geringelten Socken. Eigentlich wollte sie nicht länger hier unten bleiben, aber sie war noch nicht bereit zurückzukehren und geriet in Panik.

»Tief durchatmen«, riet Zoe.

Die Frau tat es, sie atmeten zusammen.

»Ein durch die Nase«, sagte Marie.

»Und aus durch den Mund«, fuhr Yukiko fort.

Als die Frau sich einigermaßen gefasst hatte, blickte sie wieder nach oben. Das waren alles nur Menschen, Menschen, die sie kannte. Sie beherrschte die Materie, sie war sogar übervorbereitet – um auch Augenblicken wie diesem jetzt gewachsen zu sein. Sie würde es schaffen.

Immerhin hatte sie ihren Mann nicht am Hochzeitstag mit dem falschen Namen angeredet, hatte ihren Rock nicht versehentlich in den Slip gestopft, und auch ihre Brüste waren nicht in Gefahr, aus der Bluse zu rutschen. Sie hatte keine übergewichtige Kollegin nach ihrer Schwangerschaft gefragt. Und keine heikle Mail an den Falschen geschickt.

Sie hatte lediglich ihre Präsentation vermasselt und sich blamiert. Aber nicht live im Fernsehen. Sie konnte ihren Fehler ausbügeln.

Die anderen in der Höhle schauten sie an und warteten gespannt, was sie jetzt machen würde. Das nächste Loch öffnete sich, eine junge weibliche Gestalt purzelte herab und sah verwirrt um sich. »Kanada liegt doch in den Staaten, richtig?«, fragte sie unsicher, erkannte an den Gesichtern der anderen aber sofort, dass sie sich geirrt hatte. »Nein! Natürlich nicht. Idiot.« Sie schlug sich die Hand vor die Stirn und murmelte: »Das schlimmste Vorstellungsgespräch, das ich je hatte.«

Die Frau aber schaute immer noch durch das Loch hinauf. Wenigstens hatte sie ihr Thema voll im Griff. Es könnte also wirklich schlimmer sein, außerdem war sie nur ein Mensch, und jeder wurde mal nervös. Aber der Pups ... sie würde ihn jemand anderem in die Schuhe schieben müssen. Sie musste diesen Augenblick herunterspielen und weitermachen, als wäre nichts geschehen.

»Rauf oder runter?«, fragte Marie und nahm den letzten Zug an ihrer Zigarette.

Die Frau lächelte. »Ich will nach oben.«

»Na, dann viel Glück. Ich geh nie wieder da rauf«, verkündete Yukiko.

»Doch, das wirst du, glaub mir. Es gibt immer noch etwas Schlimmeres, was passieren könnte«, erklärte die Frau.

In der Ferne hörte sie jemanden mit einem Schrei in der Höhle landen. »Aber sie sah wirklich aus wie ein Mann!«

Die Frau holte tief Luft und kletterte durch den Spalt nach oben.

In Sekundenschnelle stand sie wieder dort, wo sie gewesen war, vor dem Konferenztisch, in der Hand ihre Notizen. Für sie war einige Zeit vergangen, aber hier war es, als hätte sie den Raum nie verlassen. Die Blicke ihrer Kollegen ruhten immer noch abwartend auf ihr, genau wie vorhin. Aber die Frau zitterte nicht mehr. Das Schlimmste war schon passiert. Sie hatte es hinter sich. Und sie hatte überlebt.

»Entschuldigung, Leute«, begann sie mit fester Stimme. »Fangen wir noch mal von vorne an, ja? In dem Schaubild habe ich die Verkäufe in Südafrika dargestellt, und wie ihr sehen könnt, gibt es einen deutlichen Anstieg gegenüber dem letzten Quartal, mit dem ich sehr zufrieden bin. Trotzdem ist noch reichlich Luft nach oben, und hier kommt nun der Vorschlag auf Seite zwei ins Spiel.«

Als sie umblätterte, sah sie, dass die Frauen im schwarzen Loch ihr zulächelten und die Daumen in die Höhe reckten. Dann schloss sich der Boden unter ihren Füßen.

8
Die Frau, die das »Seelachs-Special« bestellte

Mit glühenden Wangen entfernt sich Sarah, die junge Kellnerin, vom Tisch der Geschäftsmänner. Sie hat den Kommentar genau gehört, ihr Leben lang hört sie schon solche Bemerkungen. Warum muss diese Gruppe ausgerechnet in ihrem Bereich sitzen, warum kann sie nicht jemand anders bedienen? Wenn sie selbst am Empfang gewesen wäre, hätte sie diesen Männern einen anderen Platz zugewiesen. Aber leider war sie gerade in der Küche, um eine Bestellung aufzugeben, und jetzt muss sie mit dieser egostrotzenden Bande irgendwie fertigwerden, auch wenn mindestens einer davon ihr Lispeln amüsant findet. Eigentlich gibt es ja auch immer so einen.

Als sie sich auf den Weg macht, um dem Koch die Bestellung zu bringen, spürt sie, dass jemand sie beobachtet – eine Frau, die allein an einem Einertisch sitzt. Sarah geht in die Küche, gibt die Bestellung auf und versucht sich zu fassen, ihren zittrigen Körper zur Ruhe zu zwingen und die Wut, die in ihr brodelt, einigermaßen im Zaum zu halten. Dann geht sie zu der einzelnen Frau, um sie zu bedienen.

»Hätten Sie gern schon etwas zu trinken, während Sie warten?«, fragt Sarah die Frau.

»Ja, bitte ein Mineralwasser, mit Kohlensäure, ohne Zitrone, ohne Eis.«

Als Sarah die Bestellung hört, erstarrt sie einen Moment. Ihre Kundin lispelt, genau wie Sarah selbst! Einen kurzen Moment überlegt Sarah, ob die Frau sie vielleicht veräppelt, aber die Dame macht einen sehr ernsthaften Eindruck.

Während Sarah zur Bar geht, um das Wasser zu holen, beobachtet sie die Frau, die jetzt unter ihrem kleinen quadratischen Tisch die Schuhe auszieht und langsam die Fußgelenke bewegt, vor und zurück, hin und her. Dann löst sie ihre Frisur, schüttelt die Haare aus, so dass sie ihr locker über den Rücken fallen, und beginnt, Nackenübungen zu machen.

Vermutlich hat sie einen langen, anstrengenden Arbeitstag hinter sich, aber sie zeigt keinerlei Anzeichen von Stress, nur körperlich scheint sie sich verspannt zu fühlen. Nach einer Weile bindet sie ihre Haare wieder zurück, lässiger jetzt, ein hoher Pferdeschwanz, das Gesicht ganz frei.

Als sie fertig ist, kramt sie eine kleine Tube aus ihrer Ledertasche, drückt sich ein wenig Creme auf die Hand und fängt an, ihre Hände zu massieren, langsam, ohne Eile, den Blick gedankenverloren in die Ferne gerichtet. Sarah kann die Augen nicht von ihren selbstsicheren, hypnotischen Bewegungen wenden. Es ist, als hätte die Frau ein Programm in genau dieser Reihenfolge eingeübt. Schließlich verschwindet die Creme wieder in der Handtasche, und zum Vorschein kommt jetzt ein Pflegestift, von dem sie eine kleine Menge auf ihren Lippen verteilt, den Blick immer noch verträumt ins Leere gerichtet. Dann wird auch der Stift wieder weggepackt, und Sarah wartet gespannt, was die Frau als Nächstes herausholt. Sicher ein Handy. Oder einen Terminkalender.

Unter dem Tisch, direkt neben den Füßen der Frau, steht

eine dicke Aktentasche, teures Leder mit Goldschnallen, alles schon ein bisschen abgeschabt. Offensichtlich wird sie häufig benutzt, nicht nur bei besonderen Anlässen. Und auch ihr Inhalt ist sicher wichtig, denn auch die Frau macht einen wichtigen Eindruck, und sie bewacht die Mappe, drückt sie mit den Beinen platt an die Wand, damit sie nicht umfällt und auch nicht gestohlen werden kann. Wahrscheinlich enthält die Mappe irgendwelche juristischen Dokumente, was zu der schwarzen Anwaltsrobe passen würde, die die Frau beim Hereinkommen abgelegt und über die Stuhllehne geworfen hat. Anwälte sind von Berufs wegen gute Redner, was Sarah seit jeher bewundert, denn sie selbst hat es immer vermieden, reden zu müssen, vor allem in der Öffentlichkeit.

Sarah ist jetzt neunzehn und lispelt schon ihr ganzes Leben lang, ihre Zunge will ihr einfach nicht gehorchen. Trotz aller logopädischen Bemühungen beharrt sie darauf, sich zu den Schneidezähnen zu strecken und den Luftstrom bei allen S-Lauten nach vorn zu lenken, so dass eine Art »th«-Laut entsteht. Als Sarah klein war, fanden die Menschen in ihrer Umgebung ihr Lispeln niedlich und liebenswert, aber als sie größer wurde, galt es nicht mehr als unterhaltsam, sondern man war allgemein der Ansicht, sie solle es sich endlich abgewöhnen. In der Schule wurde sie ständig gehänselt, und obwohl ihre Sprachstörung grundsätzlich als therapierbar galt, blieb sie hartnäckig bestehen.

Nun, da sie erwachsen ist, ihr Studium begonnen und den Teilzeitjob als Kellnerin gefunden hat, ist der Spott nicht mehr so offen – aber die hochgezogenen Augenbrauen und amüsierten Blicke sind geblieben, und oft genug verliert ein junger Mann, den sie in einem Club kennenlernt, auf einmal das Interesse, wenn sie den Mund aufmacht. Schon vor langer Zeit hat eine Sprachtherapeutin ihr gesagt, es sei ihr Kopf, der nicht gehorche, nicht ihre Zunge, und man könne beinahe auf die Idee kommen, dass sie so sprechen *wolle*. Aber Sarah weiß, dass das nicht stimmt. Seit das Lispeln nicht mehr niedlich ist, hat sie gelernt, nur noch zu sprechen, wenn es nicht anders geht, und oft staunt sie, wie selten das der Fall ist. Doch sie ist eine gute Zuhörerin geworden – und eine scharfe Beobachterin.

Jetzt begutachtet Sarah die Kleider der Frau. Schwarzes Kostüm, maßgeschneidert, teuer – genau wie die Handcreme und die Lippenpflege. Vermutlich kommt sie direkt vom Gericht – manchmal schaffen es die Juristen hierher, obwohl die meisten die näher liegenden Restaurants bevorzugen. Sarah kann den Blick nicht von der Frau abwenden, sie ist fasziniert von ihrem Auftreten. Und dann die Bestellung von Mineralwasser ohne Zitrone und Eis, die sie mit großer Überzeugung und ohne die kleinste Rechtfertigung vorgetragen hat. Seit ihrer Kindheit hat Sarah fast jedes Wort, das aus ihrem Mund kam, mit einer Entschuldigung versehen, selbst ihr eigener Name ist eine Herausforderung für sie. Manchmal ändert sie ihn, je nachdem, wer fragt und wie selbstbewusst sie sich gerade fühlt. Ihr Lieblingsname ist Briana, und sie spricht ihn aus mit dem ganzen Selbstvertrauen einer jungen Frau, die Briana heißt. Oft fragt sie sich, ob ihr Leben anders wäre, wenn sie zwar weiterhin lispeln würde, aber wenigstens einen Namen hätte, den sie problemlos aussprechen könnte.

Endlich klappt die Kundin die Speisekarte zu. Ihre Hände sind gepflegt, die Fingernägel klar lackiert, mit natürlichen weißen Spitzen.

»Sind Sie bereit zu bestellen?«, fragt Sarah und stellt das Mineralwasser, natürlich ohne Eis und ohne Zitrone, vor die Frau auf den Tisch. Ihr fällt der Ton ihrer eigenen Stimme auf, sie klingt irgendwie anders. Sie möchte dieser Frau gefallen, am liebsten möchte sie ihre Freundin werden. Die Frau strahlt eine Autorität aus, die Sarah selbst gern hätte, und es gefällt Sarah, dass sie sich nicht entschuldigt.

»Ja, sehr gern, danke«, antwortet die Frau freundlich und blickt auf.

Wieder nimmt Sarah das Lispeln wahr, und ihr Herz setzt einen Schlag aus. Es war kein Scherz, und sie hat sich beim ersten Mal auch nicht verhört.

»Super«, sagt sie, etwas atemlos. Bis zu diesem Moment hätte sie dieses Wort niemals benutzt, und es überrascht sie selbst.

Die Gruppe an dem großen Tisch brüllt vor Lachen und übertönt für einen Moment jeden anderen Laut in dem relativ kleinen Bistro. Obwohl die Männer diesmal sicher nicht über Sarah lachen, hat sie trotzdem immer das Gefühl, dass man sie auslacht.

Die Frau schaut zu dem Männertisch hinüber, schlägt die Speisekarte noch einmal auf, scheint ihre Bestellung zu überdenken und lächelt dann, offensichtlich zufrieden mit ihrer Entscheidung.

»Könnten Sie dem Koch bitte sagen, ich hätte gern das Seelachs-Special und als Beilage die sautierten Zuckererbsen und den Selleriesalat.«

Sarahs Augen füllen sich mit Tränen, und sie bekommt eine Gänsehaut. Sie hasst es, wenn sie einen Gast auf das »Special« aufmerksam machen muss. Sie vermeidet das Wort, so gut sie kann, und denkt sich alles Mögliche aus, um auf das Tagesgericht hinzuweisen. *Und die Gerichte auf der Tafel dort drüben kann ich Ihnen auch empfehlen.*

»Können Sie das dem Koch bitte sagen, ja?«, fragt die Frau. Aber im Grunde ist es keine Frage, sondern ein Auftrag, mit dem sie Sarah unterstützen und ermutigen möchte.

Unbehaglich tritt Sarah von einem Fuß auf den anderen. »Ich schreibe es mir nur schnell auf.«

»Sie sollten es ihm aber sagen.«

Der Chefkoch ist ein ziemlich unbeherrschter Typ, und man geht ihm meistens besser aus dem Weg, das hat Sarah gleich erfahren, als sie den Job angenommen hat. Er hat einfach keine Geduld, weder mit ihr noch mit den anderen – aber vor allem nicht mit ihr. Einer ihrer Vorgänger hat gestottert, und weil er das Sticheln des Kochs nicht ertrug, reichte er schon nach wenigen Tagen seine Kündigung ein und suchte sich einen anderen Job, bei dem er nicht so viel reden musste.

Eigentlich hat niemand hier im Bistro wirklich Zeit zuzuhören, und diese Haltung ist ja letztlich nur ein Spiegel dessen, was in der ganzen Welt abläuft. Nur zu oft wird Sarah von Leuten unterbrochen, die unbedingt ihren Satz zu Ende bringen wollen – weil sie keine Geduld haben mit jemandem, der seine Zeit braucht. Sie hat sich daran gewöhnt, dass man ihr mitten im Satz den Rücken zuwendet oder ihr beim Sprechen penetrant auf den Mund glotzt. Sprachfehler werden von den meisten Leuten als störend empfunden. Aber manchmal reicht schon ein einziger abwertender Kommentar, um einen darunter leidenden Menschen für immer zum Schweigen zu bringen.

»Sie schaffen das«, sagt die Frau.

Sarah nickt, holt tief Luft und marschiert zur Küche, in der Hand die Bestellung.

Der Chefkoch beugt sich schwitzend und mit tief gesenktem Kopf über die Teller mit dem Hauptgang von Tisch sieben und kümmert sich um die letzten dekorativen Feinheiten.

»Gutes Timing«, sagt er, streut eine Prise Salz über die letzte Seezunge und nickt Sarah zu.

Aber anscheinend hat sie einen seltsamen Ausdruck im Gesicht, denn er schließt sofort die Frage an: »Was ist denn los?«

»Ich habe eine Bestellung.«

Er runzelt die Stirn, für solchen Quatsch hat er wirklich keine Zeit.

»Die Frau an Tisch vier möchte gern Folgendes«, beginnt Sarah und schaut kurz auf den Bestellzettel in ihrer zittrigen Hand, obwohl sie ihn längst auswendig kann. Entschlossen blickt sie dann wieder auf und reckt das Kinn. »Sie möchte das Seelachs-Special, mit sautierten Zuckererbsen und Selleriesalat.«

Der Koch mustert sie einen Moment. Sarah hängt den Zettel über die Durchreiche, er schaut hoch und liest ihn, als brauche er eine Bestätigung. Sarah wartet, ohne recht zu wissen, worauf, aber es ist ein wahrhaft bahnbrechender Moment in ihrem Leben. Und was folgt auf einen bahnbrechenden Moment?

Normalität.

»Wunderbar«, sagt der Koch und nickt. »Trag das Zeug bitte raus, ehe es kalt wird«, fügt er dann hinzu und betätigt die Klingel auf der Theke.

Sarah lächelt und geht zurück ins Restaurant, mit erhitzten Wangen, aber hoch erhobenen Hauptes, beschwingt von einem Gefühl, als wäre sie gerade zum ersten Mal aus schwindelnder Höhe mit dem Fallschirm abgesprungen.

»Sagen Sie mir bitte«, sagt die Frau zu Sarah, als diese mit dem Seelachs an ihren Tisch kommt. »Was würden Sie mir denn zum Dessert empfehlen?«

Sarah nimmt Anlauf. »Ich persönlich würde Ihnen zu dem Süßkirschensorbet mit Sahnesauce raten.«

Die Frau klatscht in die Hände.

Langsam und bedächtig, rhythmisch und systematisch verzehrt sie dann ihre Mahlzeit. Als sie fertig ist, schlüpft sie wieder in ihre Schuhe, wirft die Robe über, zahlt und hinterlässt ein großzügiges Trinkgeld.

Den Rest des Tages gleitet Sarah wie auf Wolken durch das Bistro. Etwas in ihr hat sich gelöst, so als hätte diese Frau einen geheimen Code auf sie übertragen, einen Zaubercode, der sie gelehrt hat, sich selbst so zu akzeptieren, wie sie ist, und sich nicht mehr dafür zu entschuldigen. Zu sprechen, wenn sie sprechen möchte, und ihre Worte nicht zurückzuhalten aus Angst, wie die Leute darauf reagieren könnten.

Und das alles, weil eine Frau, die lispelte, das »Seelachs-Special« mit sautierten Zuckererbsen, ein Mineralwasser ohne Eis bestellt und als Dessert ein Süßkirschensorbet mit Sahnesauce gegessen hat.

9
Die Frau, die Fotos verspeiste

Sie hatte ein Babyfoto für das Schulprojekt ihres Sohns gesucht, und als sie die erste Seite des Fotoalbums aufschlug, verlor sie sich in Erinnerungen, wurde buchstäblich in eine Zeitschleife gesogen, aus der sie nicht mehr herauskam. Ein ganz bestimmtes Foto war schuld daran: Scott im Alter von vier Monaten, mit dicken Bäckchen, in denen er Nahrungsvorräte für ein ganzes Jahr hätte hamstern können, die pummeligen Beinchen strampelnd in die Luft gestreckt, ein strahlendes Lachen auf dem Gesicht. Die Augen mit hundertprozentiger Konzentration auf seine Mutter gerichtet, überallhin folgte ihr sein Blick, sie war der Dreh- und Angelpunkt seiner Welt. Und auf einmal überkam sie der Wunsch, die dicken Bäckchen, die feisten Beinchen anzuknabbern, das ganze Baby von oben bis unten abzuknutschen und seinen süßen, babypudrigen Duft tief einzuatmen.

Ehe sie sich versah, hatte sie das Foto aus dem Album befreit, in den Mund gesteckt und gründlich durchgekaut. Als sie dann merkte, was sie tat, hielt sie kurz im Kauen inne und stutzte. Aber schon im nächsten Augenblick überrollte sie eine Flutwelle von Gefühlen, Düften und Erinnerungen, hüllte sie ein in einen warmen, molligen Kokon aus Liebe und Nostalgie. Sie schloss die Augen und schluckte.

Ihr Kopf schwirrte, sie fühlte sich wie in einem Rausch. Vorsichtig lehnte sie sich in die Sofakissen zurück, fühlte das hopsende Baby im Arm, fühlte seine kleinen Finger, die sie an den Lippen zupften und an den Haaren zogen, fühlte, wie der kleine Kerl sich blitzartig zurückwarf, so dass sie ihn noch fester umschließen und seinen Kopf stützen musste. Sie roch seinen Atem, so dicht an ihrem Gesicht. Diesen einmaligen Duft, die weiche Haut, die Geräusche, die sein noch nicht vollständig entwickelter Kehlkopf produzierte. Sie fühlte die Oberfläche ihrer alten Samtcouch unter ihren Beinen und im Kopf die vertrauten Sorgen, an die sie so lange nicht mehr gedacht hat. Volle fünfzehn Minuten saß sie reglos da, gefangen in ihrem vergangenen Leben, und dann war auf einmal alles wieder weg. Einfach so. Das Baby war verschwunden.

Sie öffnete die Augen, ihr Herz klopfte wild. Aber dann nahm sie sofort wieder das Fotoalbum aufs Korn, leckte sich begierig die Lippen, und ihre vor Aufregung zitternden Finger schwebten über den Fotos, als starre sie heißhungrig auf eine Pralinenschachtel.

Sorgfältig suchte sie sich die nächste Leckerei aus. Scott, vier Tage alt, gerade aus der Klinik. Sie griff sich das Foto und behielt die Tür im Auge, während sie es sich hastig in den Mund stopfte. Es konnte gar nicht schnell genug gehen.

Doch das Fotopapier war nicht leicht zu kauen, es war anstrengend, es zu zermalmen, ihr Kiefer schmerzte, der Geschmack brachte sie zum Würgen. Aber sobald sie es geschafft hatte, sobald der Geruch der Vergangenheit, die Geräusche, die Bilder in ihr aufblitzten, waren Schmerz und schlechter Geschmack vergessen.

Das neugeborene Baby schrie. Es wollte trinken, nie konnte es genug Milch kriegen. Sie stillte um Mitternacht und um drei Uhr früh, die Müdigkeit hatte sie noch nicht im Griff, sie war mitten im Zweiwochenhoch. Gefühle von ungetrübter Freude, von Bestimmung und Sehnsucht.

»Mum«, unterbrach sie eine Stimme. »Alles in Ordnung mit dir?«

Als sie die Augen öffnete, sah sie Scott, inzwischen fünfzehn, an der Tür stehen. Zurzeit nervte ihn das meiste an der Welt einschließlich seiner Mutter, aber jetzt entdeckte sie plötzlich Besorgnis in seinen Augen. Sie war bestimmt ein sonderbarer Anblick.

»Ja, alles gut ...« Rasch setzte sie sich auf und merkte, dass ihr der Schweiß auf der Stirn stand, auch ihre Achseln waren nassgeschwitzt. »Ich hab nach dem Babyfoto gesucht, das du haben wolltest.«

Sein Gesicht wurde weicher, er kam herein, setzte sich neben sie, aber als er nach dem Album greifen wollte, hielt sie es instinktiv fest und ließ es nicht los. Irritiert schaute er sie an und zerrte weiter, bis ihr bewusst wurde, wie dämlich sie sich benahm. Bestürzt über ihre Gier, gab sie nach. Ihr Magen knurrte, ihr Herz klopfte, während Scott die Seiten umblätterte. Sie brauchte Nachschub. Sie brauchte den Rausch der Nostalgie, sie sehnte sich nach dem Kick, an einen anderen Ort versetzt zu werden.

»Wo sind denn die ganz frühen Babyfotos?«, fragte er und betrachtete die leeren ersten Seiten des Albums.

Die Frau unterdrückte ein Rülpsen.

Später am Abend, als alle schliefen, wurde die Frau von einem überwältigenden Verlangen ergriffen. Sie betrachtete ihren Mann, erinnerte sich daran, wie er war, als sie sich kennengelernt hatten, damals, bevor der Zahn der Zeit an ihm genagt hatte. Leise schlug sie die Bettdecke zurück und schlich ins dunkle Wohnzimmer, in der Hand das Fotoalbum. Aufgeregt blätterte sie zu dem Sommer, als sie sich begegnet waren.

Jede Menge Leidenschaft, hinreißender Sex, rückgratkribbelnde heimliche Blicke, sanfte Berührungen. Sie erlebte alles noch einmal, und während sie genüsslich ein Foto nach dem anderen verzehrte, lehnte sie sich zurück, um alles noch einmal zu spüren, die Sinnlichkeit, das Prickeln der Erregung, die Unsicherheit, die Zukunftshoffnung.

Ihre Mutter und ihr Vater. Sie lebten nicht mehr. Bevor sie die beiden voller Liebe aufaß und jeden Kindheitsmoment mit ihnen von neuem durchlebte, die Geburtstagspartys, die Ferien, Weihnachten und den ersten Schultag, strich sie zärtlich über ihre vertrauten Gesichter.

Ein paar Tage später hatte sie sich durch ihre ganze Kindheit genascht – bei den Teenagerjahren hielt sie inne. Zu kompliziert. Diese Zeit wollte sie nicht noch einmal durchmachen. Also zog sie weiter. Allerdings nahm ihr Bedürfnis nach weiteren Fotos stetig zu, das Verlangen war ständig da, und obwohl es ein wundervolles Gefühl war, in Nostalgie zu versinken, war das Verspeisen der Fotos eine schwierige Aufgabe.

Im Lauf der Zeit jedoch wurde sie immer cleverer.

Sie beträufelte die Fotos mit Olivenöl, würzte sie mit Pfeffer und Salz, legte sie auf ein Backblech und schob sie in den Backofen. Sobald sie knusprig waren, gab sie sie in den Mixer und streute sie dann über ihr Essen. Auch beim Essen am Familientisch verlor sie sich in ihrer eigenen Welt, heimlich, aber dennoch in Anwesenheit der anderen.

So brauchte sie sich nicht mehr nachts zu verstecken. Es war aufregend, denn sie wusste vorher nie, in welchen Erinnerungen sie versinken würde, sie etikettierte die Brösel nicht, und so überkamen sie die Gefühle der Jahre und Augenblicke, die sie durchlebte, ganz unerwartet. Dieser Überraschungseffekt wurde für sie ebenso anziehend wie der Rausch der Erinnerung.

Sie erfand immer neue Möglichkeiten, ihre Erinnerungen zu konsumieren. Manchmal vermischte sie die gehäckselten Fotos mit Teeblättern, übergoss die Mixtur mit kochendem Wasser und ließ sie ziehen, ziemlich lange, denn sonst waren die Erinnerungen verwässert, und sie wollte sie ja möglichst genauso stark wie im Augenblick ihrer Entstehung genießen. Schließlich ging sie dazu über, das Gebräu die ganze Nacht ziehen zu lassen, und gewöhnte sich daran, es kalt zu trinken. In kleinen Plastiktüten bewahrte sie Portionspäckchen des zermahlenen Fotopapiers auf, damit sie immer etwas davon bei sich tragen konnte. Das half ihr vor allem, wenn sie länger mit ihrer Familie unterwegs war und eine Zeitlang keinen Zugang zu den Alben hatte. Wenn das Verlangen einsetzte, konnte sie die Beutelchen einfach in kochendes Wasser geben.

Und das Verlangen war heftig. Es überfiel sie in Form von Schmerzen hinter den Augen, Magenkrämpfen oder einem innerlichen Zittern wie bei extremem Heißhunger. Dass sie die Fotos jetzt sogar trinken konnte, ermöglichte es ihr, sich den Erinnerungsrausch regelmäßig zu gönnen und nicht nur einmal am Tag wie zu Anfang.

Obwohl sie spürte, dass ihr Mann sich Sorgen machte, ignorierte sie seine Reaktion geflissentlich. Ihr war klar, dass sie oft abwesend und abgelenkt wirkte. Statt sich mit Freundinnen zu treffen, blieb sie lieber zu Hause und zog sich in ihre Nostalgie zurück. Natürlich hatte sie nicht geplant, dass es ewig so weitergehen würde, sie sagte sich, dass es nur eine vorübergehende Gewohnheit war, die ihr half, den Tag zu überstehen. So viel hatte sich verändert. Die Kinder waren Teenager, sie brauchten sie nicht mehr so sehr, jedenfalls nicht auf die gleiche Art wie früher. Natürlich hatte sich auch ihre Beziehung zu ihrem Mann verändert – wie sollte es nach fünfundzwanzig Jahren auch anders sein. Sie bemerkte die Veränderung und dachte, dass sie vermutlich eine Zeit der Umstellung durchmachte, einen Übergang, der viel Nachdenken erforderte. Und an früher zu denken, an die warme, liebevolle Zeit, in der sie unentbehrlich gewesen war, in der sich die Menschen in ihrer Umgebung buchstäblich nach ihr gesehnt hatten, verlieh ihr ein Gefühl von Sicherheit.

Doch dann kam der Tag, an dem sie das Päckchen mit den gemahlenen Fotos vergessen hatte, das sie sonst immer mit sich herumtrug, um seinen Inhalt beim Lunch über ihren Salat zu streuen und ihn damit zu würzen. Statt nach Glück hatte der Salat heute kalt und fade geschmeckt. Der Tee, den sie dazu trank, half auch nicht, der ganze Lunch war langweilig gewesen. Im Hier und Jetzt gefangen, so saß sie im Café und hatte nichts, womit sie ihre Gedanken ablenken konnte.

Als sie nach ein paar Stunden wie eine Drogensüchtige, die dringend einen Schuss brauchte, wieder nach Hause kam, fand sie ihren Mann am Küchentisch, vor sich die leeren Fotoalben. Und sie erschrak über sein entsetztes Gesicht.

»Wo sind die Fotos?«, fragte er. In seiner Stimme war kein Ärger zu hören, eher etwas wie Angst.

Sie ging zum Wasserkocher. Für dieses Gespräch brauchte sie etwas, was sie beruhigte, vielleicht das hübsche Flitterwochenfoto von ihr und ihrem Mann am Strand, das sie sich extra für einen besonderen Moment aufgehoben hatte. Das Foto von dem Augenblick, als sie dachte, er könne sie vor allem beschützen.

»Nein.« Er hielt ihre Hand fest und hinderte sie daran, das Päckchen in ihren Becher zu streuen. »Nicht jetzt, nicht schon wieder dieses Zeug. Ich weiß nicht, was es ist, aber wenn du es nimmst, bist du immer so weit weg. Rede mit mir.«

Sie setzte sich neben ihn und merkte plötzlich, dass sie keine Kraft mehr hatte zu lügen.

»Was hast du mit den Fotos gemacht?«, fragte er wieder. »Ich sehe dich die ganze Zeit mit den Alben hantieren.« Er blätterte durch die leeren Seiten. »Unsere Erinnerungen, alle weg, was hast du mit ihnen gemacht?« Er hatte Tränen in den Augen.

»Ich hab sie gegessen«, antwortete sie leise, und er schaute sie überrascht an. »Wirklich«, bekräftigte sie. »Ich hab sie alle gegessen.«

»Ich hatte Angst, du hättest sie weggeworfen oder verbrannt«, meinte er. »Aber jetzt bin ich erleichtert. Obwohl ...«

»Ja, es ist sonderbar, ich weiß. Es hat angefangen, als Scott für die Schule ein Babyfoto von sich brauchte. Da hab ich die Alben vom Speicher geholt. Warum haben wir sie eigentlich da oben verstaut, wo wir sie nie sehen?«, fragte sie, und er schüttelte unsicher den Kopf. »Jedenfalls bin ich da auf das Foto gestoßen, das wir an seinem ersten Weihnachten gemacht haben.«

Ihr Mann lachte, er wusste sofort, welches Foto sie meinte. »In seinem Plumpuddingkostüm!«

»Du weißt das noch?«, freute sich die Frau. »Er war ein echter kleiner Pudding. Überall Speckfalten, an den Beinen, an den Armen, einfach überall.«

»Der Junge wollte einfach ununterbrochen gestillt werden. Ich dachte, er saugt dich aus, bis nichts mehr von dir übrig ist.« Sie lachten beide.

»Auf diesem Foto sah er so appetitlich aus, und ich erinnere mich noch so genau an diese Zeit in unserem Leben«, erklärte sie und hatte jetzt ebenfalls Tränen in den Augen. »Es ist noch gar nicht so lange her, aber es kommt mir vor wie eine Ewigkeit. Und die Zeit ist vorbei, sie kommt nie wieder. Ich konnte einfach nicht anders.« Sie putzte sich mit einem Papiertaschentuch die Nase. »Es hat sich so viel verändert ... und wenn ich die Fotos esse, dann bin ich wieder dort, in der Vergangenheit, dort, wo ich weiß, was passiert und was danach kommt, und fühle mich gleich viel sicherer. Ich vermisse diese Momente so sehr.«

»Aber wir erschaffen immer noch Momente«, entgegnete er sanft. »Die Vergangenheit ist nicht weg, wir haben sie gelebt. Diese Momente sind ein Teil von uns, wir sind aus ihnen gemacht.«

Schon wieder etwas Neues, was sie verdauen musste.

»Aber ich glaube, du hast vergessen, dass wir auch weiterhin neue Momente zu erleben, zu erschaffen haben. Wir sind alle hier, zusammen mit dir erleben wir solche Momente, aber in letzter Zeit haben wir dich verloren. Ich weiß, dass die Kinder es auch spüren. Hier, schau mal.«

Er holte sein Handy aus der Tasche und zeigte ihr die Fotos, eins nach dem anderen. Entweder war die Frau darauf gar nicht zu sehen, oder sie schaute in die andere Richtung, verloren in ihrer Jagd nach der Vergangenheit.

Als sie die Bilder betrachtete, stiegen ihr wieder Tränen in die Augen. Solche Fotos würde sie in zehn Jahren bestimmt nicht essen wollen, sie sah darauf so traurig aus. Ihr Mann nahm ihre Hand.

»Wir vermissen dich. Wir möchten dich wiederhaben.«

Er zog sie an sich, wie an dem Abend, als er sie zum ersten Mal zum Tanzen aufgefordert hatte, drückte seine Lippen auf ihre wie an dem Tag, als sie das erste Mal Hand in Hand am Strand entlanggeschlendert waren, und seine Hände in ihren Haaren hielten sie fest wie damals, als sie das erste Mal miteinander geschlafen hatten. Ein langer, tiefer Kuss, ein stummes Gespräch, ganz ähnlich wie in ihrer Anfangszeit, wie damals, als sie zum ersten Mal als Paar zusammen eine Hochzeit besuchten und zusahen, wie ihre Freunde vor ihnen heirateten, und sich beide dasselbe wünschten. Der Kuss, mit dem sie einander diesen gemeinsamen Wunsch offenbarten. All diese Momente hatte sie in der letzten Zeit verspeist.

Auch jetzt verständigten sie sich durch einen solchen Kuss. Ein neuer Moment war entstanden.

Und er schmeckte besser als jedes Foto.

10
Die Frau, die ihren Namen vergaß

Sie fühlte sich erschöpft und hatte nur noch zwanzig Minuten, um sich zum Ausgehen fertigzumachen. Ein Samstag voller Aktivitäten mit den Kindern: Theater, Fußball, Malen, dann zwei Geburtstagspartys – samt einer schwierigen Übergabe, die sich mit einer Abholaktion überlappte, weshalb ein Deal mit einer anderen Mutter ausgehandelt werden musste. Was dann bedeutete, dass sie für zwei weitere Kinder verantwortlich war, von denen sich das eine beim Aussteigen mit dem Fuß im Sicherheitsgurt verhedderte, stürzte und sich den Kopf anschlug. Nachdem sie das Drama – sogar ohne dass ein Besuch in der Notaufnahme notwendig wurde – einigermaßen gemeistert hatte, war plötzlich schon Abendessenszeit. Während die Kinder aßen, konnte sie gerade noch kurz unter die Dusche springen, dann erschien auch schon die Babysitterin.

Das Taxi kam zu früh, der Fahrer wurde ungeduldig, weil sie ihn fünf Minuten warten ließ, und behauptete, er habe zehn Minuten herumgestanden, was zu einer nutzlosen Streiterei führte. Mit vor Wut pochendem Herzen machte sie sich auf den Weg zu einer Essensverabredung, zu der sie überhaupt keine Lust hatte. Noch mehr reden, noch mehr Trubel, kein Raum, einfach mal in Ruhe nachzudenken, kein Raum für nichts. Dabei wäre ein bisschen Nichts so angenehm gewesen.

Sie betrat das Restaurant, trotz der Dusche bereits verschwitzt – vom Haaretrocknen mit dem viel zu heißen Föhn direkt ins überhitzte Taxi, von dort hinaus in die Kälte und nun hinein in die klimatisierte Restaurantluft. Ihr Kopf war noch heiß vom Föhn, Mantel, Schal und Handschuhe taten ein Übriges, und vermutlich schmolz auch ihr Make-up dahin. Sie war gestresst, zerfahren, fühlte sich schwach und überhaupt nicht ganz da. Und jetzt starrte der Restaurantmanager sie auch noch erwartungsvoll an.

»Tut mir leid«, sagte sie, zerrte sich den Schal vom Hals und freute sich über die kühle Luft auf ihrer Haut. Sie schaute den Manager noch einmal an. Runzelte die Stirn, legte Handschuhe und Mantel ab, um Zeit zu schinden. Ein Kellner erschien, um ihr den Mantel abzunehmen.

»Danke.«

Jetzt fühlte sie sich schon etwas besser, ihre Haut war weniger klamm, ihre Körpertemperatur auf dem besten Weg zum Normalwert. Eigentlich hätte sie in der Lage sein müssen, wieder klarer zu denken, aber trotzdem … sie sah den Restaurantmanager wieder an und las sein Namensschild: *Max.*

»Tut mir leid«, wiederholte sie und runzelte erneut die Stirn. »Wonach haben Sie mich gerade gefragt?«

»Nach Ihrem Namen«, antwortete er und lächelte höflich. »Oder dem Namen Ihrer Reservierung.«

Aber in ihrem Kopf herrschte gähnende Leere.

Nichts.

»Ich habe auf meinen Namen reserviert«, antwortete sie, um Zeit zu gewinnen.

»Und der lautet …?«

»Für zwanzig Uhr«, fuhr sie fort und warf einen schnellen Blick auf ihre Uhr. Trotz allem war sie lediglich fünf Minuten zu spät gekommen.

»Wie viele Personen?«, fragte der Mann namens Max hilfsbereit.

»Zwei.« Da war sie sicher, obwohl ihr absolut nicht einfallen wollte, mit wem sie verabredet war. Sie kniff die Augen zusammen. Nein. Nichts. Wie konnte es sein, dass sie ihren eigenen Namen vergessen hatte? Angestrengt dachte sie nach. Rief sich ihre Wohnung vor Augen. Ihr Haus. Ihre drei Kinder. Ihren Job. Ihr Büro. Ihren Schreibtisch in der Ecke, darunter die hochhackigen Schuhe, die sie abends immer dort abstellte. Zuverlässige schwarze Highheels, sie passten zu fast allem. Nicht dass das eine Rolle spielte, denn ihre untere Körperhälfte sah sowieso nie jemand, sie saß ja immer hinter ihrem Schreibtisch und nahm Telefongespräche an. Sie versuchte an ihre Kollegen zu denken, spielte im Kopf ihre Gespräche mit ihnen durch, visualisierte ihren Arbeitstag. Wenn sie sich ganz genau vorstellte, wie die anderen im Büro mit ihr redeten, würde ihr garantiert ihr eigener Name wieder einfallen.

»Könnten Sie das für mich erledigen? Könnten Sie bitte mal dort anrufen? Wären Sie so nett und …«

Aber niemand sprach sie mit ihrem Namen an.

Also ging sie in Gedanken zurück nach Hause. Stellte sich ihre drei Jungs vor. »Mmmy, Mmmy, Mmmy.« Immer nur Mmmy.

»Vermutlich ist der Tisch nicht auf Mommy reserviert, oder?«

Max lachte. »Leider nein.«

»Vielleicht könnten Sie mir einen Tipp geben«, sagte die Frau und beugte sich über die Theke, um die Buchungen sehen zu können. Aber seine Hand verdeckte die Seite, und sie zog sich eilig zurück.

»Entschuldigung.«

Sie dachte an ihren Mann. Sein hübsches Gesicht. Wie nannte er sie denn? *Schätzchen. Liebling. Süße.* Wenn er sich morgens von hinten an sie heranschlich, während sie morgens Schulbrote machte? *Hey, meine Schöne.*

Sie lächelte.

»Wir haben drei Reservierungen für zwanzig Uhr. Alles Tische für zwei«, sagte Max, weiterhin hilfsbereit. »Bisher ist nur für den einen Tisch jemand eingetroffen. Vielleicht kennen sie ihn ja?«

Zusammen gingen sie in den Speisesaal. Als der einzelne Mann sie sah, stand er auf, und sein Gesicht begann zu leuchten, als würde er sie kennen.

Max grinste, ein Kellner zog einen Stuhl für die Frau zurecht. Sie begrüßte den Mann mit einem angespannten Lächeln und durchforschte, die Handtasche fest umklammert, die Datenbank ihrer Erinnerungen nach ihm – auch die dunkelsten Ecken, die tiefsten Tiefen – und suchte in seinem Gesicht nach Hinweisen.

»Hallo«, begrüßte sie ihn.

»Ich bin es, Nick«, antwortete er und streckte die Hände aus, als wolle er ihr eine Warenauslage zeigen.

Sie lachte nervös. »Nick, ich bin …« Sie stockte.

»… Karen. Natürlich«, ergänzte er für sie. »Setz dich, setz dich doch.«

»Karen«, wiederholte sie den Namen, befühlte ihn im Mund, rollte ihn mit der Zunge hin und her, um zu ergründen, ob er passte. Sie war nicht sicher, andererseits herrschte in ihrem Kopf noch immer völlige Leere, wie sollte sie also widersprechen, wenn dieser Mann, der sie anscheinend kannte, der Meinung war, sie heiße Karen?

»Tut mir leid, ich hab mich ein bisschen verspätet«, begann sie. »Es gab eine kleine Verwechslung mit der Reservierung.«

»Oh, du brauchst dich doch nicht zu entschuldigen. Ich war viel zu früh. Zu ungeduldig. Oder zu aufgeregt. Es ist so schön, dass wir uns nach der langen Zeit endlich treffen.«

»Wie lange ist es denn her?«, fragte sie und musterte ihn mit zusammengekniffenen Augen, während sie versuchte, sich den Mann in jüngeren Jahren vorzustellen. Vielleicht hatte sie ihn ja früher gekannt.

»Drei Monate ungefähr? Dass wir es bisher nicht geschafft haben, ist ganz und gar meine Schuld. Seit Nancy gestorben ist, bin ich immer ein bisschen nervös, wenn ich ausgehe.«

»Nancy ...« Sie musterte ihn aufmerksam und sah den Kummer in seinem Gesicht. »Deine Frau.«

»Und meine beste Freundin«, sagte er traurig, und seine Augen füllten sich mit Tränen. »Aber jetzt tue ich genau das, wovor meine Freunde mich gewarnt haben. Ich sollte nicht über sie sprechen.«

»Aber nein, sprich ruhig über sie!«, ermutigte sie ihn. »Ich finde das mehr als verständlich«, fügte sie noch hinzu und griff über den Tisch hinweg nach seiner Hand.

»Danke.« Mit der freien Hand zog er ein Taschentuch hervor und tupfte sich die Augen trocken. »Regel Nummer eins, was man auf gar keinen Fall bei einem Date tun sollte«, meinte er kläglich, »und ich rede natürlich prompt von meiner Frau.«

Sie erstarrte, entzog ihm behutsam ihre Hand, möglichst unauffällig, verstohlen wie eine Schlange. Ein Date? Ihr Herz hämmerte, sie dachte an ihren Ehemann. An sein Gesicht. *Hey, meine Schöne.* Sie hatte doch nicht etwa vor, ihn zu betrügen, oder? Daran hätte sie sich doch bestimmt erinnert.

»Nigel«, sagte sie und unterbrach grob seine Erzählung von dem letzten Versprechen, das er Nancy auf dem Totenbett gegeben hatte.

»Nick«, korrigierte er und sah sie ein bisschen irritiert an.

»Natürlich, Nick, das wollte ich ja sagen.« Sie blickte zur Rezeption hinüber, wo Max stand und ihr, konzentriert über das Reservierungsbuch gebeugt, den Rücken zukehrte. Sie dachte an ihr Handy, vielleicht würde sie ihren Namen irgendwo in einer SMS finden. Kurz entschlossen fing sie an, ihre Handtasche zu durchwühlen.

»Alles in Ordnung?«, fragte Nick, der sie beobachtete.

Das Handy war nicht zu finden, sie hatte es wohl zu Hause oder im Taxi liegen lassen. Ja, zu Hause, auf einmal sah sie es vor sich. Es lag neben dem Waschbecken im Bad, mitten im Sammelsurium von Schminkutensilien. Hoffentlich würde die Babysitterin sie unter der Nummer des Restaurants anrufen, falls es Probleme gab. Aber wenn man sie hier ausrief, würde sie ihren Namen überhaupt erkennen? Sie war echt besorgt und blickte zu dem Mann auf, der behauptete, ihr Date zu sein.

»Niall ...«

»Nick«, verbesserte er sie erneut und runzelte die Stirn.

»Nick. Ja. Nick, du bist ein sehr netter Mann, aber ich

glaube nicht, dass ich die Richtige für dich bin. Ich meine, im wahrsten Sinn des Wortes. Ich glaube nicht, dass ich Karen bin.«

»Nein?«

»Nein. Ich stecke momentan in einer kleinen Identitätskrise. Bitte nimm es mir nicht krumm. Sind wir uns schon mal persönlich begegnet?«

»Hm, nein ... du hast mir per Mail ein Foto geschickt, obwohl du, wenn ich das sagen darf, viel jünger aussiehst als auf dem Foto, und normalerweise ist es ja eher andersherum.« Er machte ein ratloses Gesicht.

In diesem Augenblick führte Max eine gestresst wirkende Dame in den Speisesaal. Sie berichtete aufgeregt von Verkehrsbehinderungen wegen eines Autounfalls. Max sah die Frau an und formte mit den Lippen lautlos den Namen *Karen*.

Die Frau stand auf und nahm ihre Tasche an sich. Nick musterte sie überrascht.

»Willst du schon gehen?«

»Nick, du bist ein wunderbarer Mann. Ich hoffe, du wirst dein Glück finden.« Sie beugte sich zu ihm hinab und flüsterte: »Erzähl aber nicht die Geschichte von Nancys letztem Wunsch.«

»Nein?«

»Nein«, bekräftigte sie leise.

Als er dann über ihre Schulter blickte, errötete er und hatte nur noch Augen für Karen. Als wäre die Frau auf einmal unsichtbar geworden.

»Karen!«, rief er erschüttert. »Das muss ein Traum sein!«

Karen war sichtlich erleichtert und kicherte aufgeregt.

Die Frau ohne Namen eilte zurück zur Rezeption.

»Das war also doch nicht mein Tisch«, sagte sie zu Max und biss sich auf die Unterlippe.

Er lachte. »Ach ja? Macht Spaß, oder nicht?« Verschwörerisch beugte er sich vor und ließ den Blick durch das Restaurant wandern. »Es sind immer noch zwei Zweiertische übrig. Eine Person wartet an Tisch fünf, für Tisch acht ist noch niemand gekommen. Wenn nicht bald jemand auftaucht, verfällt die Reservierung.«

»Aber ich könnte hier sein.«

»Sie sind ja auch hier.«

»Ach, Sie wissen doch, was ich meine.«

»Stimmt, da ist was dran.«

»Wissen Sie, es würde mir sehr helfen, wenn Sie mir die Namen der beiden anderen Reservierungen verraten«, sagte sie und schielte wieder auf das Reservierungsbuch. Sofort verdeckte er die Seite wieder mit der Hand.

»Wer sagt denn, dass Sie sich tatsächlich erinnern würden?«

»Es könnte aber sein.«

»Oder auch nicht. Und ich glaube, es ist besser, wenn Sie es so herausfinden.« Mit einem schelmischen Funkeln in den Augen blickte er sich um. »Versuchen Sie doch mal Ihr Glück an Tisch fünf.«

Die Frau musterte die Dame, die bereits an Tisch fünf saß. Sie war extrem modisch gekleidet, geradezu futuristisch – aber wahrscheinlich würden die Sachen in der nächsten Saison auf der Madison Avenue zu finden sein. Sie hatte Stil, und alles an ihr machte einen edlen Eindruck, vom Haarschnitt bis zum Brillenrahmen.

Die Frau seufzte. »Sie kommt mir überhaupt nicht bekannt vor.«

»Wenn Sie sich nicht mal mehr an Ihren eigenen Namen erinnern, ist das kein Argument. Versuchen Sie's doch einfach mal mit der Dame«, sagte Max. Dann begrüßte er einige Neuankömmlinge und schenkte der Frau keine Beachtung mehr.

Sie holte tief Luft und strich ihr Outfit glatt. Sie mochte die Sachen, die sie anhatte. Aber wenn sie eine Minute länger zum Anziehen gehabt hätte, wäre ihre Wahl vielleicht auf etwas noch Besseres gefallen. Die Dame an Tisch fünf war von Kopf bis Fuß in Schwarz gekleidet und wirkte so elegant, dass die Frau ohne Namen sich in ihrem bunten Faltenrock mit Bluse vorkam wie ein Clown. Sie hätte etwas Schlichteres tragen sollen. Schnell machte sie sich daran, sich wenigstens verstohlen ihrer Halskette zu entledigen, aber es war schon zu spät, denn die Dame schaute interessiert zu ihr herüber.

Also ging die Frau los, blieb an Tisch fünf stehen und wartete darauf, gleich wieder weggeschickt zu werden, weil die elegante Dame auf jemand anderen wartete.

»Olivia?«, fragte sie stattdessen.

Die Frau konnte mit dem Namen zwar nichts anfangen, setzte sich aber trotzdem an den Tisch. »Hallo«, sagte sie leise.

»Ich bin Veronica Pritchard, ganz herzlichen Dank, dass Sie sich Zeit für mich nehmen.«

»Gern geschehen, Veronica«, meinte die Frau und räusperte sich. Sofort kam Max an den Tisch und schenkte ihr ein Glas Wasser ein.

Auf einmal schien die elegante Dame nervös zu werden, ein kleiner Riss in ihrer makellosen Erscheinung. Die Frau ohne Namen war gespannt, was sie zu sagen hatte.

»Vermutlich bin ich Ihnen eine Erklärung schuldig, warum ich Kontakt zu Ihnen aufgenommen habe.«

»Erzählen Sie bitte.« Die Frau trank hastig einen Schluck Wasser.

»Nun ja, man hat mir natürlich gesagt, dass Sie die Beste sind.«

Die Frau verschluckte sich und stellte hastig das Glas weg. Max verdrehte die Augen und verschwand.

»Ich arbeite inzwischen seit dreißig Jahren in meiner Firma und war noch nie an einem Punkt wie jetzt. Offen gestanden dachte ich immer, so etwas passiert nur willensschwachen Menschen, und zu denen habe ich noch nie gehört.«

Die Frau wartete auf weitere Informationen.

Veronica räusperte sich. Fast an jedem ihrer Finger steckten mehrere schwere Ringe.

»Dreißig Jahre, dreißig Düfte, nicht eingerechnet die Sonderausgaben zu Weihnachten, und nie gab es Probleme. In manchen Jahren hatte ich so viele verschiedene Kreationen, dass ich eine Auswahl treffen und mich für die besten entscheiden musste. Aber jetzt habe ich alle Ideen aufgebraucht, auch die zweitklassigen. Ich muss es einfach zugeben: Ich habe eine Blockade. Deshalb wollte ich Kontakt zu Ihnen aufnehmen. Man sagt, Sie sind die beste Muse im ganzen Land.«

Verständnislos starrte die Frau ohne Namen sie an. »Muse?«

»Influencer könnte man auch sagen – wie immer Sie es nennen möchten«, erklärte die Dame mit einer wegwerfenden Handbewegung. »Ich habe gehört, wie über Sie gesprochen wird, natürlich nur hinter vorgehaltener Hand und ausschließlich in unseren Kreisen, keine Sorge. Ich weiß, dass Sie lieber im Verborgenen agieren.«

»Im Verborgenen, ja«, bestätigte die Frau, aber allmählich wurde sie doch nervös. Angestrengt stöberte sie in ihrem Gedächtnis, sah sich an ihrem Schreibtisch im Büro sitzen, Telefonate entgegennehmen und Termine vereinbaren, aber nein, das alles fühlte sich wirklich nicht nach der Tätigkeit eines Influencers an. Schon gar nicht, wenn sie an zu Hause, an ihre drei Jungs und an ihren Ehemann dachte. Da gab es viel zu viel zu tun, sie hätte nicht gewusst, woher sie die Energie hätte nehmen sollen, um andere Menschen zu beeinflussen.

»Dann erzählen Sie mir doch mal von Ihren Düften«, sagte sie trotzdem, griff nach einem Stück Brot und stopfte es sich hastig in den Mund, um nicht weiterreden zu müssen.

»Meine Düfte sind luxuriös. Kostspielig. Jeder von ihnen versetzt die Benutzer in eine prunkvolle Zeit, an einen prunkvollen Ort, jenseits des Alltags, weit weg von jeder Normalität.«

»Was ist denn an der Normalität auszusetzen?«, erkundigte sich die Frau stirnrunzelnd.

»Wie bitte?«, hakte Veronica nach. Offensichtlich war sie irritiert von der Unterbrechung, wo sie doch gerade in Fahrt gekommen war.

»Warum muss es denn unbedingt etwas jenseits des Alltags sein?«

»Damit die Menschen aus ihrem Trott herauskommen, ihm entfliehen können. Ich möchte sie mit meinen Düften in andere Sphären versetzen. Damit sie sich wie etwas Besonderes fühlen. Extravagant.«

»Meiner Meinung nach liegt die Magie eines Dufts

aber darin, dass er uns – von jetzt auf nachher, wie durch Magie – in eine Zeit und an einen Ort zurückträgt, die für uns wichtig waren«, sagte die Frau und schnippte zur Veranschaulichung mit den Fingern. »Nichts sonst kann uns doch so berühren. Außer vielleicht Musik.«

Veronica dachte nach. »Aber was mich von anderen unterscheidet, ist eben gerade dieser luxuriöse Aspekt.«

»Ich sage ja auch nicht, Sie sollen einen Erbsensuppenduft herstellen«, lachte die Frau. Dann überlegte sie. »Als ich meinen Mann kennengelernt habe, fand ich immer, seine Haut riecht nach Marshmallows«, erzählte sie. »So süß und sanft. Und bei den Kindern war es ähnlich. Wir hatten milchig süß duftende Babys. Wenn ich Marshmallows sehe, muss ich jedes Mal daran denken. Also, das ist ein ganz gewöhnlicher Duft, aber ein ganz außergewöhnliches Gefühl.«

»Marshmallows ...«, wiederholte Veronica langsam. »Interessant. Sehr interessant sogar.« Sie rutschte auf die Stuhlkante, als hätte ein Geistesblitz sie durchzuckt. »Ich habe eine Weile herumexperimentiert, aber einfach nicht die richtige Verbindung gefunden. Es war Champagner, aber womit kann man Champagner kombinieren? Erdbeeren sind zu naheliegend, zu ... zu sehr für die breite Masse, also überhaupt nicht mein Stil. Aber jetzt, da Sie mich daran erinnern, fällt mir ein, dass meine Mutter manchmal Champagner-Marshmallows gemacht hat.« Ihre Augen leuchteten, sie klatschte in die Hände. »Champagner-Marshmallows, meine Güte, das wird meiner Schwester gefallen! Sie wird sich direkt in die Küche zurückversetzt fühlen, kurz vor den Dinnerpartys, die meine Mutter so gern gegeben hat ...« Sie geriet ins Stocken und sah die Frau an. »Danke, Olivia. Sie sind ein Wunder. Wirklich ein Wunder. Würde es Sie sehr stören, wenn wir das Essen ausfallen lassen? Ich möchte sofort zurück in mein Studio.«

Sie stand auf, warf der Frau eine Kusshand zu, lief durch das Restaurant und zur Tür hinaus. Max trat an den Tisch. »Was haben Sie gemacht?«

Die Restauranttür ging auf, und eine modisch gekleidete Frau mit einer riesigen Sonnenbrille kam herein.

»Ah. Das muss Madame Olivia Moreau sein«, sagte Max.

Die Muse. Ärgerlich blickte die namenlose Frau zu Max empor. »Moreau? Sie wussten genau, dass das nicht mein Tisch ist. Ich bin ja nicht mal Französin.«

»Aber Sie könnten ja einen Franzosen geheiratet haben«, erwiderte Max achselzuckend, aber mit einem schelmischen Zwinkern.

»Ich glaube, meine Situation macht Ihnen viel zu viel Spaß«, sagte die Frau, stand auf und folgte ihm zum Reservierungsbuch.

»Ich glaube, Ihnen auch«, meinte er und grinste, während er einen Namen aus der Liste strich. »Muse der Parfümhersteller, romantische Beraterin eines traurigen Witwers.«

»Sie haben gelauscht«, zischte sie.

»Es muss doch schön sein, sich selbst zu vergessen.« Er musterte sie, war aber wieder ernst geworden.

Sie runzelte die Stirn. »Glauben Sie, dass mit mir irgendwas nicht stimmt?«

»Auf mich wirken Sie absolut okay, nur ein bisschen vergesslich. Wollen Sie sich jetzt vielleicht an Tisch acht setzen? Wenn die Leute, die ihn reserviert haben, nicht kommen, gebe ich ihn weiter.«

»Aber *ich* bin schon seit fünf vor acht hier.«

»Richtig.«

»Max, sagen Sie mir, auf welchen Namen läuft diese Reservierung?«

Schnell verdeckte er den Namen mit der Hand, aber seine Finger zuckten, als überlege er, sie wegzuziehen. »Ich kann es Ihnen sagen, wenn Sie möchten. Oder …«

»Oder was?« Argwöhnisch kniff sie die Augen zusammen.

»Oder Sie können abwarten und sehen, was passiert. Ob die Person, die für Tisch acht eintrifft, Sie daran erinnert, wer Sie sind.«

Die Frau wurde nervös. »Aber was, wenn nicht? Was, wenn diese Person gar nicht auftaucht?«

»Na ja, dann gehen Sie einfach nach Hause. Sie wissen doch noch, wo das ist, oder?«

Zum Glück fiel ihr die Adresse sofort ein, sie sah ihr Zuhause vor sich, sie roch es, sie fühlte es. Also nickte sie.

»Es liegt an Ihnen, ob Sie das Risiko eingehen wollen«, fuhr Max fort.

Kurz entschlossen, aber immer noch etwas unsicher setzte die Frau sich an Tisch acht. Immer wieder wanderten ihre Augen von der Uhr zu der Kerze, die mitten auf dem Tisch stand und deren warmes Licht jedes Mal wild flackerte, wenn jemand am Tisch vorbeikam. Was, wenn sie die Person nicht kannte? Was, wenn sie sich nie mehr an ihren eigenen Namen erinnerte? Natürlich würde ihr Mann ihn ihr sagen, aber sie wollte lieber selbst darauf kommen. Den eigenen Namen zu kennen, war doch wichtig.

Wieder öffnete sich die Restauranttür, und eine Frau kam herein. Elegant, hübsch, etwas hektisch, offensichtlich verspätet. Sie schüttelte ihren Schirm aus und beklagte sich über den Verkehr, der wegen des Unfalls ins Stocken geraten war. Hoffnungsvoll blickte Max zu der Frau, die ihren Namen vergessen hatte – anscheinend lag ihm wirklich etwas daran, dass sie sich wieder daran erinnerte. Anscheinend hoffte er, dass es klappte. Die Frau lächelte.

Als sie das Gesicht der Frau sah, die gerade hereinkam, war ihr alles klar.

Auf der Stelle erinnerte sie sich an ihren Namen – natürlich, denn es war das Gesicht der Frau, die sie als Erste im Arm gehalten, sie getröstet, sie geküsst, bei ihrem Namen gerufen und ihr diesen Namen überhaupt gegeben hatte.

»Hi, Mom«, sagte die Frau, stand auf und breitete die Arme aus, um ihre Mutter zu begrüßen.

11
Die Frau, deren Uhr tickte

Von ihrer Tante Crystal hatte die Frau ein wunderschönes muschelförmiges Goldmedaillon geerbt, in dem sich eine Uhr mit Perlmuttzifferblatt befand. Sie erinnerte sich noch gut daran, wie es sich in die Ritze zwischen den üppigen Brüsten ihrer Tante geschmiegt hatte. Als Kind hatte sie gern auf Crystals Schoß gesessen, das faszinierende Schmuckstück geöffnet und geschlossen und keinen Augenblick daran gezweifelt, dass es magisch war, genau wie ihre Tante behauptete.

Wenige Wochen vor ihrem Tod hatte Tante Crystal der Frau das Medaillon geschenkt und ihr gesagt, dass sie jetzt keinen Zeitmesser mehr brauche, da ihre Zeit zu Ende ging. Sie hatte immer allein gelebt, war nie verheiratet gewesen und hatte nie Kinder bekommen; falls sie jemals einen Mann geliebt hatte, war die Frau ihm nie begegnet. Crystal hatte immer gesagt, dass sie das alles auch gern gehabt hätte, aber dass nie der richtige Zeitpunkt gekommen sei. So ging die Gelegenheit an ihr vorüber.

Nun lag derselbe Schmuck, der ihre Tante fast ihr ganzes Leben begleitet und sich an ihr Herz geschmiegt hatte wie eine Muschel an den Felsen, ebenso dicht am Herzen der Frau.

Inzwischen war die Frau siebenunddreißig Jahre alt, und sie hörte die Uhr lauter ticken als früher. So laut, dass das Ticken sie nachts wachhielt. Ihr Freund steckte den Kopf unter sein Kissen, während sie ihm beim Schlafen zuschaute und sich fragte, wann die Dinge sich zwischen ihnen so entwickeln würden, dass sie die nächste Stufe ihrer Beziehung in Angriff nehmen konnten. Wie sollte sie dieses Thema zur Sprache bringen, ohne bei ihm einen neuerlichen Absturz zu provozieren, bei dem er wieder erst mitten in der Nacht alkoholstinkend nach Hause kommen und gegen die Türrahmen torkeln würde? Ihm gefiel ihre Beziehung so, wie sie war, und ihr eigentlich auch, und doch … er trug keine Uhr um den Hals, kein Finger stupste ihn beständig in die Rippen.

So lag sie oft wach, ruhelos, hielt das Muschelmedaillon in der Hand und fühlte sein Vibrieren. Bildete sie es sich nur ein, oder war das Ticken wirklich lauter geworden, als sie sich mit ihren Freundinnen und deren Babys im Café getroffen hatte? Allesamt junge Mütter in Elternzeit – die Frau war die Einzige, die noch keine Kinder hatte.

Tick. Tick. Tick.

»Was ist das für ein Lärm?«, hatte eine von ihnen die Frau gefragt und sich verwundert umgesehen.

»Das hab ich mir auch gerade überlegt«, sagte eine andere, deren Nippel sich im Mund eines pausbäckigen Babys befand. Die beiden schauten sich an, mit vom Schlafmangel rot geränderten Augen, und dann kamen ihre Blicke auf der Frau zur Ruhe.

»Kommt das Ticken etwa von dir?«

Sie hatte ihr Muschelmedaillon unter ihren Kaschmirpulli gestopft, in der Hoffnung, dass er das Geräusch einigermaßen absorbieren würde. Zwar hatte es nur wenig geholfen, aber zum Glück waren ihre Freundinnen von ihren Kindern so abgelenkt, dass sie nicht weiter nachforschten.

Auch bei ihrem Bewerbungsgespräch für die Stelle der Chefbibliothekarin war das Ticken lauter geworden, was nicht nur der Frau selbst aufgefallen war. Sie befanden sich in einem prächtigen, holzvertäfelten Raum mit Marmorfußboden, hohen Decken und riesigen Fenstern, durch die so viel Licht fiel, dass die Sonnenstrahlen die dunklen Holzoberflächen zum Glänzen und die Staubpartikel in ihrem Weg zum Tanzen brachten. Harte Oberflächen, weite Räume – eine hervorragende Akustik, jedes Geräusch hallte im ganzen Saal wider.

»Ihnen ist doch klar, dass für diese Stelle längere Arbeitsstunden notwendig sind?«, fragte einer der Interviewer.

»Ja, selbstverständlich.«

Tick. Tick. Tick.

»Zu Ihren Aufgaben würde beispielsweise auch die Beschaffung von Geldmitteln gehören, das Verwalten der einzelnen Budgets und auch die Oberaufsicht über Ihre Mitarbeiter. In Ihrer Zuständigkeit würde die gesamte Planung liegen. Das bringt wesentlich mehr Verantwortung mit sich«, fügte einer seiner Kollegen hinzu.

»Ja, ich weiß.« Natürlich wusste sie auch, worum es wirklich ging: Ein Team aus lauter Männern wollte keine Frau einstellen, die plötzlich in Elternzeit gehen würde. Aber sie wollte den Job, *und* sie wollte ein Baby. Sie wollte beides, doch körperlich brauchte sie das eine mehr.

Tick. Tick. Tick.

Obwohl die Frau ihr Medaillon unter drei Klamottenschichten versteckt hatte, musste der Mann sich anstrengen, um das Ticken ihrer Uhr zu übertönen; jede Oberfläche warf es zurück. So beendeten die Männer das Gespräch ziemlich schnell.

An all das dachte die Frau jetzt, wo sie im Bett saß, auf das halb vom Kissen verdeckte Gesicht ihres Freunds hinabblickte und dabei das Muschelmedaillon auf- und zuklappte.

»Ich kann das nicht mehr!«, brüllte ihr Freund plötzlich, und sie erschrak. Er schleuderte das Kissen quer durchs Zimmer und sprang aus dem Bett.

Sie hatte gedacht, er würde fest schlafen, aber jetzt stand er vor ihr, splitternackt, hellwach, die Pupillen von Wut und Verzweiflung geweitet, und seine Brust hob und senkte sich krampfhaft, als käme er vom Joggen.

»Henri«, sagte sie mit leiser, erschrockener Stimme. »Was ist denn los mit dir?«

»Ich kann das nicht, ich kann das einfach nicht.«

»Was kannst du nicht? Ich habe doch gar nichts von dir verlangt, oder?«

»Nein, aber ich fühle es. Ich höre es.« Er deutete auf die Uhr, die um ihren Hals hing. »Es ist, als würde jemand hinter mir stehen, mir über die Schulter schauen, mir im Nacken sitzen, die ganze Zeit. Ich kann den Druck nicht abschütteln, und ich bin noch nicht bereit für ein Baby. Ich bin noch nicht so weit wie du, ich weiß nicht, ob ich es je sein werde.«

Bestürzt starrte sie ihn an, obwohl sie diesen Ausbruch eigentlich hätte erwarten müssen. *Aber er kann mich doch nicht einfach verlassen*, dachte sie. Drei Jahre hatten sie beide in diese Beziehung investiert, drei lange Jahre, und wenn er sie jetzt verließ, würde es mindestens noch einmal drei Jahre dauern, bis sie einen anderen gefunden hatte und mit ihm an diesen entscheidenden Punkt gekommen war. Im Kopf rechnete sie noch einmal alles nach. Sie musste sich von der Trennung erholen, ihr gebrochenes Herz musste heilen, erst dann würde sie irgendwann wieder in der Lage sein, einen anderen Mann kennenzulernen, den Richtigen zu finden, sich auf eine neue Beziehung einzulassen, Fuß zu fassen. Das würde viel zu viel Zeit in Anspruch nehmen, so viel Zeit hatte sie nicht mehr. Henri durfte jetzt nicht gehen.

Plötzlich brüllte er wieder und hielt sich die Ohren zu, aber das Ticken war so laut geworden, dass sein Brüllen kaum dagegen ankam, die Frau sah nur die pulsierenden Halsvenen und geblähten Nasenflügel. Er hielt sich den Kopf, als hätte er Migräne, als würde das Ticken ihm körperliche Schmerzen bereiten.

»Nimm die Batterie raus!«, las sie von seinen Lippen ab.

»Kann ich nicht!«, erwiderte sie kopfschüttelnd und umfasste die Uhr noch fester.

Als er auf sie zukam und Anstalten machte, nach dem Medaillon zu greifen, wich sie hastig zurück.

»Ich werde sie nicht rausnehmen, auf gar keinen Fall!«, schrie sie. Wenn sie die Batterie aus der Uhr entfernte, wäre das, als würde Crystal noch einmal sterben, die tickende Uhr war für sie wie das schlagende Herz ihrer Tante. Sie konnte und wollte es nicht einfach anhalten. Doch in diesem Moment konnte sie Henri dieses Gefühl nicht erklären, dafür war das Ticken zu laut, er zu panisch und sie selbst zu verwirrt.

»Es war ein Geschenk, Henri!«

»Es ist ein Fluch!«, brüllte er. »Du musst wählen – ich oder die Uhr!« Er starrte sie an, tiefe braune Augen, die sich in ihre bohrten.

»Ich will beides!«, rief sie.

»Kannst du aber nicht haben.« Er schüttelte den Kopf und begann sich anzuziehen.

Hilflos schaute sie zu, wie er seine Sachen in eine Tüte stopfte, sie konnte nichts tun, nichts sagen, sie konnte nur an die verschwendeten Tage und Jahre denken, an die Zeit, die sie in die Beziehung investiert hatte, stets in der Hoffnung, Henri könnte der Eine sein. Nicht im spirituellen Sinn, nein. Einfach derjenige, der den nächsten Schritt mit ihr wagen würde. Der Zeitpunkt hätte gepasst. Eine dreijährige Beziehung, ihr Alter, sein Alter. Jetzt müsste es passieren.

Ein Baby. Sie wünschte sich ein Baby. Ihr Körper sehnte sich nach einem Baby, so sehr, dass es weh tat. Vom Kopf her hatte sie nichts gegen ihre Lebensumstände einzuwenden, aber in ihrem Innern verzehrte sie sich nach einem Baby. Es war wie ein Hunger, der nur mit Nahrung, und ein Durst, der nur mit Wasser gestillt werden konnte ... diese Leere in ihr, in ihrem Herzen, in ihrem Schoß, konnte nur durch ein neues Leben gefüllt werden, durch ein Leben, das sie erschaffen und genährt hatte. Die Liebe ihres Freundes reichte nicht, sie brauchte mehr.

Die Abwesenheit von Leben in ihr hatte ein Eigenleben angenommen, das jeden Tag stärker wurde, genährt von der Zeit. Das konnte sie nicht ignorieren. Wenn sie es ignorierte, weil es einem anderen Menschen nicht passte, würde es irgendwann zu spät sein. Henri hatte keine Ahnung, wie es sich anfühlte, etwas zu bedauern, was noch gar nicht geschehen war. Wie es war, ständig mit der Angst, der Panik zu leben, dass ihr alles entglitt.

Als Henri weg war, hatte das Ticken eine Lautstärke erreicht, dass ein Nachbar sich wegen des Lärms beklagte und die Polizei rief. Auch die Polizisten mussten sich die Ohren zuhalten, als sie das Haus betraten. Der Lärm war unerträglich.

Eine Polizistin mit freundlichen, besorgten, aber sehr müden Augen setzte sich eine Weile zu der Frau, redete sanft auf sie ein und kochte ihr Kamillentee. Erst als das Ticken endlich etwas leiser wurde und die Frau auf der Couch einschlief – die Kette noch immer um den Hals, das Medaillon fest in der Hand –, verließen die Ordnungshüter das Haus wieder.

Etwa einen Monat später war die Frau an ihrer Arbeitsstelle in der Bibliothek und half gerade einer Gruppe von Studenten beim Recherchieren. Inzwischen waren Henris Habseligkeiten aus ihrer Wohnung verschwunden, die Frau war von leeren Stellen und freien Räumen umgeben, wo er doch in ihrem Zuhause und ihrem Herzen hätte sein sollen. Sie war erschöpft und hatte in den letzten Wochen kaum geschlafen.

Tick, tick, tick.

Als sie gerade einem Mädchen den Umgang mit den Programmen zeigte, hörte sie plötzlich ein Geräusch, das sie mitten im Satz erstarren ließ.

Ein Ticken! Aber es kam nicht aus dem Medaillon, das sie um den Hals trug.

Sie blickte sich um. In der renommierten großen Bibliothek war es still wie immer – gedämpfte Stimmen, leise knarrende Schritte, unterdrücktes Husten, Räuspern, Niesen, Naseputzen, Stühlescharren, Papiergeraschel. Bücher wurden aufgeschlagen, auf den Tisch gelegt, in die Regale zurückgestellt.

Wie als Reaktion auf das ferne Ticken wurde auch die Uhr der Frau lauter, es war fast, als würde sie mit dem geheimnisvollen anderen Ticken ein Gespräch führen. Die Frau umfasste ihr Medaillon und benutzte es als Kompass. Aufmerksam ließ sie den Blick über die Studenten an den Computern wandern, stellte aber rasch fest, dass das Geräusch nicht von ihnen kam. Also wandte sie sich ab und wanderte durch die stillen Gänge staubiger Bücherregale, ihre Schritte hallten auf dem Marmorboden. Sie folgte dem Geräusch, das gelegentlich von Wänden, Regalen und Fußboden so reflektiert wurde, dass sie in die Irre ging. Trotzdem kam sie ihm näher, es wurde immer lauter, und ihr Medaillon antwortete. Sie tickten nicht im gleichen Takt, ihr Rhythmus war individuell, aber kräftig, und er wurde immer lauter.

Nachdem sie das ganze Bücherlabyrinth durchstreift hatte, war klar, dass der Eigentümer der tickenden Uhr sich in der Physikabteilung aufhalten musste, hinter der Regaleinheit, vor der sie jetzt stand und die sie noch voneinander trennte. Jetzt konnte er ihr nicht mehr entkommen, es gab nur einen einzigen Zugang, an dem die Frau mit wild klopfendem Herzen stand – und mit einer Uhr, die ruhig und stetig tickte. Und so laut, dass derjenige, der sich hinter dieser Regalwand aufhielt, es ebenfalls hören musste. Das Ticken hallte durch die ganze stille Bibliothek.

»Hallo?«, hörte sie eine Männerstimme rufen.

Rasch trat sie hinter dem Regal hervor – und da war er. Der Besitzer der tickenden Uhr. Erst entdeckte sie seine Armbanduhr, dann sah sie das Buch in seiner Hand. Ihr blieb fast die Luft weg. Es war ein Werk des Philosophen John M. E. McTaggart, eine Untersuchung von Zeit und Veränderung, mit dem Titel »Die Irrealität der Zeit«.

»Die B-Theorie«, stieß sie atemlos hervor.

»Du hast es gelesen?«, fragte er überrascht.

Die Anhänger der B-Theorie vertraten die Ansicht, dass Zeit eine Illusion war, dass Vergangenheit, Gegenwart und Zukunft gleichermaßen real waren und dass unser Begriff der Zeit deshalb keinen Sinn ergab. Selbstverständlich hatte die Frau über dieses Thema geforscht, denn sie fühlte die Zeit ja ständig, die Zeit war für sie von größtem Interesse. Und sie wollte sie verstehen.

»Du tickst«, sagte er.

»Du auch«, erwiderte sie.

»Die meisten Leute macht das Ticken wahnsinnig«, meinte er und musterte die Frau neugierig.

»Mich nicht.«

Er war wie sie. Er wollte dasselbe.

Plötzlich veränderte sich der Rhythmus ihres Tickens. Die Frau war nicht sicher, ob ihre Uhr langsamer oder die ihres Gegenübers schneller wurde, auf jeden Fall fand eine Zeitverschiebung statt. Sie spürten es beide, ihr Medaillon dicht an ihrem Herzen, seine Uhr auf dem Puls seines Handgelenks, und irgendwann stellten sich die beiden Rhythmen aufeinander ein, stimmten sich ab, und waren im Einklang. Schritt für Schritt, Sekunde um Sekunde und Minute um Minute wurde das Ticken ruhiger.

Gemeinsam erlebten sie beide diese wundersame Verschiebung der Zeit; jetzt tickten sie im gleichen Takt.

So schnell, wie der Himmel sich aufhellt, wenn die Wolken weiterziehen, so schnell legte sich ihre Nervosität, und die beiden stießen einen langen und tiefen Seufzer der Erleichterung aus.

12
Die Frau, die Zweifel säte

In Prairie Rock lebte man nach den Grundsätzen von Gemeinschaft, Eigenverantwortung und Nachhaltigkeit. Um Kollektivbereiche gruppiert, standen auf dreiunddreißig Hektar etwa hundert Häuser, und jede Hausgemeinschaft war für die Pflege und Instandhaltung ihres Areals zuständig. Im Dorf gab es gemeinschaftlich genutzte Obstplantagen, Weinberge, Wiesen und außerdem eine Brachfläche, auf der die Bewohner eine Gartenparzelle mieten konnten. Wenn ein Grundstückseigentümer starb, war es Aufgabe der Hinterbliebenen, es nach Absprache mit der Gemeinschaft weiterzuverkaufen. Gleichzeitig wurde als Zeichen des Respekts vor dem Verstorbenen ein Stück des riesigen noch ungenutzten Terrains nutzbar gemacht. Aus dem Tod erwachte neues Leben.

Die Frau hatte ihr ganzes Leben in der Gemeinschaft verbracht, was sich, da man ja immer mit derselben kleinen Gruppe von Menschen zu tun hatte, gelegentlich recht beengend anfühlte. Immer dieselben Gesichter, die gleichen Diskussionen. Andererseits hatte diese Vertrautheit auch etwas Behagliches und Tröstliches an sich. Kaum einmal tauchte ein neues Gesicht auf, denn wenn jemand starb, ging sein Haus für gewöhnlich in die Hände eines bereits hier ansässigen Familienmitglieds über. Nur sehr selten kam es vor, dass jemand von außen in die Gemeinschaft aufgenommen wurde; in den letzten zehn Jahren war es eine einzige Familie gewesen. Als Jacob zu ihnen kam, war er seit langer Zeit der erste neu Zugezogene. Der Vater der Frau war krank geworden, und ihre Familie brauchte Hilfe bei der Landarbeit.

Für die Frau war es seit ihrem vierzehnten Lebensjahr im Grunde beschlossene Sache, wen sie heiraten würde. An ihrem ersten Schultag hatte sie sich mit einem Jungen namens Deacon angefreundet, sie waren im Abstand von nur vier Tagen geboren, hatten zusammen gespielt, jeden Baum gemeinsam bestiegen, Unsinn angestellt und ihre Grenzen ausgetestet. Sie hatten zusammen gelernt und die Welt erobert. Deacon war ihr erster Freund, ihr erster Kuss, ihre erste Liebe gewesen.

Mit achtzehn heiratete sie Deacon. Die Feier fand im August statt, beim Erntedankfest. Die Brautjungfern trugen Kleider in einem warmen Orangeton, der Tischschmuck bestand aus Stroh und Ähren.

Das Leben der Frau lief gut, ein leichter, nie hinterfragter Weg, den sie zufrieden beschritt. Noch hatten sie und Deacon keine Kinder, aber das war okay, sie hatten es nicht eilig. Mit Unterstützung seines Vaters und seiner Brüder hatte Deacon ein Haus auf dem Land ihrer Eltern gebaut, und vor einem Jahr waren sie dort eingezogen. Doch gerade als sie es sich richtig gemütlich gemacht hatten und ihr Leben sich in eine neue Richtung zu entfalten begann, wurde die Mutter der Frau krank und starb. Kurz darauf wurde auch ihr Vater krank und folgte ihr nach. Es ging so schnell, und die Frau blieb zurück ohne Eltern, in tiefer Trauer und mit einem großen Schmerz in der Brust. Der Tod ihrer Eltern hinterließ eine Leere in ihr, mit der sie niemals gerechnet hätte, und plötzlich war ihr bis dahin immer so klarer Kopf verwirrt und benebelt.

Obwohl sie inzwischen eine erwachsene Frau war, hatte sie das Gefühl, dass sie nur wegen ihrer Eltern hier, in dieser Gemeinschaft, auf dieser Erde lebte. Ihre Eltern gehörten zu den Gründern von Prairie Rock, zu den Säulen dieser kleinen, aber für sie so wichtigen Gemeinschaft. Obwohl die Frau einen Ehemann hatte und hoffte, bald eine eigene Familie zu gründen, waren Vater und Mutter doch ihre Wurzeln, ihre Basis. Jetzt waren sie tot, und ohne sie fühlte sich die Frau, als wäre ihr der Boden unter den Füßen weggezogen worden. Selbst in den letzten Jahren, in denen sie sich erst um ihre kranke Mutter und dann um ihren kranken Vater gekümmert hatte, war sie auf eine ganz fundamentale Art auf beide angewiesen gewesen, und nun hatte sie innerhalb weniger Monate beide verloren. Zwar war die Frau erleichtert, dass ihre Mutter von ihrem Leiden erlöst und ihr Vater mit seiner großen Liebe wiedervereint war, aber nach der ersten Erleichterung erfasste sie eine unendliche Traurigkeit. Sie hatte versucht, sich auf all das gefasst zu machen, aber sie hatte nicht geahnt, dass sie sich ohne ihre Eltern so einsam und verlassen fühlen würde. So zittrig, so schutzlos, so erfüllt von Zweifeln. Ihre ganze Sicherheit war dahin.

Diese neuen Empfindungen machten ihr Angst. Wie wuchernde Ranken schlangen sich die Zweifel um jeden einzelnen ihrer Gedanken, schlichen sich ein in jede Idee, die ihr in den Sinn kam, schmuggelten sich in ihren Kopf wie Hausbesetzer und weigerten sich, ihn wieder zu verlassen.

Wie Jacob, der nach Prairie Rock gezogen war, um mit der

Bearbeitung des Lands ihrer Eltern zu helfen. Auch er hatte sich in ihren Gedanken festgesetzt, in fast jedem einzelnen, und war zu einer Art permanentem Schatten geworden. Er war immer da, obwohl er im Grunde gar nicht wichtig war. Die Frau konnte nicht verstehen, warum er sie so beschäftigte, aber sosehr sie sich bemühte, ihn abzuschütteln, wollte er doch nicht verschwinden. Seine durchdringenden braunen Augen schienen in ihre Seele zu blicken, wenn er sie anschaute. Dann wandte sie sich immer schnell ab. Aber sie nahm es trotzdem wahr.

Wenn ein Kind aus Prairie Rock nach dem Tod eines Elternteils die neue Parzelle bekam – für die Frau waren es zwei, denn ihre Eltern waren ja beide gestorben –, entschieden die Erben stets selbst, was sie dort anbauen wollten. Obwohl es der Frau also allein überlassen war, musste sie natürlich auch die Bedürfnisse der Gemeinschaft mit bedenken.

In Prairie Rock gab es fast jeden Abend Veranstaltungen zu den verschiedensten Themen der Gemeinschaft, aber nur bei einem Treffen pro Woche war die Teilnahme für alle Einwohner Pflicht. Und dort befand sich die Frau, obgleich es ihr zutiefst unangenehm war, auf einmal im Zentrum der Aufmerksamkeit.

»Vielleicht Obstbäume?«, riss eine Stimme sie aus ihrer üblichen Grübelei. Es war Barnaby, dessen Finger wie Wurzeln aussahen, die tief in die Erde eindringen konnten.

»Mmm«, antwortete die Frau unsicher, während die anderen sie mit erwartungsvollen Blicken anstarrten.

»Das Land im Süden eignet sich besonders gut für den Obstanbau, es gibt mehr Sonne, vielleicht solltest du das ausprobieren.«

»Wir kommen aber auch im Norden ganz gut zurecht, danke«, warf Harriet stirnrunzelnd ein.

»Gegen deine Arbeit ist nichts einzuwenden, Harriet, aber ich denke an die Sonne und an den Boden«, beschwichtigte Barnaby sie rasch.

Das war für alle ein aufregender Moment. Für das Dorf hatte der Verlust der Frau ja insofern sein Gutes, dass zu Ehren ihrer Eltern etwas Neues angepflanzt werden würde, und das war eine willkommene Gelegenheit, den Speiseplan der Gemeinschaft mit bisher nicht vorhandenen landwirtschaftlichen Erzeugnissen zu bereichern.

»Es gibt da diese Mandelplantagen, hab ich gehört«, meldete sich nun Gladys zu Wort.

»Bobby züchtet doch schon Mandelbäume auf seinem Grundstück«, erklärte Barnaby freundlich.

»Ja, schon, aber nicht genug.«

»Ich glaube, für die Gemeinschaft reicht es«, beharrte Bobby etwas gekränkt. »Wozu brauchen wir denn noch mehr Mandeln?«

»Wir könnten eine Menge damit machen – Mandelöl, Mandelbutter, Mandelmilch ... bisher essen wir die Mandeln ja einfach bloß so.« Gladys schaute in die Runde, als suchte sie Unterstützung. Aber dann zuckte sie die Achseln und sah zu der Frau. »Aber es ist natürlich ihre Entscheidung.«

»Mmm«, antwortete die Frau wieder.

»Wie wäre es mit Pflaumen?«, schlug nun Dorothy vor und ergriff die Gelegenheit, einen ihrer Vorträge über die Vorzüge von Trockenpflaumen zu halten, was sie, seit der Arzt ihr wegen ihrer Hämorrhoiden eine Trockenpflaumendiät verordnet hatte, bei jeder sich bietenden Gelegenheit tat. Seit die Trockenpflaumen in ihr Leben getreten waren, fühlte sie sich wie neugeboren – man hätte denken können, sie hätte einen neuen Liebhaber.

In diesem Moment tauchte Jacob in den Gedanken der Frau auf. Er stand in der Ecke und beobachtete sie.

Wie üblich entwickelte sich eine rege Diskussion, jeder versuchte den anderen niederzubrüllen, es gab die üblichen Streitgespräche, bis Barnaby die Versammelten schließlich mit einer ruhigen Jedi-Handbewegung zum Schweigen brachte.

»Ihr habt das sowieso nicht zu entscheiden«, sagte er freundlich, aber bestimmt.

Gespannt blickten alle zu der Frau.

»Ich weiß es wirklich nicht«, sagte sie. »Ich weiß es nicht. Ich weiß es nicht.« Sie schlug die Hände vors Gesicht und schloss die Augen.

Die anderen wechselten besorgte Blicke.

»Lasst ihr ein bisschen Zeit«, sagte Barnaby.

»Aber die Aussaat ...«

»Lasst ihr Zeit«, wiederholte er.

Im Auto auf dem Heimweg schwieg Deacon. Die Frau holte tief Luft, um ihm etwas zu sagen, überlegte es sich in letzter Sekunde aber anders.

»Was denn?« Er sah sie an, aufmerksam, vielleicht ein bisschen nervös. Er fuhr sogar langsamer.

Aber sie schüttelte nur stumm den Kopf.

»Du wolltest doch etwas sagen.«

»Es ist weg«, wehrte sie ab und sah aus dem Fenster. »Ich weiß es nicht mehr.«

Der Druck der Gemeinschaft wurde immer stärker, obwohl Barnaby alles tat, um die Wogen zu glätten.

Jeden Tag ging die Frau zu ihrem neuen Stück Land im Süden, zu dem Acker, auf dem sie jetzt eigentlich mit der Aussaat beginnen musste. Der Boden war bereit und wartete darauf, bearbeitet zu werden, aber sie hatte immer noch keine Ahnung, was sie anpflanzen wollte. Sie stellte einen Liegestuhl auf, betrachtete das brachliegende Feld und hoffte auf einen Geistesblitz, aber stattdessen wanderten ihre Gedanken kreuz und quer umher und landeten immer wieder bei ihrem eigenen Leben. So viele Fragen, so viele Zweifel.

Ihre Freunde und Nachbarn aus der Gemeinschaft besuchten sie reihum mit Vorschlägen, mit Broschüren, Präsentationen und wohldurchdachten Ideen für das Land, mit Informationen über jede Obstsorte, jede Nussart und jede Feldfrucht, die man sich nur vorstellen konnte. Und jeder vertrat mit großer Leidenschaft seine oder ihre ganz persönliche Meinung zu seinem oder ihrem Plan.

Billy, der an Arthritis litt, kam mit der Idee, Cannabis anzubauen. Sally plante eine Teeplantage, wahrscheinlich als Erinnerung an ihre Affäre mit einem jungen Mann, den sie als Studentin auf einer Teeplantage in China kennengelernt hatte. Alle hatten Ideen, gute Ideen, fundierte Ideen, aber wenn sie die Frau fragten, bekamen sie von ihr immer die gleiche Antwort zu hören:

»Ich weiß es nicht.«

Dabei blieb es, denn die Frau konnte einfach nichts anderes sagen.

Noch immer beobachtete sie Jacob, so oft sie konnte. Diesen exotischen Fremdling von »außerhalb« mit seinem athletischen Körperbau, attraktiv, grüblerisch, oft nur locker bekleidet. Als der Vater der Frau noch lebte, hatte er sie oft dabei erwischt, wie sie Jacob anstarrte, und ihr wissende Blicke zugeworfen. Warnende Blicke. Sie beobachtete Jacob vom Küchenfenster, von dem aus man das Land ihrer Eltern überblickte. Meistens arbeitete Jacob an der Seite ihres Mannes, zwei vollkommen unterschiedliche Gestalten: Jacob kräftig und sportlich, mit muskulösen Schultern und Armen, einem muskelbepackten Rücken und schmaler Taille. Deacon dagegen war zwar stark und drahtig, aber hochgewachsen und dünn wie eine Bohnenstange, mit langen sehnigen Armen.

»Was schaust du dir da an?«, hatte ihr Vater die Frau gefragt.

»Ich weiß nicht.«

Damals hatte es angefangen. Mit den Fragen und den Zweifeln. Also noch bevor ihr Vater gestorben war.

Jetzt wiederholte sie den Satz so oft, allen gegenüber, die ganze Zeit. Ohne darüber nachzudenken, kamen die Worte aus ihrem Mund. Der Zweifel rumorte in ihr, er hatte ein Eigenleben, brach ohne ihr Zutun aus ihr heraus, übernahm ihr ganzes Denken, alles, was sie sagte. Und nun auch noch ihr Handeln. Für die meisten ihrer Mitmenschen war es eine Überraschung – ausgerechnet die selbstbewusste junge Frau, die immer und für alles einen Plan gehabt hatte, die immer wusste, wo es langging, und sich, wenn sie zwischendurch einmal ratlos war, trotzdem keine Sorgen machte.

Die Gemeinschaft schien von ihrem veränderten Verhalten genauso verwirrt zu sein wie die Frau selbst. Ihre Unsicherheit wirkte ansteckend und zwang auch die anderen zum Nachdenken, brachte sie dazu, alles in Frage zu stellen, was bisher nie und von niemandem in Frage gestellt worden war. Kleine, ganz alltägliche Entscheidungen verwandelten sich in schwerwiegende Probleme und führten zu lebhaften Dorfdebatten.

Man hätte beinahe denken können, die Frau wäre auf einmal Königin geworden, die Anführerin, die Präsidentin des Nichtwissens, die Person, mit der jeder seine eigenen Unsicherheiten teilen wollte. Ihr Zweifel nährte den der anderen, und es entstand immer mehr davon. Und während der Zweifel in den Gedanken der ganzen Gemeinschaft immer mehr zunahm, wuchs auf dem Land, das die Frau Tag für Tag anstarrte, eine geheimnisvolle Pflanze aus dem Boden.

Jeden Tag saß die Frau auf ihrem Grundstück und starrte ihren Acker an, überlegte, grübelte, versuchte, die Dinge in ihrem Kopf zu bewegen und zusammenzufügen. Leute kamen, um sie zu besuchen, denn jeder wusste, dass man die Frau hier antreffen würde; sie brachten Picknicks, Kannen mit Kaffee oder auch mit alkoholischen Getränken – jeder das, was er eben brauchte oder wollte –, und dann schütteten sie der Frau das Herz aus über all die Dinge, die sie nicht wussten. Die Frau hörte zu, denn das war alles, was sie tun konnte – sie selbst wusste ja auch keine Antwort.

So waren die Bewohner von Prairie Rock zum Beispiel unsicher, ob sie Alice, die so lange ihre Bürgermeisterin gewesen war, wiederwählen sollten. Ebenfalls von dieser Wolke des Zweifels beschattet, erschien auch Alice selbst bei der Frau, um ihr zu beichten, dass sie nicht wusste, ob sie überhaupt noch einmal gewählt werden wollte. Ihre Tochter hatte gerade ein Kind bekommen, und Alice spürte eigentlich den Wunsch, ihr Leben als Großmutter zu genießen.

Dann merkte Bizzie Brown, dass sie nicht mehr sicher war, ob sie überhaupt noch in der Gemeinschaft leben wollte. Schon eine ganze Weile fragte sie sich das, aber sie hatte Angst gehabt, eine solche Veränderung auch nur in Erwägung zu ziehen. Doch jetzt veränderte sich um sie herum so viel, dass sie sich traute, darüber nachzudenken.

Während die Menschen mit der Frau über ihre Zweifel diskutierten, beobachteten sie das Wachstum der seltsamen Pflanzen, die immer zahlreicher aus dem Boden emporschossen. Sie waren merkwürdig, denn sie wuchsen in verschiedene Richtungen, als könnten sie sich nicht entscheiden, wohin, und sie hatten völlig unterschiedliche Farben. Einige blühten, manche sahen eher aus wie Getreide, andere wie Gemüse oder wie Weinreben. Das Ganze war höchst verwirrend, keiner wurde daraus schlau, und es gab sogar Zweifel, dass es sich überhaupt um eine spezifische Pflanzenart handelte.

»Was hast du denn gesät?«, fragten viele die Frau, während sie auf allen vieren auf dem Boden kauerten und die sonderbaren Gewächse studierten.

»Ich weiß nicht«, antwortete sie.

Bizzie zweifelte so stark daran, dass es besser war zu bleiben, dass sie schließlich – nach fünfzig Jahren – die Gemeinschaft verließ. Und die Dorfbewohner hatten Zweifel, ob sie, um Bizzies Platz wieder zu füllen, für die neuen Nachbarn die gleichen Eintrittsbestimmungen anwenden sollten wie bisher. Der Zweifel führte dazu, dass sie es sich anders überlegten, und so wurden ein junger Mann und eine junge Frau aufgenommen, frisch verheiratet und ein ganzes Stück unter dem bis dahin vorgeschriebenen Mindestalter für Neuzuzüge.

Das Paar besuchte die Frau auf ihrem Feld und überlegte, ob man die neuen Pflanzen zur Herstellung von Gin benutzen könnte. Wäre es nicht eine gute Idee, einen Gin zu brennen, dem sie die hier vorhandenen Kräuter und Blüten zusetzen und so eine lokale Spezialität kreieren konnten, die es nirgendwo sonst gab?

Die ungewöhnlichen Pflanzen des Zweifels waren doch eine wahre Schatzgrube, ein einmaliger Lebensraum, der eine Kombination von Elementen in sich barg, die bisher kein Mensch kannte.

Als Barnaby von der Idee mit dem Craft-Gin hörte, fragte er sich, ob man nicht als logische Konsequenz auch in den Weinanbau einsteigen könnte, und überlegte, warum sie in ihren wunderbaren Weinbergen nur Trauben ernteten, aber keinen Wein produzierten. Und schon machte sich die Gemeinschaft ans Werk. Dasselbe geschah mit den Oliven, die sie zu Öl verarbeiteten, und im Handumdrehen wurde auch aus Bobbys winzigem Mandelgarten eine Mandelplantage, und man stellte Mandelöl, Mandelbutter und Mandelmilch her.

Die vielen Zweifel hatten so viele Fragen aufgeworfen, so viele Versammlungen nach sich gezogen und Diskussionen über Dinge entfacht, bei denen alle unsicher waren, dass sich die bis dahin so festen Meinungen und Gewohnheiten der Gemeinschaft immer mehr veränderten. Währenddessen saß die Frau weiter Tag für Tag reglos in ihrem Liegestuhl vor ihrem Acker und beobachtete das Wachstum der undefinierbaren Pflanze, dachte nach und stellte sich Fragen.

»Was ist das nur?«, fragte sie Barnaby eines Tages, als er wieder einmal auf Händen und Knien die rätselhaften Pflanzen inspizierte.

Und Barnaby, der alles über Böden wusste, blickte zu ihr auf und antwortete: »Ich weiß es nicht.«

Die Frau schnaubte, was sowohl sie selbst als auch ihr Gegenüber überraschte, und sie hielt sich schnell die Hand vor den Mund. Aber auf einmal konnte sie nicht mehr aufhören zu lachen.

»Na, wenn du es nicht weißt, wer soll es denn dann wissen?«, meinte sie lachend.

»Aber etwas weiß ich«, entgegnete er, stand auf und fixierte sie mit seinem wissenden Blick. »Es ist ein Feld voller Ichweißnichts. Du hast Zweifel gesät, die Saat ist aufgegangen, und jetzt wächst hier eine ganze Kultur des Zweifels.«

Nachdenklich betrachtete die Frau das Feld, auf dem der Zweifel so prächtig gedieh.

»Aber ich glaube, mit dem Nichtwissen irrst du dich«, fuhr Barnaby fort. »Ich glaube, es ist deutlich zu sehen, dass du zumindest eines weißt. Du weißt, dass du etwas nicht weißt. Da bist du vollkommen sicher. Du weißt das so genau, dass es dir gelungen ist, ein ganzes Feld von Zweifeln zu züchten, einfach so, mit deinen Gedanken. Doch nur du allein kannst wissen, was du nicht weißt.«

Er hatte recht.

Mit einem Ruck richtete die Frau sich auf und sah ihn an, als hätten seine Worte eine Erleuchtung ausgelöst.

Aufmunternd nickte Barnaby ihr zu.

Sie lief los, ließ den Acker hinter sich, rannte direkt zu ihrem Auto und fuhr in Höchstgeschwindigkeit nach Hause. Auf einmal wusste sie genau, was es war, was sie nicht wusste. Sie musste es in Angriff nehmen, jetzt sofort. Auf den Feldern konnte sie Jacob nirgends entdecken, und ihr Mann war auch nicht zu Hause.

Schnell überlegte sie. Dann rannte sie quer über das Feld,

das ihr Mann und Jacob so viele Monate lang zusammen kultiviert hatten, direkt zu dem Gästehaus hinter dem Haus ihrer Eltern, in dem Jacob wohnte. Als sie an der Tür rüttelte, öffnete Jacob fast sofort, als hätte er schon auf sie gewartet.

»Ich muss mit Deacon sprechen«, sagte sie leise.

Er trat beiseite, Deacon stand überrascht auf, anscheinend hatte er sie nicht erwartet. »Hallo, Schätzchen, wir machen gerade Lunchpause. Möchtest du …«

»Warte«, unterbrach sie ihn und hielt die Hand in die Höhe. »Ich muss dir etwas sagen. Etwas, was du wissen musst.«

Jacob senkte den Blick. Deacon schaute nervös von Jacob zu seiner Frau.

»Von dem Augenblick an, als ich ›Ja, ich will‹ gesagt habe, warst du mein treuer Ehemann. Du bist mein bester Freund, seit ich denken kann. Mein Vertrauter. Mein Ein und Alles.«

Seine Augen füllten sich mit Tränen.

»Du musst doch nicht …«

»Nein, lass mich ausreden. Du hast mich lange genug gefragt, was mit mir los ist. Jetzt ist es Zeit, dass ich es dir sage.«

Jacob blickte auf, und sie erkannte die Hoffnung in seinem Gesicht.

»So lange war ich von Zweifeln erfüllt, wahrscheinlich noch länger, als mir selbst klar war, aber in mir hat sich etwas zusammengebraut. Ich war nicht sicher, was mich so unsicher machte, aber es war trotzdem da und hat ständig an mir genagt. Ich hab sogar ein ganzes Feld mit Zweifeln gesät, das echt schön aussieht. Die Saat ist rasch aufgegangen, ist immer schneller gewachsen und hat sich ausgebreitet. Aber jetzt wird sie nicht mehr weiterwachsen, Deacon, denn jetzt weiß ich, was ich nicht wusste.«

Sie holte tief Luft und atmete lange aus.

Jacob starrte sie an. Deacon wappnete sich innerlich.

»Ich weiß, dass du in Jacob verliebt bist, Deacon. Und ich weiß, dass Jacob in dich verliebt ist.«

Erschrocken schaute Deacon sie an, er wirkte ein bisschen ängstlich. Jacob nicht.

»Ich kann es sehen. Ich kann es fühlen. Ich habe euch jeden Tag beobachtet, ein ganzes Jahr lang.«

Jetzt verlor Deacon die Fassung und schlug die Hände vors Gesicht.

»Du allein hättest jahrelang ganze Felder des Zweifels heranzüchten können, überall auf dem ganzen Hügel. Aber du hast ihn versteckt und deshalb stattdessen das kultiviert, was die anderen von dir wollten. Aber die Zeit dafür ist um, Deacon, jetzt könnt ihr einfach zusammen sein. Seid gut zueinander.« Dann wandte sie sich an Jacob. »Sei gut zu diesem Mann«, sagte sie auch zu ihm, und ihre Stimme brach.

»Wo gehst du hin?«, fragte Deacon.

Sie lächelte, und auf einmal wurde sie ganz aufgeregt. »Ich weiß nicht«, antwortete sie und war sich dessen hundertprozentig sicher.

13
Die Frau, die ihren Ehemann zurückgab

Die Frau beobachtet Anita, die in ihrem Tee rührt. Der Löffel klimpert leise, wenn er gegen das Porzellan schlägt, zwölfmal umrühren und dreimal auf die Kante klopfen, damit der Tee abtropft, bevor sie den Löffel zurück auf die Untertasse legt.

Ihre andere Freundin, Elaine, beißt in ihr Scone, Marmelade und Clotted Cream quillt zwischen ihren Zähnen hervor, landet auf ihrer Lippe, ein Klacks bleibt am Mundwinkel hängen. Im Nu wischt eine pfeilschnelle Echsenzunge alles weg.

»Aber das Kleid sah toll aus an dir, warum willst du es denn zurückschicken?«, fragt Elaine, an Anita gewandt, mit vollem Mund, und bei jedem Wort sprühen Krümel in die Gegend. Anita verzieht das Gesicht. »Die Farbe hatte denselben Ton wie meine Haut, ich sah krank aus, anämisch.«

»Habt ihr schon gehört, dass Diane Anämie hat?«

»Das würde jedenfalls erklären, warum sie im Spinningkurs zweimal umgekippt ist.«

»Mir ist das auch schon mal passiert, womöglich bin ich auch anämisch«, meint Elaine und beißt wieder in ihr Scone. Diesmal landen die Krümel auf ihrem ausladenden Busen.

»Lässt du dir das Geld zurückerstatten oder tauschst du es um?«

»Ich will eine volle Rückerstattung.«

»Übrigens gebe ich Paddy zurück«, platzt die Frau endlich heraus.

Anita und Elaine starren sie so überrascht an, als hätten sie vergessen, dass sie überhaupt da ist.

»Wie bitte?«, hakt Elaine nach und legt ihr Scone auf dem Teller ab.

»Ich gebe Paddy zurück«, wiederholt die Frau mit etwas weniger Überzeugung. Beim zweiten Mal fällt ihr der Satz wesentlich schwerer. »Ich bringe ihn zurück in den Laden.«

»Existiert der denn überhaupt noch?«, fragt Anita.

»Ist das deine einzige Sorge?«, fragt Elaine.

»Na ja, es ist immerhin über dreißig Jahre her. Ich hab im Internet ein Kleid gekauft, und als ich es zurückgeben wollte, gab es den Shop nicht mehr.«

»Auf Ehemänner gibt es lebenslange Garantie, die kann man zurückgeben, wann man will, und prinzipiell kriegt man auch das Geld zurück«, verkündet Elaine.

»Es geht mir nicht ums Geld«, entgegnet die Frau etwas gereizt.

»Natürlich nicht.« Elaine und Anita wechseln schuldbewusste Blicke.

»Ich will nur mein Leben wiederhaben, mein Leben und mich selbst«, erklärt die Frau und fühlt, wie ihr Selbstbewusstsein zurückkehrt. »Ich werde am Freitag sechzig, und ich hab angefangen, darüber nachzudenken, wie ich die nächsten zwanzig Jahre meines Lebens verbringen will.«

»Zwanzig Jahre, wenn du Glück hast«, ruft Anita, und Elaine stößt sie mit dem Ellbogen an.

»Natürlich, das verstehen wir absolut«, säuselt Elaine. »Aber du solltest dich schon darauf gefasst machen, dass du nicht den vollen Betrag zurückerstattet kriegst. Bei Ehemännern machen die es einem nicht so leicht mit der Erstattung. Wahrscheinlich werden sie versuchen, dich zu einem Umtausch zu überreden.«

»So ist Valerie zu ihrem Earl gekommen.«

Die beiden rümpfen die Nase.

»Ich finde Earl ganz nett«, verteidigt ihn die Frau.

»Man hat ihn dabei erwischt, wie er an Sätteln von Damenfahrrädern rumgeschnüffelt hat. Drei Verwarnungen hat er deswegen schon bekommen.«

»Vermutlich hat Valerie das Kästchen mit *pervers* angeklickt.« Wieder die angeekelten Gesichter.

»Ich möchte Paddy aber nicht umtauschen«, beharrt die Frau, versucht ruhig zu bleiben und fragt sich, ob sie ihr überhaupt zugehört haben und ob sie als nächsten Schritt in ihrem neuen Leben womöglich ihre unerträglichen Freundinnen in die Wüste schicken sollte. Selbst ihre Freundschaften haben Schimmel angesetzt. »Ich will keinen anderen Mann, ich will nur Paddy nicht mehr.«

»Da scheinst du dir ja ziemlich sicher zu sein.«

»Ja, da bin ich sogar ganz sicher.«

»Hast du es ihm schon gesagt?«

»Ja. Ich bringe ihn morgen Nachmittag zurück.«

Die beiden anderen schnappen hörbar nach Luft.

»Falls man dir doch nur einen Umtausch zubilligt, musst du dir einen in derselben Preisklasse aussuchen«, gibt Elaine zu bedenken.

»Meint ihr, er ist jetzt mehr wert?«, fragt die Frau, obwohl sie sich eigentlich nicht auf dieses Thema einlassen will.

»Nein, weniger!«, rufen ihre Freundinnen wie aus einem Mund.

»Schließlich ist er inzwischen über dreißig Jahre älter«, erklärt Anita. »Für zweiundsechzigjährige Opas besteht bestimmt keine reißende Nachfrage.«

»Ja, schon, aber ich dachte immer, Reife wäre ein Pluspunkt«, meint die Frau und denkt an Paddy, der bald nicht mehr ihr Paddy sein wird.

Elaine schnaubt und schmiert sich noch mehr Marmelade und Clotted Cream auf ihr zweites Scone.

»Du kannst aber immer was drauflegen, wenn dir was Kostspieligeres gefällt.«

»Ich will Paddy aber nicht umtauschen«, beharrt die Frau und verdreht genervt die Augen. »Ich gebe ihn zurück und damit basta.«

»Warten wir es ab«, sagt Anita und verbirgt ihr Grinsen hinter ihrer Teetasse.

»Weißt du, es gibt dort jetzt auch Frauen«, wirft Elaine ein. »Die haben modernisiert, seit sich die Gesetzeslage geändert hat. Vielleicht möchtest du lieber eine Ehefrau.«

»Nein, ganz bestimmt nicht«, schnaubt die Frau.

»Wanda Webster hat sich eine Frau gekauft.«

»Also meinetwegen kann Wanda Webster tun und lassen, was sie will. Ich kaufe jedenfalls keine Frau. Ich gebe nur Paddy zurück.«

Schweigen.

»Was sagt Paddy dazu?«, fragt Anita.

Na endlich, denkt die Frau.

Aber weil sie unachtsam geworden ist, füllen sich ihre Augen mit Tränen. »Er war total aufgelöst.«

»Aber schau, er wusste doch die ganze Zeit, dass diese

Möglichkeit besteht. Außerdem können die Kids ihn ja weiterhin besuchen, egal, wo er dann wohnt oder ob jemand anderes ihn nimmt«, meint Anita versöhnlich.

Aber die Frau hat plötzlich einen Kloß im Hals. »Daran hab ich noch gar nicht gedacht. Dass jemand anders ihn kaufen könnte, meine ich.«

»Ach, darüber würde ich mir keine Sorgen machen«, versucht Elaine sie zu beruhigen, beißt in ihr Scone und fügt mit vollem Mund hinzu: »Ich kann mir nicht vorstellen, dass das passiert.«

Jetzt hat sie einen Klecks Sahne auf der Nase. Auf einmal fühlt die Frau sich, als müsste sie Paddy verteidigen, und beschließt, Elaine nicht auf die Sahne hinzuweisen. Für Paddy.

Die Frau starrt auf die Formulare, die Schrift verschwimmt dauernd vor ihren Augen. *Grund der Rückgabe/des Umtauschs.* Die Worte sind unleserlich, in dem winzigen Kabuff kriegt sie kaum Luft, und selbst die gummiartige Grünpflanze macht einen deprimierten Eindruck. An der niedrigen Decke fehlt eine Platte, so dass man die Rohrleitungen sieht, den Staub, das Skelett des Lagerhauses.

Man hat Paddy weggeführt und für seinen Papierkram in ein anderes Büro gebracht. Bevor die Tür sich hinter ihm schloss, hat er ihr ein sanftes trauriges Lächeln zugeworfen, und ihr tat das Herz weh – sein nettes Gesicht, die Erinnerungen, die sie bei seinem Anblick überschwemmten. Bis zuletzt hat er darauf bestanden, dass er ihre Entscheidung okay findet, dass er sie versteht und ihr keine Vorwürfe macht. Nachdem sie sich so lange mit ihren Schuldgefühlen herumgeplagt hat, ist sie in gewisser Weise schon erleichtert, sie hat sich diesen Moment so oft vorgestellt, sie war ständig damit beschäftigt, sich zu fragen, ob sie überhaupt den Mut zu dieser Veränderung aufbringen würde – und jetzt sitzt sie hier und hat es tatsächlich geschafft. Mitten im Tornado der Angst entwickelt sich ein Hochgefühl. Es ist passiert, sie hat das Schlimmste hinter sich.

Während sie beide hier in den grauen Büros herumgesessen und Formulare ausgefüllt haben, hat der schwarze und der Diskretion halber unmarkierte Van des Ehemarkts Paddys Habseligkeiten abgeholt. Wenn die Frau nachher nach Hause kommt, wird es sein, als wäre Paddy nie dagewesen, als hätte es ihre Ehe nie gegeben. Ihr Zusammenleben ist spurlos gelöscht.

Wieder spürt sie diesen Stich. Die ganzen fünfunddreißig Jahre einfach in einem kleinen Lieferwagen abtransportiert.

»Haben Sie Probleme mit dem Ankreuzen?« Susan, die Managerin mit den aufgebauschten Haaren und rotgeschminkten Lippen, unterbricht ihre Grübelei. »Unter uns gesagt, Schätzchen«, fährt sie fort und senkt die Stimme zu einem Flüstern, »spielt es überhaupt keine Rolle, wo Sie Ihr Häkchen machen.«

»Für Sie vielleicht nicht.« Die Frau richtet sich auf und reckt das Kinn. Dann geht sie die Liste noch einmal durch. Im Lauf der Jahre hat sie so viel an Paddy gestört: seine Schlampigkeit, das ständige Chaos, die leeren Klopapierrollen auf dem Klopapierhalter, die in den Schrank zurückgeräumten leeren Packungen. Seine Geschichte mit dieser Frau vor siebenundzwanzig Jahren. Sein Schnarchen. Seine Unbeholfenheit bei heiklen Themen. Das plärrende Radio, immer nur Sport im Fernsehen. Schuhe und Jacken, die achtlos abgeworfen wurden, wo man gerade ging oder stand, und dort liegen blieben. Dieselben langatmigen Anekdoten mit denselben alten Freunden. So ungefähr jeden Tag hat sie an ihm herumgenörgelt, hat seinen Charakter Schicht um Schicht freigelegt und immer etwas Neues an ihm entdeckt, was sie nervte.

Entschlossen konzentriert sie sich wieder auf die Liste der Rückgabegründe.

Zu groß
Zu klein
Schlechte Passform
Nicht wie beschrieben/abgebildet
Material
Farbe
Qualität
Preis
Zu spät geliefert
Gefällt mir nicht mehr
Defekt/fehlerhaft

Paddy war nicht defekt, er war nicht fehlerhaft, am Material seines Wesens ist prinzipiell nichts auszusetzen, er ist ihr einfach nur langweilig geworden, sie liebt ihn nicht mehr. Und sie ist sicher, dass auch er sie nicht mehr liebt. Aber er wollte nicht weg. Er ist der Bleibetyp. Der sich mit den Dingen abfindet, auch wenn sie ihn stören. Sie haben sich gegenseitig geärgert, haben gestichelt und sich angemeckert. Aber Paddy ist ein guter Mann, ein großartiger Vater und ein fürsorglicher Großvater.

Sie kreuzt *Gefällt mir nicht mehr* an und unterschreibt dann unten auf der Seite.

»Wunderbar.« Susan nimmt ihr die Papiere ab, macht sich an ihrem Schnellhefter und ihren Stempeln zu schaffen, schiebt emsig Papiere herum. Dabei redet sie, als hätte sie diese Sätze schon tausendmal heruntergebetet, aber sich nie Gedanken über ihre Bedeutung gemacht. »Sicher ist Ihnen bekannt, dass wir Ihnen derzeit nicht den vollen Kaufpreis zurückerstatten können, deshalb werde ich …«

»Moment mal«, fällt die Frau ihr ins Wort, »man hat mir gesagt, dass ich den vollen Preis zurückbekomme. Ich habe meinen Mann 1983 gekauft, und die Konditionen von damals sind bis heute rechtsgültig. Das habe ich mit einer Kundenberaterin namens Grace genauestens überprüft.« Sie wühlt in ihrer Tasche nach ihrem Terminkalender, in dem sie sich alles notiert hat.

Susan lächelt zwar, aber man merkt ihr an, dass sie allmählich ungeduldig wird.

Vor dem Büro treffen Leute ein, und die Frau spitzt die Ohren, ob sie unter ihnen vielleicht Paddys Stimme erkennt, aber es sind nur Kunden, die vermutlich darauf warten, etwas kaufen oder zurückbringen zu können. Wie auch immer, Susan hat es eilig.

»Das ist richtig, aber als ich Ihre Quittung noch einmal genauer studiert habe, ist mir aufgefallen, dass Sie Paddy im Sonderangebot gekauft haben, und in solchen Fällen gibt es leider keine volle Erstattung.« Sie redet weiter, aber die Frau fühlt sich plötzlich zurückversetzt in den Moment, als sie Paddy entdeckt hat. Sie hatte genug Geld, aber er war ein Sonderangebot, und das erschien ihr … na ja, eben besonders. Dass er neben einem großen goldenen Stern stand, auf dem das Wort *SUPERPREIS* prangte, war ein Zeichen für sie gewesen. Nicht nur im buchstäblichen Sinn.

»Wir können Ihnen einen Umtausch anbieten, also einen Mann oder eine Frau aus derselben Preisklasse. Oder einen Gutschein im selben Wert.«

Die Frau macht ein schockiertes Gesicht, Susan rutscht unbehaglich auf ihrem Stuhl herum.

»Aber ich will keinen Umtausch. Ich bin nicht hergekommen, weil ich einen anderen Mann suche.«

»Dann wäre ein Gutschein ganz sicher das Richtige«, meint Susan und knallt den Stempel auf das Formular. Damit ist das Gespräch für sie beendet, sie holt einen kleinen Umschlag aus einer Schublade, schiebt ihren Stuhl zurück, steht auf und streckt der Frau den Gutschein entgegen.

»War mir ein Vergnügen.«

»Das war's?« Zögernd steht die Frau auf.

»Wir sind fertig, ja«, bestätigt Susan lachend. »Jetzt sind Sie eine freie Frau. Zum Parkhaus gehen Sie bitte durch die grüne Tür und halten sich dann links, der Ehemarkt befindet sich rechts, falls Sie sich dort doch noch ein wenig umschauen möchten.«

»Wo ist Paddy?«

»Er ist weg«, antwortet Susan und kann ihre Überraschung nicht verbergen.

»Weg? Aber ...« Das Herz der Frau pocht wild, Panik überschwemmt sie. »Aber ich konnte mich überhaupt nicht von ihm verabschieden.«

Susan geht um den Schreibtisch herum, legt der Frau die Hand auf den Rücken und schiebt sie sanft durch die Tür und über den Korridor in Richtung Parkhaus. »Es ist leichter so, glauben Sie mir.«

Die Frau denkt an Paddys trauriges Lächeln. Das war

seine Art, sich zu verabschieden, er wusste Bescheid. »Wo ist er?« Vor der grünen Tür bleibt die Frau stehen.

»Wir werden uns gut um ihn kümmern, keine Sorge. Er wird jetzt erst mal ein bisschen zurechtgemacht, und dann kommt er wieder auf den Markt.« Sie öffnet die grüne Tür.

»Wieder auf den Markt?«, wiederholt die Frau entsetzt und fühlt im Kreuz wieder Susans Hand, die sie weiterschiebt. »Aber Paddy kriegt das doch nicht geregelt. Er fängt nicht gern Neues an, mit neuen Leuten. Er ist zweiundsechzig.«

»Natürlich bringen wir ihn nicht ohne seine Zustimmung auf den Markt. Er ist schließlich ein Mensch – und kein Stück Fleisch«, verspricht Susan und lacht leise. »Paddy hat angekreuzt, dass er wieder gekauft werden möchte. Und Männer wie er stehen zurzeit hoch im Kurs, die Nachfrage nach gerade zurückgegebenen Männern ist enorm. Lassen Sie sich das gesagt sein, es gibt viele Menschen, die Wert auf einen älteren, erfahrenen Mann legen. Problematisch sind nur die Ladenhüter. Aber beispielsweise wünschen sich viele Frauen, die einen langjährigen Partner verloren haben, jemanden, der ebenfalls aus einer langen, festen Beziehung kommt. Paddy hat also gute Erfolgsaussichten. Es gibt eine Menge abenteuerlustige Leute. Und eine Menge Leute, die einsam sind.«

Die Frau hat das Gefühl, dass sie schreien wird, wenn sie noch ein einziges Mal die Worte »eine Menge« aus Susans Mund hört.

Aber Susan lächelt nur milde und sagt: »Viel Glück. Sie wissen ja, wo wir zu finden sind, falls Sie Lust bekommen, Ihren Gutschein einzulösen.«

Damit schließt sie die grüne Tür, die aus Stahl und von

außen unlackiert ist. Als die Tür mit einem Knall, der überall in dem leeren Parkhaus widerhallt, ins Schloss fällt, zuckt die Frau heftig zusammen. Ihr Auto steht allein im Rückgabebereich, während die Sektion für die Käufer fast vollständig besetzt ist. Langsam geht die Frau zu ihrem Auto, hört ihre Schritte auf dem Beton klacken, jedes Geräusch, jeder Moment, alles erscheint ihr intensiver, und sie fühlt sich so einsam wie nie zuvor in ihrem ganzen Leben.

Auf der Fahrt nach Hause kann sie nicht aufhören zu weinen, die Tränen strömen ihr übers Gesicht. In ihrer Brust fühlt sie eine schmerzhafte Leere, dann überfällt sie eine Welle der Angst und des Verlusts. Doch als sie zu Hause ankommt, sind die Tränen versiegt, Traurigkeit hat sich in Erleichterung verwandelt, die Panik in erwartungsvolle Spannung. Ein Neuanfang.

Das Haus ist still. Die Kinder sind schon lange ausgezogen, sie haben geheiratet und inzwischen selbst Kinder, arbeiten und sind gestresst. Das Leben der Frau dagegen ist ruhiger geworden, und ihnen dabei zuzuschauen, wie sie sich über Kleinigkeiten aufregen, erinnert sie daran, wie gigantisch sich die Anforderungen dieser Lebensphase auch für sie angefühlt haben. Das hat ihr bei ihrer Entscheidung viel geholfen. Es ist Zeit, dass sie endlich ohne Schuldgefühle ihr eigenes Leben lebt, Zeit, dass sie sich entspannt, glücklich ist und Schluss macht mit dem Gefühl, anderen etwas schuldig zu sein. Sie gibt niemandem mehr die Schuld für ihren eigenen Frust, sie hat ihr Leben bei den Hörnern gepackt und die Verantwortung für sich selbst übernommen. Sie kann nicht mehr an Paddy herumnörgeln, sie muss selbst für Veränderung sorgen.

Zuerst einmal putzt sie das Haus von oben bis unten, kein Stäubchen bleibt übrig. Sie staunt, wie viel Platz sie ohne Paddys Klamotten in ihrem Schrank hat. Das Gästezimmer kann wieder von Gästen genutzt werden – seit fünf Jahren hat Paddy dort geschlafen, weil er immer lauter schnarchte, je dicker er wurde. Und er war nicht bereit, etwas dagegen zu unternehmen.

Nach dem Putzen trinkt sie eine ganze Flasche Weißwein und schaut sich im Fernsehen eine trashige Realityshow an, ohne Paddys Seufzen und Grummeln ertragen zu müssen.

In den folgenden Tagen kocht sie die Pasta zu kurz, das Fleisch zu lang, isst Artischocken, nur weil sie es kann, und nimmt ein paar Pfund ab, weil sie nur dann etwas zu sich nimmt, wenn sie wirklich Hunger hat, und nicht, weil Paddy etwas essen will. Das Recycling klappt, alles ist dort, wo es hingehört, niemand sorgt für Unordnung. Die Frau lebt nach ihrem eigenen Rhythmus und muss auch nicht wie auf Eiern gehen, weil Paddy mal wieder schlechte Laune hat. Sie kann Besuch empfangen, wenn sie Lust dazu hat, und braucht freitags nicht mehr mit Paddys Freunden und ihren lästigen Frauen in den Pub zu gehen. Sie gestaltet ihre Welt so, wie es ihr gefällt. Sie ist nicht mehr unzufrieden und gereizt.

Manchmal allerdings wacht sie nachts auf und weint.

An manchen Tagen sitzt sie eine Weile in Paddys ehemaligem Schlafzimmer und atmet die letzten Reste seines Geruchs ein. In Kaufhäusern schnuppert sie gelegentlich an dem Aftershave, das er benutzt hat. Ein paar von seinen Lieblingsspeisen schleichen sich heimlich in ihren Einkaufswagen. Als ihr Sohn und ihre Tochter sie besuchen und erzählen, dass ihr Vater gekauft worden ist, weint sie.

Eines Tages ist sie auf dem Weg zum Baumarkt, um die Glühbirnen umzutauschen, die sie aus Versehen für die Nachttischlampe gekauft hat, und fährt fast das Auto zu Schrott, als sie sieht, dass Paddy im Nachbarsgarten das Gras mäht. Gerade will sie anhalten, da geht die Haustür auf und Barbara, sechsundvierzig Jahre alt, kommt heraus, übers ganze Gesicht grinsend, in der Hand eine Tasse Kaffee.

Paddy nimmt sie ihr ab und lächelt dabei so strahlend, wie er es in Anwesenheit der Frau nie getan hat, und dann küssen sich die beiden auch noch. Lang und inbrünstig.

Die Frau wendet, fährt zurück und verlässt die nächsten drei Tage das Haus nicht mehr.

»Ich verstehe ja, dass Sie durcheinander sind. Es ist schwer, die Vergangenheit hinter sich zu lassen, aber es ist jetzt über einen Monat her, und wir befolgen nur die Regeln. Paddy ist gleich am ersten Tag, als er auf dem Markt war, wieder gekauft worden.«

»Von Barbara Bollinger«, stößt die Frau wütend hervor.

»Ich darf Ihnen den Namen der Käuferin nicht nennen.«

»Ich weiß sowieso, wer sie ist, ich hab die beiden zusammen gesehen. Sie wohnen in meiner Straße. Ich sehe sie praktisch jeden Tag.«

»Jetzt bin ich etwas verwirrt. Stört Sie die geographische Nähe oder die neue Beziehung Ihres Exmannes?«

»Beides!«, schreit die Frau, und Tränen schießen ihr in die Augen.

»Vielleicht wäre jetzt der richtige Zeitpunkt, Ihre Gutschrift einzulösen«, meint Susan, und ihre Augen funkeln schelmisch.

Schon öffnet sie die Tür zum Markt, und die Frau sieht,

dass sich hier seit der Zeit, als sie Paddy gekauft hat, einiges verändert hat – hier sieht es inzwischen eher aus wie in einem großen Warenlager. Männer in allen Farben, Formen und Größen sitzen oder stehen auf deckenhohen Regalen, während potentielle Kunden und Kundinnen durch die Gänge flanieren und das reiche Angebot begutachten, als machten sie ihren Wocheneinkauf. Wenn jemand einen Mann entdeckt, der nach ihrem oder seinem Geschmack ist, liest sich der oder die Betreffende die Informationen auf dem daneben angebrachten Schild durch, als wären es die Zutaten bei einem Lebensmittel im Supermarkt. Besteht das Interesse danach weiterhin, wird eine hydraulische Hebebühne herangefahren, um den Mann vom Regal zu holen.

Die ausgestellten Männer vertreiben sich die Zeit mit Plaudern, schreiben SMS auf ihren Handys, iPads und Laptops, ein paar von ihnen lesen auch. Einige sind offensichtlich unterwegs zu ihrer terminplanmäßigen Pause, andere kommen von ihrer Auszeit zurück.

Susan führt die Frau zu einer Reihe von Computern und erklärt: »Seit Ihrem ersten Besuch vor fünfunddreißig Jahren sind wir wesentlich moderner geworden. Hier können Sie anhand eines Fragenkatalogs einfach Ihre Wünsche eingeben, dann bekommen Sie auf Basis Ihrer Vorlieben entsprechende Vorschläge. Es ist einfacher, in der Datenbank auf dem Computer zu suchen als die Regale zu durchforsten. Wir versuchen zwar, alle Männer zugänglich zu machen, aber auf den oberen Regalen ist das nicht immer so einfach, deshalb gibt es vor allem seitens der Männer oft Klagen. Wir arbeiten daran, aber ich habe auch den Eindruck, dass manche Frauen sich gerade die oberste Region besonders genau anschauen, als wären die wertvollen Angebote ganz oben verstaut, um sie zu schützen. Wie im Zeitungskiosk, wenn Sie verstehen, was ich meine«, fügt sie augenzwinkernd hinzu. »Diejenigen, die sich hauptsächlich für Äußerlichkeiten interessieren, schauen sich als Erstes in der Halle um, wählen ein paar Favoriten aus und schauen erst dann die Details nach, aber ich denke, für Sie wäre das nichts – Sie wollen sich lieber erst über die Einzelheiten informieren.«

»Woher wissen Sie das?«

»An Paddy haben Sie vor allem seine kleinen Marotten kritisiert. Deshalb gehe ich davon aus, dass Sie nach Persönlichkeitsmerkmalen Ausschau halten, die er nicht hat. Schauen Sie sich den Fragekatalog doch ruhig mal durch. Falls es Probleme gibt, hilft Candice Ihnen gerne weiter.«

Die Fragen sind sehr detailliert, aber durchaus kurzweilig. Das Programm führt durch eine Reihe von Szenarien, und man soll beantworten, welche Reaktionen man sich von einem Ehemann wünschen würde. Susan hat natürlich recht – die Frau entscheidet sich fast immer für das Gegenteil dessen, was sie von Paddy gewohnt ist.

Wenn er ruhig geblieben ist, hätte sie sich mehr Leidenschaft gewünscht.

Wenn er die Beherrschung verloren hat, wäre ihr mehr Gelassenheit lieber gewesen.

Wenn er ausführlich über ein Thema redete, wurde ihr schnell langweilig, und sie hätte sich erhofft, er würde auch einmal auf ihre Interessen eingehen.

So ist der ganze Fragenkatalog für sie eine Art Abrechnung mit Paddy, bis schließlich ein roter Knopf über dem Computer die erste Übereinstimmung signalisiert, als hätte sie an einem Spielautomaten Geld gewonnen.

Sein Name ist Andrew, er ist zehn Jahre jünger als die Frau. Er räumt seine Klamotten auf, wie sie es für angemessen hält, er stellt seine Schuhe ordentlich in eine Reihe. Er kocht gern. Beim Essen ist er vollkommen unkompliziert. Er empfängt gern Gäste, schaut sich Soaps ohne störende Kommentare an und begleitet die Frau zu einem Aquarellmalkurs. Er beschützt sie, ist aber auch stolz, wenn andere Männer ihr Aufmerksamkeit schenken. Er ist ein rücksichtsvoller Liebhaber.

Auf dem Papier, beziehungsweise auf der Festplatte, ist er perfekt für sie.

Und trotzdem. Trotzdem ist die Frau irritiert, frustriert und merkt immer deutlicher, dass – ganz egal, mit wem sie zusammen ist – *sie* doch immer dieselbe bleibt. Sie muss endlich aufhören, ständig alle anderen in ihrer Umgebung verändern zu wollen, denn sie ist es selbst, die sich das Leben schwermacht.

Eines Morgens bleibt sie mit zugezogenen Vorhängen lange im Bett, was für sie höchst ungewöhnlich ist, jetzt aber schon zum vierten Mal in Folge geschieht – seit ihre Kinder und Enkel einen Tag in Paddys neuem Zuhause verbracht haben, zusammen mit Paddys neuer Flamme. Die Frau hat ihre Autos vor dem Haus stehen sehen und ihre Enkelkinder in Barbara Bollingers Garten spielen hören, immer wieder wehte Lachen und fröhliches Geplauder durchs offene Fenster zu ihr herein. Ob nun real oder nur eingebildet – die Geräusche waren für sie eine Folter.

Als Andrew an die Schlafzimmertür klopft, setzt sie sich hastig auf und streicht sich die Haare zurecht. Er bringt ihr ein Frühstückstablett mit mexikanischen Huevos Rancheros. Für Paddy wäre so etwas undenkbar gewesen.

»Danke, Andrew, du bist so lieb«, sagt sie, was zwar von Herzen kommt, aber trotzdem selbst für ihre eigenen Ohren irgendwie bemüht klingt. Wieder einmal nimmt sie sich vor, ihm in Zukunft mehr zu geben – mehr von dem, was er verdient.

Er setzt sich zu ihr auf die Bettkante, dieser großartige, attraktive Mann, und sagt ihren Namen, aber in einem Ton, der sie stutzen lässt, denn es klingt wie eine Warnung. Sie legt die Serviette weg und merkt, dass sie anfängt zu zittern. Haltsuchend greift sie wieder nach der Serviette, wickelt sie sich um den Finger und schaut zu, wie die weiße Haut violett anläuft, als das Blut sich staut.

»Heute ist unser vierzehnter Tag zusammen«, beginnt Andrew. Sie nickt.

»Weißt du, was am fünfzehnten Tag passiert?«

Ihre Augen werden groß, denn sie fürchtet, dass er etwas von ihr verlangen wird, was sie ihm nicht zu geben bereit ist – es hat ihr zwar durchaus gefallen, dass er etwas experimentierfreudiger ist als Paddy, aber viel weiter möchte sie nicht gehen.

Er lacht und streicht mit den Fingerknöcheln über ihre Wange. »Schau mich nicht so besorgt an. Morgen ist der letzte Tag, an dem du mich zurückgeben kannst und die vollständige Erstattung bekommst.«

»Oh.«

»Also hab ich meine Sachen gepackt. Ich bin bereit zurückzukommen, wann immer du es willst. Aber jetzt iss erst mal dein leckeres Frühstück«, fügt er mit einem traurigen Lächeln hinzu.

»Andrew, ich glaube, das ist ein Missverständnis. Ich möchte dich nicht zurückgeben.«

»Wirklich nicht?« Er mustert sie aufmerksam.

»Hat es ... hat es dir bei mir nicht gefallen?«

Er lächelt sie an. »Doch, natürlich, ich denke, das ist offensichtlich.«

Sie wird rot.

Liebevoll ergreift er ihre Hand. »Aber wir passen nicht wirklich zusammen, und ich denke, das merkst du auch. Deine vorige Beziehung zeigt, dass du trotzdem bei mir bleiben würdest. Weil du denkst, es ist richtig so, weil du denkst, es ist leichter. Aber leider stimmt das nicht. Außerdem verliere ich an Wert, wenn ich bleibe.«

Auch wenn es schmerzt, ihn das sagen zu hören, weiß sie, dass er recht hat.

»Ich möchte nicht entwertet werden. Ich bin ein guter Mann. Ich möchte dafür geschätzt werden, wie ich wirklich bin, für meinen tatsächlichen Wert.«

Die Frau nickt, endlich hat sie verstanden. Dass sie so lange bei Paddy geblieben ist, hat sie beide entwertet. Nachdenklich hebt sie Andrews Hand an ihre Lippen und küsst sie.

Und so packt Andrew seine Habseligkeiten in den Kofferraum, und zum zweiten Mal macht die Frau sich bereit, ihren Mann zurückzugeben.

Paddy blickt von der anderen Straßenseite herüber und beobachtet, die Gartenschere in der Hand, was vor sich geht. Zum ersten Mal seit Monaten begegnet die Frau seinem Blick, und ihr Herz beginnt zu pochen, ihr Magen zieht sich zusammen. Auf einmal hat sie eine enorme Sehnsucht nach ihm, ihr tut alles weh vor Verlangen und vor Traurigkeit über das, was sie losgelassen, was sie freiwillig weggegeben hat. Paddy zu sehen, fühlt sich geborgen an, und sie bekommt schreckliches Heimweh.

Andrew bemerkt ihren Blick.

Im nächsten Augenblick erscheint Barbara mit einer Tasse Kaffee, die langen blonden Haare aus dem Gesicht gekämmt, das Sommerkleid bis zum Oberschenkel aufgeknöpft.

Der Frau wird ganz übel.

»Es ist in Ordnung, wenn du deine Meinung änderst, weißt du«, sagt Andrew leise. »Es bedeutet nicht, dass du etwas falsch gemacht hast. Ich weiß, wie viel dir daran liegt, alles richtig zu machen«, fügt er mit einem kleinen Lächeln hinzu.

Wortlos steigt die Frau ins Auto und lässt den Motor an.

Als sie vom Männermarkt zurückkommt, parkt sie und geht langsam hinein in das leere Haus, das sich nicht mehr wie ein Zuhause anfühlt. Nachdenklich betrachtet sie den Flur – den ordentlich aufgeräumten Flur. Sie lauscht in die Stille. Sie weiß, diese Ordnung ist ein kleiner Sieg in einem Krieg, den sie verloren hat. Endlich begreift sie, was ihr schon seit geraumer Zeit zu schaffen macht: Das alles würde sie gern dafür eintauschen, dass sie Paddy zurückbekommt.

Kurz entschlossen reißt sie die Haustür auf, rennt über die Straße und klopft an Barbaras Tür.

Barbara öffnet, wundert sich, als sie die Frau sieht, ist aber freundlich zu ihr.

»Tut mir leid, wenn ich störe«, beginnt die Frau, »aber ich möchte Paddy zurückhaben.« Atemlos fügt sie hinzu: »Ich brauche ihn nämlich.«

»Tut mir leid, aber Paddy ist mein Mann, Sie können ihn

nicht einfach so zurückfordern«, entgegnet Barbara ziemlich perplex.

»Mit Verlaub, Barbara, er gehört nicht mir, aber Ihnen auch nicht. Er ist Paddy. Tut mir wirklich leid, es ist mir klar, dass das für Sie sehr schwer ist, und ich habe mir wirklich Mühe gegeben, nicht noch jemandem das Leben zu ruinieren, aber ich habe nicht einfach meine Meinung geändert, sondern eine ganz neue Entscheidung getroffen«, erklärt sie sachlich. »Ich möchte mit Paddy zusammen sein. Ich vermisse dich, Paddy«, ruft sie laut in den Korridor. »Und ich liebe dich.«

Wie aufs Stichwort erscheint Paddy. Er lächelt die Frau an, mit seinem wunderbar vertrauten Lächeln, das sich nach und nach in ein breites Grinsen verwandelt.

»Da ist sie ja!«, sagt er. »Meine Retterin.«

»Ich wusste nicht, dass du gerettet werden musst«, meint Barbara, zu Recht gekränkt.

»*Wir* mussten gerettet werden«, korrigiert Paddy sie schlicht. »Und sie war diejenige, die den Mumm dazu hatte. Tut mir leid, Barbara.«

»Eigentlich kann ich mir dich gar nicht leisten, Paddy«, gesteht die Frau. »Ich hab deinen Preis gecheckt, du bist zu teuer für mich. Aber ich habe einen Gutschein, und für den Rest kann ich einen Kredit aufnehmen.« Sie sieht Barbara an. »Ich gebe Ihnen jeden Cent, den ich besitze, Barbara, und alles, was ich in Zukunft verdiene«, beteuert sie und sieht wieder Paddy an. »Kommst du bitte zurück nach Hause, Paddy?«

Barbara tritt beiseite und mustert Paddy. Gegen eine solche Liebe kann sie keine Einwände erheben.

»Das ist alles, was ich will«, antwortet Paddy.

Wieder zu Hause, hängt Paddy seine Jacke über einen Stuhl und lässt den Koffer im Flur stehen. Dann zieht er die Frau an sich, um sie zu küssen, aber er unterschätzt seine Kraft, seine plötzliche Bewegung raubt ihr das Gleichgewicht, und sie knallen mit Nase und Zähnen zusammen. Weil er schneller zurückweicht, als sie erwartet, spürt sie seinen Fuß auf den Zehen und bekommt, als sie sich ihm entgegenreckt, einen Krampf im Nacken.

All das ist unbeholfen und überhaupt nicht perfekt. Aber es ist real und aufrichtig, und es ist alles, was sie will.

14
Die Frau, die ihren
gesunden Menschenverstand verlor

Man fand sie mitten auf einer dreispurigen Autobahn, wie sie um acht Uhr an einem Montagmorgen durch den Berufsverkehr wanderte. Es wäre noch gefährlicher gewesen, hätte es an der Ausfahrt nicht einen Unfall gegeben, der einen massiven Stau nach sich zog. Sie ging an den Autos vorbei und schaute mit entschlossenem – manche meinten auch abwesendem – Gesichtsausdruck stur geradeaus.

Durch ihre Windschutzscheiben starrten die Autofahrer sie an, so früh am Morgen noch nicht wach genug, um zu begreifen, was sie da vor sich sahen – eine Frau Mitte dreißig im Morgenmantel und mit Joggingschuhen an den Füßen. Ein paar dachten, sie wäre vielleicht in den Unfall verwickelt gewesen, als sie ihre Kinder im Pyjama zur Schule bringen wollte, und stünde nun so unter Schock, dass sie sich von der Unfallstelle entfernt hatte. Ein paar versuchten, sie zu ihrer Sicherheit zum Einsteigen in ihr Auto zu bewegen, was die Frau geflissentlich ignorierte, andere hielten sie für verrückt und verriegelten hastig die Autotüren, als sie sich näherte.

Nur ein einziger Mensch rief die Polizei.

Officer LaVar und seine Partnerin Lisa befanden sich in der Nähe und waren somit auch die Ersten, die Kontakt zu der Frau aufnahmen, deren Lage inzwischen deutlich gefährlicher geworden war, da sie das Ende des Staus erreicht hatte und nun geradewegs auf den ihr mit 120 Stundenkilometern entgegenbrausenden Verkehr zumarschierte. Die Fahrer bremsten, hupten und ließen die Warnblinkanlage aufleuchten, um den Verkehr hinter sich zu warnen. Aber das hielt die Frau nicht auf.

Erst als LaVar und Lisa mit heulenden Sirenen auf dem Seitenstreifen angerast kamen, schien die Frau aus ihrer Trance zu erwachen und blieb endlich stehen. Die Polizisten schafften es, den Verkehr zum Stillstand zu bringen, was zu einem neuen Stau führte, und eilten zu der Frau, natürlich mit äußerster Vorsicht, denn niemand konnte wissen, wie sie reagieren würde.

»Gott sei Dank«, sagte sie und lächelte erleichtert. »Ich bin so froh, dass Sie endlich gekommen sind.«

LaVar und Lisa schauten einander an, erstaunt, dass die Frau sie so freundlich empfing. Nicht einmal Handschellen schienen in ihrem Fall notwendig zu sein, und so brachten sie die Frau am Straßenrand in Sicherheit.

»Es ist ein Notfall«, erklärte die Frau dann mit ernster Stimme. »Ich möchte eine Anzeige machen. Jemand hat mir meinen gesunden Menschenverstand gestohlen.«

Die Sorge verschwand aus LaVars Gesicht, dafür wurde sie auf dem von Lisa deutlich ausgeprägter. Höflich baten sie die Frau, in den Streifenwagen zu steigen, und fuhren zur Polizeiwache. Dort setzte LaVar sich mit ihr in den Verhörraum, denn Lisa schaffte es einfach nicht, ein einigermaßen neutrales Gesicht aufzusetzen. Vor ihnen standen zwei Pappbecher mit milchigem Tee.

»Also, dann erzählen Sie mir doch mal, was Sie da draußen gemacht haben.«

»Das hab ich Ihnen doch schon gesagt«, antwortete die Frau in höflichem Ton. »Ich wollte ein Verbrechen melden. Jemand hat mir nämlich meinen gesunden Menschenverstand gestohlen.«

Sie hob den dampfenden Pappbecher an die Lippen.

»Vorsicht, der Tee ist sehr ...«, versuchte er sie zu warnen, was ihm allerdings nicht rechtzeitig gelang. Die Frau zuckte zusammen, als sie sich den Mund verbrannte.

»Sehen Sie«, sagte sie, nachdem sie sich wieder erholt hatte. »Welcher Mensch, der bei Verstand ist, macht denn so was?«

»Da ist was dran«, gab LaVar zu.

»Oh, ich weiß, Sie halten mich für verrückt«, sagte die Frau und legte die Hände um den heißen Becher. »Wer klaut einem anderen Menschen denn schon den Verstand? Und wie soll das überhaupt gehen?«

LaVar nickte. Das waren gute Fragen. Berechtigte Fragen.

»Woher wissen Sie denn, dass er gestohlen worden ist?«, fragte er. »Vielleicht haben Sie ihn ja verloren.«

»Auf gar keinen Fall«, widersprach sie sofort. »Ich bin immer sehr vorsichtig. Ich achte darauf, nichts zu verlieren, alles an den richtigen Platz zu räumen, und bei etwas wie meinem gesunden Menschenverstand ... nein, den hab ich bestimmt nicht verloren«, beendete sie den Satz kopfschüttelnd. »Ich behalte ihn immer bei mir und passe gut auf ihn auf. Er ist für mich eine absolute Notwendigkeit, genau wie mein Handy. Ich habe ihn immer bei mir.«

»Okay, okay.«

»Jemand hat ihn gestohlen«, wiederholte sie. »Das ist die einzige logische Erklärung.«

»Na gut«, meinte er und beugte sich ihrer Überzeugung. »Dann suchen wir also einen Straftäter.«

»Ja«, bestätigte sie, erleichtert, dass sie endlich ernstgenommen wurde.

»Haben Sie denn irgendeine Vorstellung, wer es gewesen sein könnte? Haben Sie vielleicht etwas Verdächtiges beobachtet?«

Die Frau schüttelte den Kopf und biss sich auf die Unterlippe.

Auch LaVar dachte nach. »Oder anders gefragt: Hatten Sie denn einen besonders guten Verstand? Einen, um den andere Menschen Sie womöglich beneidet haben?«

»Davon gehe ich aus«, antwortete sie.

»Dann war also allgemein bekannt, dass Sie einen guten Verstand besitzen? Ich versuche mich jetzt einfach mal in den Täter hineinzuversetzen. Einbrecher nehmen ja auch die Wohnungen aufs Korn, von denen sie wissen, dass es dort etwas zu holen gibt. Wenn Ihnen also jemand Ihren gesunden Menschenverstand gestohlen hat, dann vermutlich deshalb, weil er Qualität hatte.«

Sie nickte, allem Anschein nach zufrieden mit dieser Analyse.

»Nun, gab es denn Gelegenheiten, bei denen Sie Ihren Verstand besonders deutlich gezeigt haben, so dass jemand es vielleicht mitbekommen und beschlossen hat, ihn Ihnen zu klauen?«, fragte LaVar und sah die Frau an. Er hatte das Gefühl, dass sie nicht alles sagte, was sie wusste, und versuchte, es aus ihr herauszulocken.

Sie seufzte. »Es ist bloß eine Hypothese. Und es hat ja keinen Zweck zu spekulieren, vor allem, wenn man damit andere Menschen in Schwierigkeiten bringt.«

»Niemand kriegt Schwierigkeiten, bevor wir das Rätsel nicht gelöst haben«, versicherte er und ermunterte sie weiterzureden.

»Ich habe mich vor kurzem von meinem Mann getrennt. Er hatte eine Affäre, vier Monate lang, mit einer Frau aus seinem Büro, die watschelt wie eine Ente, aber dann habe ich mich mit ihm versöhnt, und wir haben das ganze letzte Jahr versucht, wieder zusammenzuleben. Leider hat es nicht funktioniert. Nicht für mich jedenfalls. Da hab ich ihm gesagt, dass ich mich von ihm trennen will.«

»Sehr vernünftig«, nickte LaVar.

»Ja«, stimmte sie zu. »Und soweit ich mich erinnere, war das die letzte Situation, in der ich meinen Verstand benutzt habe.«

»Wussten auch andere Leute von Ihrem Entschluss?«

»Eigentlich alle meine Freunde.«

»Hm«, meinte er. »Das grenzt den Kreis der Verdächtigen also nicht wesentlich ein. Sie haben vor einer großen Gruppe gezeigt, dass Sie sehr viel gesunden Menschenverstand besitzen.« Er überlegte wieder, dann fuhr er fort: »Und Ihr Mann, war er glücklich damit?«

»Überhaupt nicht.«

»Aha. Erzählen Sie weiter.«

»Er wollte, dass wir zusammen wohnen bleiben, aber ich fand das keine gute Idee, weil ich der Meinung war, dass dann keiner von uns richtig mit der Vergangenheit abschließen kann.«

»Ein weiterer Beweis für Ihren gesunden Menschenverstand«, meinte er.

»O ja, da muss ich ihn noch gehabt haben. Was bedeutet ...« Anscheinend kam ihr ein Gedanke.

»Ja?«

»Wir mussten das Haus verkaufen. Wir haben beide unsere Sachen gepackt, und da ist mir zum ersten Mal aufgefallen, dass mein Verstand weg ist. Im Haus meiner Mutter habe ich dann alle Kisten ausgepackt und nach ihm gesucht – ich wohne eine Weile bei ihr, bis ich etwas Neues habe. Aber er war nirgends zu finden ... einfach weg. Könnte doch sein, dass mein Exmann ihn mitgenommen hat. Dass er ihn entweder absichtlich oder aus Versehen in eine seiner Kisten gepackt hat. Ich weiß es nicht, aber das ist die einzige Erklärung, die mir einfällt. Ich bin ganz sicher, dass ich ihn noch hatte, bevor wir ausgezogen sind.«

LaVar überlegte angestrengt. »Warum denken Sie eigentlich, dass Sie Ihren Verstand jetzt nicht mehr haben?«

»Zum Beispiel, weil ich heute Morgen im Bademantel die Autobahn entlanggewandert bin.«

»Stimmt«, pflichtete er ihr bei. »Andererseits ...« Er musterte sie aufmerksam. »Eigentlich machen Sie auf mich einen ganz vernünftigen Eindruck.«

»Meine Vernunft hat er ja auch nicht mitgenommen! Sonst wären wir längst wieder zusammen und würden in unserem Haus wohnen. Wenn überhaupt, bin ich sogar vernünftiger geworden, seit er getan hat, was er getan hat.«

LaVar nickte. Wieder eine kluge Argumentation. »Was tragen Sie eigentlich unter Ihrem Morgenmantel?«

Sie sah verdattert aus und zog den Bademantel enger um sich. »Mein Nachthemd.«

»Und warum sind Sie nicht einfach damit nach draußen gegangen?«

»Weil ich dann erfroren wäre. Außerdem ist es ziemlich durchsichtig.«

»Hm.«

»Was?«

Er blickte auf ihre Füße hinunter.

»Und die Joggingschuhe? Tragen Sie die im Haus immer zusammen mit Ihren Schlafklamotten?«

»Nein! Normalerweise ziehe ich zu Hause meine dicken Stoppersocken an, aber für die Autobahn sind die nicht so geeignet.«

»Allerdings.« LaVar machte sich eine Notiz auf seinem Block. »Und in welcher Absicht sind Sie auf die Autobahn gegangen?«

»Das hab ich Ihnen doch gesagt, ich wollte eine Anzeige erstatten. Ich weiß, das ist unsinnig.«

»Das *wissen* Sie also?«

»Ja.«

»Na gut – und wenn Sie das wissen, ist dafür doch eindeutig Ihr gesunder Menschenverstand verantwortlich, oder nicht?«

Sie ließ es sich durch den Kopf gehen.

»Und wenn Sie vorhatten, die Polizei zu alarmieren, ist Ihnen auch das gelungen.«

»Aber ich bin nicht zur nächsten Polizeiwache gegangen«, erinnerte sie ihn.

»Hören Sie«, meinte er sanft, »ich kann keine Anzeige aufnehmen, weil ich nämlich nicht glaube, dass jemand Ihnen den Verstand geraubt hat, und auch nicht, dass Sie ihn verloren haben. Ich glaube, Sie haben ihn noch bei sich. Sie benutzen ihn nur anders.«

Wieder dachte die Frau eine Weile nach.

Dann erklärte LaVar ihr seine Analyse des Falls: »Sie hatten Ihren Morgenmantel an, weil Sie wussten, dass Ihnen sonst kalt werden würde, Sie hatten ihre Joggingschuhe an, weil Sie wussten, dass Ihre Socken trotz Rutschstoppern nicht für die Autobahn geeignet sind, und Sie sind mitten im Berufsverkehr auf der Autobahn entlanggegangen, weil Sie wussten, dass dann garantiert jemand die Polizei verständigen würde, und deren Aufmerksamkeit brauchten Sie ja, um das Verbrechen zu melden. Wie es scheint, haben Sie alles erreicht, was Sie erreichen wollten, trotz der etwas ungewöhnlichen Methode, die Sie angewandt haben.«

Die Frau lehnte sich zurück und ließ sich auch das durch den Kopf gehen. »Vielleicht haben Sie recht.«

»Unter den gegebenen Umständen lasse ich Sie laufen, aber mit einer ernsten Verwarnung. Was auch immer Sie tun, gefährden Sie bitte weder Ihr eigenes noch das Leben eines anderen Menschen.«

Sie nickte und senkte den Kopf wie ein gescholtenes Kind.

Als LaVar fortfuhr, war der autoritäre Ton gänzlich aus seiner Stimme verschwunden. »Ihr Verstand funktioniert vielleicht ein bisschen anders, das kann schon sein. Er ist nicht linear, nicht wie der Verstand der meisten anderen Menschen, aber das heißt nicht, dass er falsch ist oder dass Sie ihn verloren haben oder dass er Ihnen geklaut worden ist. Er gehört Ihnen, und er ist einzigartig.«

Ihre Augen füllten sich mit Tränen, und LaVar griff in die Hosentasche, um ein Taschentuch herauszuholen, das er ihr reichte.

»Danke«, sagte sie leise.

»Offensichtlich haben Sie eine ziemlich stressige Zeit hinter sich. In solchen Phasen denken die Menschen anders, aber keine Sorge, Sie sind nicht in Gefahr, verrückt zu werden.«

»Sie sind ein sehr kluger Ermittler«, meinte sie und lächelte.

»Sehen Sie, schon dass Sie das wissen, beweist mir, dass Ihr Verstand nicht abhandengekommen sein kann«, erwiderte er grinsend.

»Danke.« Die Frau lächelte und seufzte vor Erleichterung.

15
Die Frau, die in die Schuhe ihres Mannes schlüpfte

Sie hatte schon davon gehört, dass Männer so etwas machten, und wusste auch, dass es dabei manchmal ums Verkleiden ging, manchmal um sexuelle Erfüllung, und dass manche Männer es taten, weil sie sich nicht vollständig mit dem männlichen Geschlecht identifizieren konnten, und andere, weil sie eigentlich Frauen waren, die jedoch mit einem Männerkörper geboren waren. Manche fühlten sich zwischen den Geschlechtern, ihre Seele hatte sowohl männliche als auch weibliche Seiten. Sie hatte einige Geschichten gehört über Frauen, deren Ehemänner sich gern ihre Dessous ausborgten, von Frauen, deren Söhne jetzt Töchter waren, und kannte eine Frau, deren Mann einen Abend in der Woche als sein weibliches Alter Ego ausging. Als Phänomen war es ihr natürlich bekannt, aber irgendwann hatte sie angefangen, genauer zu recherchieren. Weil es sie persönlich interessierte.

Sie war eine Frau und kein Mann. Sie war als Frau geboren, fühlte sich als Frau, kleidete sich wie eine Frau, fühlte sich als Frau sexy, wenn sie Frauenklamotten trug, und noch sexier, wenn sie gar nichts anhatte außer ihrer eigenen Haut. Und trotzdem. Trotzdem hatte sie den überwältigenden Drang, in die Schuhe ihres Mannes zu schlüpfen.

Es war kein beiläufiger Wunsch, sondern ein herzhämmerndes, kopfdröhnendes Verlangen, das sich so mächtig anfühlte, dass es sie beunruhigte. So heftig, dass sie dachte, es müsse falsch sein. Sobald sie sich so fühlte, sah sie überall seine Schuhe. Im ganzen Haus standen sie herum, einfach dort im Stich gelassen, wo er sie abgestreift hatte. Neben der Tür die schmutzigen, verschwitzten Laufschuhe, aus denen er nach dem Joggen geschlüpft war, unter dem Tisch die blank polierten Halbschuhe, die er nach einem langen Arbeitstag dort hatte stehen lassen, und vor der Ledercouch, wo er die Füße hochgelegt hatte, die karierten Filzpantoffeln. Die Frau hätte problemlos hineinschlüpfen und einfach zum Spaß in den Schuhen herumlaufen können, selbst wenn ihr Mann etwas davon mitbekommen hätte, es wäre ihm sicher vollkommen egal gewesen. Niemand hätte sich daran gestört. Aber sie wollte die Schuhe nicht zum Spaß anhaben, es war ihr sehr ernst. Für sie war es wichtig, kein beiläufiger Scherz, es fühlte sich an wie etwas, was sie lieber nicht in der Öffentlichkeit tun wollte. Sie sehnte sich inbrünstig danach, die Schuhe ihres Mannes zu tragen, aber nicht weil sie den Stil, das Material, die Form oder die Größe mochte. Vielmehr wollte sie herausfinden, wie es sich anfühlte, *er* zu sein. Sie wollte in seinen Schuhen umhergehen, um in seiner Haut zu stecken.

Noch nie hatte ein Wunsch sie so erschreckt und beschämt, noch nie hatte sie sich selbst so von sich abgestoßen gefühlt.

Deshalb war sie dankbar dafür, dass es schwierig war, die nötige Zeit zu finden, um ihrem Impuls nachzugeben. Sie wollte ihn lieber verdrängen. Sie ging arbeiten, ihr Mann ging arbeiten, die Kinder mussten versorgt, das Essen gekocht, das Leben gelebt werden, und schlafen musste sie auch noch. Ihre Tage waren ausgefüllt, es gab keinen Platz für Geheimnisse, man konnte ja nicht einmal ungestört zur Toilette gehen. Aber gerade dadurch, dass sie das Verlangen geheim hielt, wurde es stärker. Im Lauf der Zeit baute sich die impulsive Leidenschaft immer weiter auf, wie ein schlummernder Vulkan.

Eines Abends war sie mit ihrem Mann beim Fernsehen, sie komaglotzten ihre Lieblingsserie, eine Folge nach der anderen. Sie waren beide erschöpft und übermüdet, immer fest entschlossen, dass dies jetzt die letzte Folge wäre, um dann doch wieder vom Cliffhanger in die nächste gezogen zu werden. Aber am heutigen Abend konnte sie sich nicht so auf die bunten Bilder einlassen wie sonst, sie war abgelenkt und irgendwie hibbelig. Das gleiche Gefühl wie damals, als sie noch geraucht hatte und dringend eine Zigarette brauchte. Unfähig stillzusitzen, bis sie eine in der Hand hielt. Der Vulkan in ihrem Innern erwachte. Und sie explodierte. Im Stillen. Sie entschuldigte sich, um aufs Klo zu gehen, sagte ihrem Mann, er brauche nicht auf Pause zu drücken und auf sie zu warten – was natürlich Fragen hervorrief, denn sie stoppten Filme sonst immer, wenn einer von ihnen das Zimmer verließ. Wenn sie es einmal nicht taten, gab es Streit.

Aber ihre Erklärungen stellten ihn zufrieden, und obwohl sie sich vorkam wie eine Schwindlerin – und keineswegs wie eine Detektivin –, ging sie direkt zum Kleiderschrank ihres Mannes und inspizierte seine Schuhkollektion. Die Auswahl auf dem Regal war riesig, sie kam sich vor wie ein Kind im Süßwarenladen. Während sie die glänzend polierten schwarzen Halbschuhe beäugte, die er zur Arbeit trug, fragte sie sich, wie sein Arbeitstag wohl gewesen war. Alles gut, hatte er vorhin gesagt, aber er war still gewesen, und sie erfuhr auch nie irgendwelche Einzelheiten. Dann fielen ihr seine braunen, trendigen Halbschuhe in die Augen, die mit den blauen Sohlen – der junge, coole, dynamische Ehemann, witzig, engagiert und nach Geschäftsschluss immer gesellig. Die Frau nahm die Schuhe mit zur Toilette, verriegelte die Tür und schlüpfte hinein. Dann ging sie auf dem Flokati hin und her, dachte nach, überlegte, hoffte auf etwas – eine Erleuchtung, einen Höhepunkt, eine Art Frieden nach dieser Eruption, die sie so plötzlich die Treppe hinaufgejagt hatte. Aber sie war nur noch neugieriger geworden. Sie brauchte mehr. Sie wollte wissen, wie es war, er zu sein, sie wollte wissen, wie es sich anfühlte, als ihr Mann draußen in der Welt herumzulaufen. Sie teilte sich das Haus mit ihm, manche hätten gesagt, das Leben, zusammen hatten sie neue Menschen erschaffen, hatten gelacht und geweint, Eltern begraben, sich zusammen von Freunden verabschiedet. Und trotzdem.

Trotzdem war ihr Leben sehr unterschiedlich.

Die Frau wollte nicht, dass ihr Mann ihr erklärte, wie er sein Leben *fand*, nein, es interessierte sie, wie sein Leben für ihn *war*. Das normale Zeug, das er nicht vermitteln konnte, weil es für ihn einfach so *war*, nichts Besonderes. Sie wollte wissen, wie sich das anfühlte.

Ungeduldig wartete sie auf eine Gelegenheit, den nächsten Schritt zu wagen.

Als sie ihren Mann aktiv ermunterte, einen Golfurlaub zu machen, wunderte er sich zunächst. Sie überredete ihn trotzdem, denn es bedeutete, dass sie drei Tage für sich alleine haben würde. Nachdem sie ihm zum Abschied zugewinkt hatte, wartete sie eine Weile. Womöglich hatte er ja etwas vergessen, dann würde er zurückkommen und sie erwischen. Erfüllt von dem überwältigenden Drang, endlich anzufangen, wanderte sie in der Küche auf und ab. Doch nach zwanzig Minuten war sie sicher, dass er nichts vergessen hatte, und rannte, zwei Stufen auf einmal nehmend, nach oben.

Sie öffnete den Wandschrank und ging direkt zu seinen Sneakers, die sie an diesem Morgen unwiderstehlich anzogen. Sie gehörten unverzichtbar zu seinem legeren Outfit, seinem »Ich geh schnell mal Brot, Milch und Speck holen«-Look. Oder in seinem »Ich bring die Kinder zum Spielplatz«-Look: verwaschene Jeans, T-Shirt, Kapuzenjacke und Sportuhr. Sie schlüpfte in die Sneakers, richtete sich auf, überprüfte ihr Bild im Spiegel und kicherte leise. Da sie das ganze Haus für sich allein hatte, posierte sie, versuchte, zu stehen wie er, und fing erneut an zu kichern. Die Schuhe waren ihr sechs Nummern zu groß – sie sahen aus wie Clownsschuhe –, und sie stolperte ständig.

Doch dann öffnete sich plötzlich die Schlafzimmertür, und die Frau erstarrte. Ada, die Putzfrau, erschien, und als sie die Frau vor dem Spiegel entdeckte, machte sie vor Schreck einen Satz, stieß einen Fluch aus und presste beide Hände aufs Herz.

»Tut mir leid, Mr Simpson, aber ich hab mich furchtbar erschreckt!«, kreischte sie und schnappte nach Luft.

Die Frau in den Schuhen ihres Mannes verharrte reglos und wartete, dass Ada die Augen aufmachte und sah, wen sie vor sich hatte. Sollte sie sich eine Erklärung dafür ausdenken, dass sie die Turnschuhe ihres Mannes trug, oder lieber so tun, als wäre alles normal? Sie befand sich in ihrem eigenen Haus, eigentlich musste sie sich für nichts entschuldigen und brauchte auch nichts zu erklären, aber aus irgendeinem Grund fühlte sie sich dazu verpflichtet.

Während sie noch dabei war zu entscheiden, was wohl das Beste wäre, fuhr Ada fort: »Ich hätte ja geklopft, aber ich dachte, Sie wären unterwegs zum Golfspielen. Nur damit Sie Bescheid wissen – ich habe Max in den Garten rausgelassen, damit er sein Geschäft erledigt, und außerdem den Aschenbecher neben dem Schuppen mal geleert, damit Sie-wissen-schon-wer ihn nicht entdeckt«, sagte sie und schmunzelte.

Die Frau runzelte die Stirn. »Ada?«

»Ja?«

»Soll das ein Witz sein?«

»Nein!«

»Warum nennen Sie mich dann Mr Simpson?«

»Oh!« Sie verdrehte die Augen. »Mike. Tut mir leid. Ich fühle mich immer ein bisschen komisch dabei«, erklärte sie, schon halb im Gehen. »Als hätte ... na, egal. Warum laufen Sie mir denn nach?«, fragte sie dann irritiert, denn die Frau folgte Ada, die wieder angefangen hatte zu putzen, und versuchte, ihr tief in die Augen zu schauen und dort vielleicht eine Erklärung zu finden, warum in aller Welt die Putzfrau sie mit dem Namen ihres Mannes anredete. Aber Ada spielte ihr nichts vor. Verwirrt ließ die Frau sie schließlich stehen und kehrte zum Wandschrank zurück, wo sie fortfuhr, sich im Spiegel anzustarren. Auf einmal kam sie sich schmutzig vor, sie schämte sich und zog die Schuhe ihres Mannes hastig wieder aus.

In dieser Nacht konnte sie nicht schlafen und dachte angestrengt darüber nach, wie es sich anfühlte, in den Schuhen ihres Mannes zu stecken. Irgendwann kam sie zu dem

Schluss, dass ihr – wenn sie alles Befremdliche beiseiteließ und ihre Gefühle genau prüfte – Ada nicht mehr wie die Person vorkam, die sie kannte und mit der sie sich jede Woche ganz normal unterhielt. Auf einmal benahm Ada sich viel förmlicher, beinahe nervös – sie konnte Mike nicht in die Augen sehen, sie war viel weniger umgänglich. Als wolle sie sich möglichst nicht zu lange mit ihm im selben Raum aufhalten. Wenn es nicht daher kam, dass die Frau die Schuhe ihres Ehemanns trug, dann war es wohl deshalb, weil sie sich in Mikes Gegenwart nicht so wohl fühlte wie mit ihr. Eine Kleinigkeit, aber etwas, was sie nicht gewusst hatte, etwas Neues.

Am nächsten Tag schlüpfte sie noch einmal in Mikes Sneakers und begrüßte den Postboten an der Haustür.

»Hallo, Mike«, rief er.

Die Frau kannte den Namen des Postboten nicht, obwohl er ihnen schon seit zehn Jahren die Post brachte.

»Hey«, antwortete sie und war sicher, dass ihre Stimme sie verraten würde, aber nichts dergleichen geschah.

Der Postbote, der sie sonst weder ansah noch grüßte, fing an, über Fußball zu erzählen. Diese neuen Erfahrungen spornten die Frau enorm an, denn schon jetzt merkte sie, wie anders Mikes Leben war.

Nachmittags zog sie sich seine trendigen Schuhe an, die er nie zur Arbeit trug, und holte die Kinder von der Schule ab. Zwischen den etwa hundert Frauen am Schultor entdeckte sie noch drei andere Männer. Die Blicke, die sie als Mike auf sich zog, waren eindeutig nicht dazu gedacht, sie in ein Gespräch zu verwickeln. Normalerweise wollte sonst immer jemand mit ihr plaudern, aber heute liefen die Gespräche ohne sie – es war, als wäre sie überhaupt nicht da, und gerade dadurch, dass Mike von allen ignoriert wurde, fiel seine Anwesenheit umso mehr auf. Die Frau fühlte sich sehr unbehaglich und wartete ungeduldig darauf, dass die Kinder endlich aus dem Klassenzimmer kamen. Als sie sahen, wer sie abholte, strahlten sie übers ganze Gesicht.

»Dad!«

Sie rannten zu ihr und umarmten sie viel überschwänglicher, als sie jemals zuvor von ihnen umarmt worden war. Natürlich freute sie sich darüber, aber gleichzeitig war es ein blödes Gefühl.

Eine der Mütter, die die Frau nie eines Blickes würdigte und die sie kaum kannte, begrüßte sie lächelnd: »Hi, Mike.«

»Hi«, antwortete die Frau etwas irritiert.

Zu Hause fühlte sie sich zu schwach, um weiter in den Schuhen ihres Mannes zu gehen, und hatte das Bedürfnis, ihren Kindern Fragen zu stellen, die sie ihnen als sie selbst nicht stellen durfte. Aber weil sie wusste, dass sie sie nicht hintergehen konnte, schlüpfte sie aus den Schuhen, und war wieder Mom. Allerdings machte es ihr schon etwas aus, als sie in die Küche kam und die Kinder stöhnten, weil sie ihnen sagte, dass es Zeit für die Hausaufgaben war.

Am folgenden Tag schlüpfte sie wieder in die Schuhe ihres Mannes und ging zum Einkaufen in die Stadt. Schon nach kurzem stellte sie fest, dass man von ihr als Mann mehr Hilfe erwartete, meist körperlicher Art, zum Beispiel, dass sie anderen die Tür aufhielt. Oft bedankte man sich nicht einmal bei ihr. Die Frau machte auch einen Abstecher zu Mikes Büro. Sobald sie sich seinem Schreibtisch näherte, wurde ihr eng ums Herz, und sie spürte, dass sie Kopfschmerzen bekam. Schlagartig wurde ihr klar, dass Mike seinen Job hasste und dass er enorm viel Druck hatte.

Stundenlang wanderte die Frau in der Stadt umher, und ihr fiel auf, dass sie es instinktiv vermied, zu dicht hinter anderen Frauen herzugehen. Sie besuchte alle Orte, die ihr einfielen und von denen sie wusste, dass Mike sich öfter dort aufhielt, denn sie wollte ja möglichst viel über die Welt ihres Ehemanns erfahren. Ihr Verhalten stellte sich ganz automatisch auf die neuen Bedingungen ein, sie fühlte, wie ihr Körper in einen anderen Modus umschaltete – eine Art von sozialer Anpassung, mit der sie überhaupt nicht gerechnet hatte.

Abends organisierte sie einen Babysitter für die Kinder, schlüpfte wieder in die trendigen Schuhe ihres Mannes, ging in eine Bar und setzte sich an den Tresen, was sie sonst nie tat, denn als Frau ließ man sie dort nicht in Ruhe. Aber es gefiel ihr, so ungestört zu bleiben. Dann jedoch spürte sie einen Blick auf sich ruhen, und als sie sich umdrehte, sah sie, dass Bob Waterhouse sie beobachtete, der Ehemann ihrer Freundin Melissa, der sich jede Woche einen Abend als Frau kleidete. Melissa hatte ihr davon erzählt, als sie eines Abends beide etwas zu viel getrunken hatten. Melissa war damals nach Hause gekommen und hatte ihren Mann von Kopf bis Fuß in Frauenkleidern vorgefunden, und zwar nicht in ihren – er besaß selbst einen geheimen Koffer voll davon. Zuerst wusste Melissa nicht aus noch ein, aber zwischen ihnen änderte sich nichts, abgesehen davon, dass sie ihn jetzt besser verstand und er einmal pro Woche offen in Frauenkleidern ausging, manchmal zusammen mit ihr, manchmal mit Gleichgesinnten.

Die Frau wunderte sich, dass Bob sie – beziehungsweise Mike – so aufmerksam ansah, und fragte sich, ob es vielleicht Dinge gab, die seine Frau nicht über ihn wusste.

Vielleicht wollte er Mike anbaggern. Schnell wandte sie sich ab und trank einen Schluck Bier. Aber plötzlich stand Bob neben ihr und fragte, ob er sich zu ihr setzen dürfe.

»Klar, aber ich wollte demnächst los«, antwortete sie.

Bob zwinkerte. »Ehefrau zu Hause?«

»Äh, ja«, stotterte sie.

»Na klar«, schnaubte Bob ironisch. »Hallo da drin«, fügte er dann hinzu.

Die Frau runzelte die Stirn.

»Ich bin's«, flüsterte Bob. »Melissa.«

Die Frau, die in die Schuhe ihres Mannes geschlüpft war, sah ihr Gegenüber scharf an und merkte endlich, wen sie vor sich hatte. Vor ihr saß nicht Bob, wie sie auf den ersten Blick gedacht hatte, sondern Melissa.

Sie blickte nach unten und sah, dass Melissa zu ihren normalen Frauenklamotten Bobs Chucks trug.

»Ich hab damit vor ein paar Monaten angefangen, kurz nachdem ich Bob im Kleid vorgefunden habe«, erklärte sie, winkte dem Barmann und bestellte noch zwei Bier. »Ich dachte, ich will das auch mal ausprobieren und sehen, was es mit dem ganzen Tamtam auf sich hat. Bob liebt Damenschuhe. Die sind für ihn das Beste am Verkleiden. Deshalb hab ich Bobs Schuhe ausprobiert, und sobald ich sie anhatte, merkte ich, dass alle dachten, ich wäre er. Er weiß nicht, dass ich das mache, oder vielleicht weiß er es, aber er hatte lange genug sein eigenes Geheimnis und lässt mich jetzt meines haben. Wann hast du es rausgefunden?«, fragte sie.

»Erst diese Woche«, flüsterte die Frau und fragte sich, warum sie eigentlich flüsterte.

Melissa klatschte begeistert in die Hände. »Ist es nicht

großartig? Weißt du, wann ich das letzte Mal allein in eine Bar gehen und in Ruhe was trinken konnte?«

Die Frau schüttelte den Kopf.

»Genau. Nie. Frauen sitzen nicht allein in der Bar. Wenn doch, hält man sie für Alkoholikerinnen oder geht davon aus, dass sie Sex wollen oder dass sie einsam sind und Gesellschaft brauchen – irgendeinen Idioten, der sich neben sie setzt. Dann unterhalten sie sich aus Höflichkeit mit ihm, obwohl sie eigentlich viel lieber ungestört wären. Aber einem Mann versucht sich niemand aufzudrängen, es sei denn, man möchte es. Und was hast du rausgefunden?«, fragte Melissa, grinste und trank einen großen Schluck Bier.

»Ich hab rausgefunden, dass Mike seinen Job hasst, dass er heimlich raucht, ich hab gemerkt, wie unangenehm es ist, in bestimmten Umgebungen mit Frauen allein zu sein, dass Frauen ziemlich gut andere ausschließen können, dass Mike sich einen Riesenstress damit macht, die Familie zu beschützen, so sehr, dass er davon Schmerzen in der Brust kriegt. Bei seiner Mutter fühlt er sich sicher, seinem Dad gegenüber hat er Hemmungen, seine Freunde kommen ihm wie eine Armee von Brüdern vor, und Polly Gorman, eine Mom in der Schule, steht total auf ihn.«

»Polly Gorman!« Melissa warf den Kopf in den Nacken und lachte. »Die würde Mike nicht zweimal anschauen!«

»Nein«, erwiderte die Frau und nippte an ihrem Bier. »Heute hat er sie beispielsweise komplett ignoriert.«

Melissa lachte schallend, und sie prosteten einander zu.

»Aber ich hab noch was gelernt«, sagte die Frau und wurde ernst. »Es ist eine andere Welt, findest du nicht?«

Melissa nickte, ebenfalls ernst geworden. »Wenn man diese Schuhe anhat, bewegt man sich in einer Männerwelt.«

»Nicht direkt«, widersprach die Frau. »Wenn ich diese Schuhe anhabe, bin ich in Mikes Welt. Ich dachte, ich würde die Welt als Mann verstehen, aber ich verstehe nur, wie sie für Mike, für diesen einen Mann ist. Ich fühle, wie er sich fühlt, wenn er einen Raum betritt. Ich weiß, welche Gefühle andere Menschen bei ihm auslösen. Unsere Welt ist die gleiche und doch wieder nicht. Wir teilen unser Leben, aber wir haben auch unser eigenes. Wenn ich in Mikes Schuhe schlüpfe, verrutscht alles ein bisschen – ich sehe die gleichen Dinge, aber aus einer anderen Perspektive. Blicke, Stimmlagen und Reaktionen, alles führt zu unterschiedlichen Erfahrungen. Genauso, wie man nicht wirklich auf den Punkt bringen kann, wie es ist, eine Frau zu sein, kann man auch nicht erklären, wie es ist, ein Mann zu sein.«

Melissa ließ es sich durch den Kopf gehen. »Ich glaube, ich könnte ziemlich gut auf den Punkt bringen, wie es ist, eine Frau zu sein.«

»Aber nur aus Sicht von dieser Frau hier«, entgegnete die Frau und stupste sie mit dem Zeigefinger.

»Ja, wahrscheinlich«, gab Melissa ihr recht.

»Ich kann dieses Leben nicht in Worte fassen. Es ist nichts, was irgendjemand gesagt oder getan hat. Es ist ein Gefühl.«

»Wir wär's mit einem Absacker?«, fragte der Barmann plötzlich.

»Warum nicht?«, antwortete Melissa.

»Was Frauchen nicht weiß, macht Frauchen nicht heiß«, fügte die Frau hinzu, und sie lachten beide.

Die beiden Frauen, die neben ihnen am Tresen standen und auf ihre Getränke warteten, musterten sie angeekelt.

»Chauvis«, knurrte die eine.

Als Mike aus seinem Golfurlaub zurückkam, umarmte die Frau ihn fester als sonst.

»Was ist denn?«, murmelte er, stellte sein Gepäck auf den Boden, erwiderte die Umarmung und sog dabei tief ihren Duft ein.

»Ich liebe dich«, flüsterte sie. »Danke für alles, was du tust – für alles, was ich sehe, aber noch mehr für das, was ich nicht sehe.«

Da fühlte sie, wie sich sein Körper entspannte und er sich dichter an sie schmiegte.

16
Die Frau, die ein Spatzenhirn hatte

Flach auf dem Rücken liegend, die Arme eng an den Körper gepresst, wird sie immer tiefer in den sargartigen Innenraum des MRT-Geräts gefahren. Die Kopfhörer sollen ihr helfen, sich zu entspannen, zu vergessen, dass die Wände sie fast erdrücken und die Decke so bedrohlich dicht über ihrer Nase hängt. Wenn sie sich vorstellen müsste, wie es wäre, lebendig begraben zu werden, würde sie es ungefähr so beschreiben.

Bisher hatte sie keine Ahnung, dass sie unter Klaustrophobie leidet, aber hier, gefangen in dieser engen Röhre, rast ihr Herz, und sie möchte am liebsten »Stopp!« rufen.

Sie will aufstehen und weglaufen, weiß aber, dass das nicht geht. Es ist ihre letzte Chance herauszufinden, was mit ihr los ist; alle anderen Tests haben nichts ergeben, und trotzdem geht es ihr immer schlechter.

Zuerst war sie hauptsächlich müde, vergesslich, konfus, nervös – aber bei dem Bluttest, den sie bei ihrem Hausarzt gemacht hat, konnte man nichts feststellen. Kein Eisenmangel, kein Schilddrüsenproblem, anscheinend war es einfach nur ihr stressiges Leben – also das Problem, das sie mit allen jungen Eltern teilt, die sich genauso erschöpft fühlen wie sie.

Aber dann breiteten sich die Symptome aus – sie bekam Sprachschwierigkeiten, und in letzter Zeit war auch ihre Motorik beeinträchtigt. In ihrem Gehirn lief irgendetwas nicht mehr rund, es sandte dem Rest ihres Körpers nicht mehr die richtigen Botschaften.

Und deshalb steckt sie nun in dieser MRT-Röhre und hofft, dass der Befund nichts Schlimmes zeigt, aber dass sie Klarheit darüber bekommt, was los ist – am besten irgendetwas Kleines, Unbedeutendes, das leicht behoben werden kann, aber die Schwierigkeiten erklärt und beweist, dass sie sich nicht nur anstellt.

Anfangs dachte Dr. Khatri, das Problem liege im Kleinhirn. Er erklärte ihr, dass dessen Funktion darin besteht, die Muskelbewegungen zu koordinieren und sich um Körperhaltung und Gleichgewicht zu kümmern. Bei einer Störung würde zwar keine Fähigkeit vollständig ausfallen, aber jede Bewegung wäre zögernd und unbeholfen. Was für den Zustand der Frau ungefähr passend klang.

Am Esstisch warf sie ständig ihr eigenes Glas oder die Gläser der anderen um. Zuerst nahmen es alle mit Humor, aber mit der Zeit wurde es nervig und entwickelte sich zu einem echten Streitpunkt zwischen ihr und ihrem Mann. Sie wusste, dass sie ungeschickt war, und anfangs hatte er Geduld mit ihr, aber irgendwann konnte sie es, selbst wenn sie sich bewusst zusammenriss, einfach nicht mehr kontrollieren, ganz gleich, wie sehr sie sich darauf konzentrierte.

Auch ihre Raumwahrnehmung wurde zum Problem. Wenn sie einen Teller auf die Küchentheke stellen wollte, landete er jedes Mal daneben, der Teller krachte auf den Boden und zerschellte. Einmal warf sie ihrem Mann einen Teller mit heißem Essen auf den Schoß. Oder sie wollte die

Spülmaschine zumachen und knallte die Tür so fest gegen die noch herausgezogene Schublade mit den Tellern, dass sie allesamt zu Bruch gingen.

Unter der Spüle fand sie eines Tages einen in Frischhaltefolie gewickelten Hühnchenrest, die Folienrolle dagegen im Kühlschrank. Auch der Wasserkocher mit brodelnd heißem Wasser landete im Kühlschank, die Milchpackung dafür neben dem Toaster. Die Frau fuhr zum Einkaufszentrum, parkte, kaufte ein und nahm sich für den Heimweg ein Taxi, weil sie vergessen hatte, dass sie im eigenen Auto gekommen war. Sie verwechselte die Schulbrote der Kinder. Sie putzte sich die Zähne mit ihrer Salbe gegen Lippenherpes.

Ständig hatte sie kleine Autounfälle – sie streifte Mauern, zertrümmerte den Rückspiegel, fuhr rückwärts unzählige Male gegen Stoßstangen und Laternenmasten. Meistens merkte sie es nicht einmal. Erst abends, wenn ihr Mann das Auto kontrollierte, kamen die neuen Schäden ans Tageslicht. Und nicht immer konnte sie die Schuld dafür einem anderen Fahrer in die Schuhe schieben.

Auch ihre Haut ähnelte immer mehr dem Zustand ihres Autos, alles war zerkratzt und zerbeult. Das Hackmesser rutschte ihr aus der Hand und schnitt ihr in die Finger, sie verbrannte sich am Backofen und an der Pfanne, knallte mit der Hüfte gegen die Tischkante, schlug sich den Zeh an, ihre Ellbogen kollidierten mit dem Türrahmen, die Schienbeine mit der Autotür.

Als dann auch ihr Sprachvermögen nachließ – ihre Fähigkeit, eine zusammenhängende Geschichte zu erzählen, einen Satz zu bilden oder sich an das nächste Wort zu erinnern –, änderte der Arzt seine Meinung. Jetzt tippte er auf das Frontal- oder Stirnhirn, verantwortlich für Persönlichkeit und Verhalten, für Emotionen, Urteilsbildung, Problemlösung, Sprache und Konzentrationsfähigkeit. Obwohl die Frau die meisten Symptome zunächst auf den Schlafmangel zu schieben versuchte – sie war wirklich erschöpft, denn vor lauter Nervosität fand sie kaum noch Schlaf –, bereitete der Zustand ihres Gehirns ihr zunehmend Sorge.

Es hatte fast den Anschein, als stelle ihr Gehirn langsam, aber sicher den Betrieb ein. Und das konnte sie sich nicht leisten, nicht mit vier Kindern, die auf sie angewiesen sind. Sie kann nicht einfach aussteigen. Die Kinder sind ihr Lebensinhalt, und umgekehrt können die Kinder ohne sie nicht leben. Sie allein ist für vier Terminpläne verantwortlich, dafür, dass die Kinder zuverlässig dort ankommen, wo sie hinmüssen. Die Frau sorgt für Essen und Kleidung, sie liebt und chauffiert sie. Es ist eine anstrengende, aber höchst lohnenswerte Aufgabe.

Seit sie vor zehn Jahren ihr erstes Kind bekommen hat, ist sie nicht mehr arbeiten gegangen. Sie war Finanzanalystin, und obwohl sie eigentlich vorgehabt hatte, in den Job zurückzukehren, hatte sie die Elternzeit doch immer wieder verlängert.

Dann kamen weitere Babys, und irgendwann stellte sie sich der Tatsache, dass sie nie wieder in den Job zurückkehren würde.

Sie ist zufrieden zu Hause mit ihren Kindern, sie ist mit sich im Reinen, und ihre Arbeit ist letztlich anspruchsvoller und erschöpfender, als sie es im Büro jemals erlebt hat.

Dass sie kein Geld mehr verdient, war anfangs schwierig für sie, denn vorher konnte sie ausgeben, so viel sie wollte, ohne sich mit jemandem absprechen zu müssen. Jetzt lebt sie mit einem sorgfältig verwalteten Budget. Und obgleich viele Leute das nicht wahrhaben wollen, ist ihr Leben als Mutter keineswegs einfacher, sondern schwieriger, denn sie kümmert sich ja um vier Menschen, die sich obendrein allesamt in der Entwicklung befinden. Sie muss nicht nur mit den Hindernissen umgehen, die das Leben für jeden einzelnen von ihnen bereithält, sondern auch mit deren Auswirkungen auf die ganze Familie.

Sie schließt die Augen und versucht tief und ruhig zu atmen. Es ist ein Teufelskreis: Einerseits hofft sie, dass mit ihr alles in Ordnung ist, andererseits möchte sie, dass die Ärzte endlich eine Erklärung für ihre Schwierigkeiten finden. Aber etwas, was sich beheben lässt. Tränen laufen ihr übers Gesicht und kitzeln sie im Nacken, aber in der engen Röhre hat sie nicht einmal Platz, um die Hand zu heben und sie wegzuwischen. Für einen Moment öffnet sie die Augen und sieht die kalte weiße Oberfläche der Decke viel zu dicht über sich. Sie fühlt, wie Panik in ihr aufsteigt, wehrt sich aber dagegen, konzentriert sich wieder aufs Atmen, schließt die Augen und lauscht der klassischen Musik aus ihren Kopfhörern. Sie kennt das Stück, hat aber – wie so viele andere Dinge – vergessen, wie es heißt.

Eine Weile vertieft sie sich in ihre Gedanken, hofft, dass mit den Kindern alles in Ordnung ist und dass Pauls Mutter es geschafft hat, sie rechtzeitig von der Schule und vom Montessori-Kindergarten abzuholen. Danach geht Jamie zum Fußball und Ella zum Schwimmen. Lucy braucht ihre Tasche mit Spielsachen, damit sie etwas zu tun hat, während sie auf die beiden wartet, und Adam muss seine Hausaufgaben machen, während Ella schwimmt.

Auf einmal hört sie Dr. Khatris Stimme durch die Kopfhörer. Anscheinend hat sie sich bewegt, der Scan muss wiederholt werden. Sie kämpft ihren Frust nieder, das Gerät surrt. In ihrem Gesicht darf sich kein Muskel bewegen.

Doch dann ist endlich alles fertig, und sie kann zurück in die Welt der hohen Decken, wo es ausreichend Luft zum Atmen gibt. Erleichterung durchströmt sie, gleich darauf meldet sich die Angst. Was hat man im MRT entdeckt?

Zusammen mit Paul, ihrem Mann, der erschöpft und besorgt aussieht, sitzt sie im Warteraum. Er war es, der auf dieser Untersuchung bestanden und sie gezwungen hat, hierherzukommen – von sich aus hätte die Frau am liebsten einfach weitergemacht wie bisher. Eine ganze Weile sah es sogar schlecht aus für ihre Beziehung, denn ihr seltsames Verhalten hat ihn auf die Palme gebracht. Aber sie weiß, jetzt, hier im Krankenhaus, nachdem sie nicht nur eine ganze Batterie von Tests, sondern auch noch das MRT hinter sich gebracht hat, tut es ihm schrecklich leid, dass er so oft die Beherrschung verloren hat.

»Ich kann dich verstehen«, sagt sie leise. »Ich hab mich selber auch genervt. Und fand mich tierisch anstrengend. Ich bin fix und fertig.«

Er sieht sie mitfühlend an, was ihr überhaupt nicht gefällt, denn es macht ihr Angst. Überhaupt ist alles viel zu ernst geworden. Sie möchte die Zeit zurückdrehen und wieder die verpeilte unfallgefährdete Ehefrau sein, die verpeilte Freundin, die verpeilte Schwester, die verpeilte tapsige Mummy.

Endlich kommt Dr. Khatri herein, er sieht ein bisschen ratlos aus. Einen Moment ruht sein Blick auf der Frau, aber sie bezweifelt stark, dass er in ihr wirklich eine Person sieht; er betrachtet sie wie ein Techniker, der die Kühlerhaube öffnet, um den Motor des Autos zu untersuchen.

»Ist alles in Ordnung?« Paul springt auf.

»Der Befund ist sehr eigenartig, wir haben so etwas noch nie gesehen.«

Paul schluckt, ihm steht der Schweiß auf der Stirn. Er sieht aus wie ein Kind. »Bitte erklären Sie uns, was das bedeutet.«

»Das ist nicht so einfach ... kommen Sie mit, ich muss es Ihnen zeigen.«

Noch in ihrem Krankenhaushemd folgt die Frau den beiden Männern in einen Untersuchungsraum.

An den beleuchteten Bildschirmen hängen mehrere MRT-Aufnahmen. Die Frau schaut sie an, versucht aber gar nicht erst, die Bilder zu interpretieren, denn sie weiß gar nicht so genau, wie ein normales Gehirn aussehen sollte. Würde sie einen Tumor überhaupt erkennen? Anscheinend hat Paul mehr Ahnung als sie, denn er stemmt die Hände in die Hüften und starrt auf die Bilder – mit offenem Mund.

»Ist das ...?«

»Sieht jedenfalls so aus«, antwortet Dr. Khatri achselzuckend und reibt sich das Gesicht.

»Aber wie kann ...«

»Das weiß ich nicht, ganz ehrlich.«

»Schatz«, wendet Paul sich seiner Frau zu.

Sie zittert am ganzen Leib. Anscheinend ist wirklich etwas nicht in Ordnung mit ihrem Gehirn. Sie denkt an Jamie, Ella, Lucy und Adam, an ihre Babys, die sie brauchen, die buchstäblich nicht ohne sie leben können. Nur eine einzige Frage taucht in ihr auf: »Wie lange habe ich noch?« Aber sie kann es nicht einmal laut aussprechen.

»Siehst du es?«, drängelt Paul.

»Nein. Ich bin kein Hirnchirurg«, antwortet sie irritiert.

»Ich auch nicht, aber ich sehe es trotzdem ...« Jetzt schleicht sich wieder der wohlvertraute Frust in seinen Ton ein.

Der gleiche frustrierte Ton, den er das ganze letzte Jahr hatte, vielleicht sogar schon länger. Im Raum herrscht unbehagliches Schweigen. Inzwischen sind noch ein paar andere Ärzte hereingekommen, um sich die MRT-Ergebnisse anzuschauen, und der Frau ist es vor diesen Leuten extrem peinlich, dass Paul ihr gegenüber so einen Ton anschlägt. Sie kommt sich vor, als wäre sie von ihrem Ehemann geohrfeigt und ausgeschimpft worden. Aber sie zwingt sich, nicht den Kopf sinken zu lassen, sondern sich die MRT-Bilder selbst genauer anzusehen.

»Mit Verlaub«, verteidigt Dr. Khatri sie tatsächlich, »das Gehirn Ihrer Frau kann unmöglich normal ...«

»Oh!«, fällt sie ihm ins Wort, denn auf einmal sieht sie, was die anderen vermutlich auch gesehen haben.

Sie geht näher an die Bilder heran und nimmt sie genauer in Augenschein. Wieso hat sie das vorhin nicht erkannt? Es ist doch so offensichtlich.

Auf dem Bild sind deutlich die Umrisse einer Feder gehighlighted, die sich um ihr Gehirn schlingt.

Sie wendet sich wieder an Dr. Khatri. »In meinem Gehirn liegt eine Feder – heißt das, ich habe einen Vogel im Kopf?« Sie verzieht angeekelt das Gesicht, ihr ist schwindlig, sie möchte sich auf den Kopf schlagen, damit das Ding aus ihren Ohren herausfliegt. Ohne lange zu überlegen, tut sie genau das, aber sowohl Paul als auch Dr. Khatri sind sofort zur Stelle, um weitere selbstzerstörerische Attacken zu verhindern.

»Nein, Sie haben keinen Vogel im Kopf«, versucht Dr. Khatri die Frau zu beschwichtigen.

»Aber woher soll die Feder denn sonst kommen?«, fragt sie, und ihr Kopf dröhnt immer noch von dem Schlag. »Federn erscheinen doch nicht einfach so, aus dem Nichts. Sie wachsen auf Vögeln. Auf Hühnern. Und auf ... was hat denn sonst noch Federn?« Sie schaudert erneut, kämpft gegen den Wunsch, sich der Feder durch heftiges Kopfschütteln zu entledigen, und geht wieder dichter an die Aufnahmen heran. »Ist da drin vielleicht doch irgendwo ein Huhn, können Sie eines sehen?«

Die Experten in den langen weißen Kitteln treten ebenfalls näher an die Bilder.

»Ist diese Feder nicht der Beweis dafür, dass irgendwo in meinem Kopf ein Tier mit Gefieder sein muss?«, fragt die Frau.

Dr. Khatri überlegt. »Ich weiß nicht ... aber ich kann Ihnen zumindest Folgendes sagen: Die eine Seite Ihres Gehirns, die linke, ist fast ganz von dieser ... Feder ... bedeckt, das können Sie ja sehen ... und genau dort befindet sich die Hirnregion, die verantwortlich ist für Sprache und Sprechvermögen, für alle mathematischen Fähigkeiten und für das Abrufen von Fakten, womit die Probleme, mit denen Sie es zu tun haben, grundsätzlich erklärt wären.«

»Aber wie kriegen wir das Ding wieder aus meinem Kopf raus?«

»Eine Operation ist leider unmöglich, die Lage der Feder ist kompliziert, sie zu entfernen wäre gefährlich.«

Schockiert starrt die Frau ihn an. »Aber ich kann doch nicht mit einer Feder im Hirn rumlaufen.«

»Na ja, in letzter Zeit haben Sie genau das getan.«

»Aber so kann ich nicht weiterleben! Das geht nicht, auf gar keinen Fall. Sie müssen etwas unternehmen. Was ist mit Medikamenten?«

Er schüttelt langsam den Kopf. »Ich kenne kein Medikament, das realistisch betrachtet die Entfernung einer Feder bewerkstelligen könnte.«

»Kann man das Ding nicht wegpusten? Gibt es nicht eine Maschine, mit der man mir ins Ohr blasen kann?«, fragt sie verzweifelt.

»Die Feder wäre dann immer noch in Ihrem Kopf, wir würden lediglich ihre Lage verändern. Und Sie haben in gewisser Weise Glück, dass sie auf dieser Stelle liegt und nicht auf einer anderen – dort könnte sie nämlich Lähmungen, Sprachprobleme oder ernsthafte Hirnschädigungen verursachen.«

Die Frau fühlt sich vollkommen hilflos. »Ich muss aber irgendwas machen.«

»Ich ... ähm ...« Dr. Khatri wendet sich seinen Kollegen zu, um von ihnen Unterstützung zu bekommen, aber sie blicken nur nervös in die andere Richtung und sind offensichtlich gar nicht scharf darauf zu reagieren. »Nun ja, ich fürchte, wir sind tatsächlich mit unserem Latein am Ende.«

Doch einer der Ärzte antwortet doch: »Ich bin ein ziemlich begeisterter Vogelbeobachter«, erklärt er, »und die Feder, die Sie da im Kopf haben, könnte eine Spatzenfeder sein. Eine besonders hübsche, muss ich sagen.« Es klingt, als wolle er der Frau ein Kompliment machen.

Sie starrt ihn verständnislos an.

»Was wollen Sie denn damit andeuten?«, mischt sich Paul ein.

»Während der Balz plustert der Spatz sein Gefieder auf ...«

»Ich möchte aber kein Baby mehr«, unterbricht ihn die Frau und sieht ihren Mann an. »Wirklich nicht«, beteuert sie.

»Okay«, antwortet Paul nur und schaut dabei nervös von seiner Frau zu dem Arzt.

»Das wollte ich auch gar nicht sagen. Die Spatzen tun das, weil sie auf sich aufmerksam machen wollen. Deshalb das ganze Federnspreizen und Flügelschlagen.«

Die Frau studiert noch einmal das MRT-Bild. »Könnte es etwas mit der Hirnaktivität zu tun haben?«

Dr. Khatri denkt nach, die anderen Ärzte schauen wieder weg und treten verlegen von einem Fuß auf den anderen. Niemand hat eine Ahnung, was wirklich los ist.

Die Frau seufzt. Wie üblich muss sie die Antwort auf ihre Fragen selbst herausfinden. »Ich fühle mich gedanklich nicht unterfordert, aber ich benutze meinen Kopf tatsächlich ganz anders als früher. Ich habe einen Abschluss in Wirtschafts- und Finanzwesen und war zehn Jahre in der renommiertesten Finanzdienstleistungsfirma von London beschäftigt – bevor ich mich dann in diesen Mann hier verliebt habe«, erklärt sie und lächelt Paul zu. »Jetzt ist für die kommende Woche mein wichtigstes Projekt das Töpfchentraining meines Jüngsten. Ich habe keine Ahnung mehr, was auf dem Aktienmarkt los ist, aber ich kann Ihnen genau sagen, was in den neuesten Folgen von Peppa Wutz passiert. Ich bin zwar die Einzige der Familie, die den kompletten Ulysses durchgestanden hat – wenn auch nur als Hörbuch –, aber zurzeit lese ich jeden Abend viermal hintereinander den Grüffelo. Ich liebe mein Leben, nichts von dem, was ich tue, ist unwichtig. Kinder großzuziehen ist viel bedeutsamer als alle Aktienmärkte und bescheuerten Vertriebsmeetings zusammen. Aber vielleicht möchte mein Gehirn trotzdem auch noch andere Informationen und Anregungen verarbeiten.«

Sie schaut den Arzt an, der ihren Blick nachdenklich erwidert.

»In der Tat«, sagt er. »Das ist gar keine schlechte Idee. Ich glaube, Sie sollten unbedingt tun, was immer Sie wollen, um diese Spatzenfeder wegzublasen. Das ist eine ärztliche Anordnung.«

Die Frau überlegt und beginnt zu lächeln. Natürlich weiß sie, dass sie keine Erlaubnis gebraucht hätte, um für sich zu sorgen, aber es fällt ihr schwer, sich selbst an erste Stelle zu setzen. So albern es klingt, sie hat dafür tatsächlich eine Anordnung gebraucht. Ihr Spatzenhirn hat ihre Aufmerksamkeit verlangt.

Sie beginnt damit, dass sie sich weniger abhetzt und sich Auszeiten gestattet, in denen sie in aller Ruhe ein Buch liest.

Hie und da findet sie eine Stunde extra für einen Spaziergang, am liebsten am Strand, wo der Wind so stark ist, dass sie sich vorstellen kann, wie er die Federn aus ihrem Gehirn pustet. Sie beobachtet den Wind, ob er sie schon davonträgt.

Sie macht einen Tag Urlaub mit Paul, samt Übernachtung.

Sie fährt übers Wochenende mit ihren Freundinnen weg.

Sie fängt an zu joggen.

Sie denkt über Weiterbildung nach. Schon die Nachforschungen in College-Prospekten erfüllen sie mit Begeisterung.

Eines Abends geht sie aus und tanzt, bis ihre Füße so weh tun, dass sie die Schuhe abstreifen muss, und trinkt so viel, dass es ihr vollkommen gleichgültig ist, wie sie sich am nächsten Morgen fühlt.

Sie entspannt ihre Gedanken. Sie tritt einen Schritt zurück. Sie springt hinein ins Leben. Sie bläst die Feder aus ihrem Gehirn, bis sie wieder klar denken kann, und lässt den ganzen Nebel hinter sich.

17
Die Frau, die ihr Herz quasi auf der Zunge trug

Von Geburt an hatte sie einen Herzfehler – ihr Herz war zu groß für ihre Brust. Dies zog eine wahrhaft bahnbrechende Operation nach sich, die einer mutigen Ärztin namens Nita Ahuja gelang. Nach dem Vorbild einer Kolostomie, bei der mit Hilfe eines Beutels ein künstlicher Darmausgang geschaffen wird, wurde das Herz aus der Brust des neugeborenen Mädchens entfernt, in ein Säckchen gesteckt und irreversibel mit ihrem linken Ärmel verbunden. Dr. Ahuja wiederholte dabei das erfolgreiche Vorgehen ihrer eigenen Fallstudie, bei der sie ein siamesisches Zwillingspaar so operierte, dass sich das Herz der einen Schwester außerhalb des Körpers befand, jedoch über lebenswichtige Adern und Schläuche mit dem Körper ihrer Schwester verbunden war.

Die Frau war und blieb der einzige Mensch, an dem dieser Eingriff je vorgenommen wurde; Dr. Ahuja wurde durch ihn zu einer Starärztin und die Frau selbst weltweit bekannt.

Einmal pro Woche, wenn die Versiegelung sich abzunutzen begann, wurde der Beutel gewechselt. Bei einem künstlichen Darmausgang war dieser Behälter normalerweise etwa so groß wie eine Hand, aber der Herzbeutel der Frau besaß die doppelte Größe – als würde das Herz von zwei Händen gehalten und beschützt, so beschrieb Dr. Ahuja es gern. Die Operation rettete der Frau das Leben, wirkte sich jedoch glücklicherweise auf ihren Lebensstil und ihre Ernährung nur sehr wenig aus. Sie konnte normale Kleidung tragen, nur eben immer etwas, was am linken Arm genügend Platz für das Herz und seinen Beutel ließ.

Da ihr Herz sich außerhalb des Körpers befand, hörte man sein Schlagen recht laut. Wenn die Frau sich sportlich betätigte, blieben die Leute oft stehen und starrten sie an. Wenn sie in eine Konditorei oder in eine Eisdiele ging, begann ihr Herz durch die Glukosezufuhr schneller und heftiger zu pumpen, so dass es manchmal aussah, als bewege sich unter ihrem Ärmel ein kleines Tier. Wenn die Frau verliebt war, merkte es jeder, denn ihr Herz verriet sie ebenso wie ihre errötenden Wangen – was ihr vor allem im Teenageralter unendlich peinlich war.

Aber ihr Herz zeigte nicht nur, wenn sie Hals über Kopf verliebt war, sondern auch, wenn sie zu jemandem keinen Kontakt wollte. Wenn es ihre Begeisterung oder ihre Nervosität in unangemessenen Situationen offenbarte, gab es peinliche Momente. Es enthüllte alles. Es war, als trage sie ihr Herz auf der Zunge – nur dass sie es eben auf ihrem Ärmel trug.

Die Frau war auf es angewiesen und hatte deshalb auch keine andere Wahl, als seiner Führung zu folgen, selbst dann, wenn sie lieber die entgegengesetzte Richtung eingeschlagen hätte. Manchmal fühlte sie sich selbst wie ein siamesischer Zwilling – so, als wäre sie auf Gedeih und Verderb mit einem anderen Lebewesen verbunden.

Sie machte die Erfahrung, dass es oft Misstrauen hervorrief, so durchschaubar zu sein, vor allem dann, wenn sie sich bemühte, sich etwas nicht anmerken zu lassen, und so ein

Widerspruch zwischen ihrem Gesichtsausdruck und dem Pochen ihres Herzens entstand. Es war ein ähnlicher Effekt wie bei einem Clown, dem viele Menschen ja mit Furcht und Argwohn begegnen, weil sein fröhliches Gesicht nicht mit seinem ganz und gar nicht fröhlichen Gehabe übereinstimmt. Wenn die Frau dagegen ihrem Herzen folgte und ihre Gefühle nicht verbarg, fanden viele auch ihre Offenheit abschreckend. Sie konnte ihre Gefühle nicht nach und nach zeigen, sie konnte ihre Karten nur ganz oder gar nicht auf den Tisch legen. Sie konnte den Prozess nicht verlangsamen, ihr Herz verriet sie immer.

Da sie die Regungen ihres Herzens nicht verstecken konnte, war sie anfällig für alle Arten emotionaler Erpressung, und ihre so deutlich erkennbare Sensibilität wurde des Öfteren ausgenutzt.

Inzwischen war sie fast dreißig Jahre alt und hatte vom Leben ihren Teil an Beulen und blauen Flecken abbekommen. Ständig musste sie mit der Gefahr leben, dass ihr wichtigstes Organ beschädigt werden könnte, und obwohl sie bisher Glück gehabt und keine allzu schlimmen Wunden davongetragen hatte, gab es doch immer wieder höchst unangenehme Ellbogenstöße. Im Bus, auf dem Markt, in Menschenmengen musste sie besonders auf ihr Herz aufpassen.

Als Teenager war sie extrem gehemmt und übervorsichtig gewesen und hatte auch angefangen, sich zum Schutz ihres Herzens anders zu kleiden. Dass ihr Herz sie auch weiterhin verriet, konnte sie damit natürlich nicht verhindern.

Nun, als junge Frau, ging sie in ihren traditionellen indischen Jutti-Ballerinas über den Marmorboden der dem Forschungszentrum angeschlossenen Privatklinik in Mumbai, wo Dr. Nita Ahuja ihre Praxis hatte. Weder die Frau selbst noch ihre Familie hätte sich die Dienste der Ärztin leisten können, aber Dr. Ahuja hatte von dem Augenblick an, als sie das Baby mit dem Geburtsfehler sah, auf ihr Honorar verzichtet und organisierte die Bezahlung der Operation und die anschließende Nachsorge aus anderen Quellen. Ohne sie wäre die Sache niemals ins Rollen gekommen. Die junge Frau war der Ärztin zutiefst dankbar und fühlte sich verpflichtet, sich so gut sie konnte zu revanchieren. Beispielsweise trat sie, wenn Dr. Ahuja sie darum bat, gemeinsam mit ihr im Fernsehen auf und besuchte auch Tagungen und Vortragsreihen zu ihrem Thema. Auch vergaß sie, wenn sie mit wichtigen und einflussreichen Persönlichkeiten sprach, nie zu erwähnen, dass Dr. Ahuja ihr das Leben gerettet hatte. Im *Time Magazine* war ein Artikel über sie beide mit der Schlagzeile »Dr. Nita Ahuja, Hüterin des Herzens« erschienen – ein Titel, der sich durchgesetzt und die Frau noch in der Überzeugung bestärkt hatte, dass sie der Ärztin etwas schuldig war für die ihr und ihrer Familie erwiesene Freundlichkeit.

Auch an diesem Tag begrüßte sie die Sicherheitsleute und Rezeptionistinnen mit einem Lächeln und wurde von ihnen problemlos durchgewinkt. Alles hier war ihr vertraut, hier fühlte sie sich gut aufgehoben. In der Hand hielt sie ein kleines Gemälde von einem Herzen, das sie der Ärztin für ihre Bilderwand in der Praxis überreichen wollte. Sie erwartete, einen ganz normalen Tag vor sich zu haben; die wöchentlichen Termine waren seit Jahren Routine – warum sollte heute etwas anders sein?

Doch als sie ins Sprechzimmer trat, saß dort statt Dr. Ahuja ein junger Mann am Schreibtisch. Er erhob sich, und nach dem ersten Schock erkannte die Frau ihn von den

Fotos, die überall auf dem Schreibtisch standen. Der Mann war Dr. Ahujas Sohn Alok. Im Lauf der Zeit hatte seine Mutter ihr viel von ihm erzählt, von seinem Studium, seiner Arbeit im Ausland, gelegentlich sogar von seinen Liebesgeschichten, die sie als seine Mutter mal mehr, mal weniger billigte.

Die Frau musterte den jungen Mann – große braune Augen, durchdringender Blick, langer Hals, schlanke Finger. Der Name Alok bedeutete Licht. Auf einmal begann ihr Herz zu pochen, sie spürte es am Oberarm, intensiver als zuvor, intensiver denn je. Erschrocken beobachtete sie, wie der Beutel vibrierte.

»Setz dich doch, mein Kind«, erklang in diesem Moment die vertraute Stimme der Ärztin, die aus dem Nichts gekommen zu sein schien, und rettete sie.

»Sie ist wirklich kein Kind mehr, Mutter«, protestierte der Sohn, während die junge Frau sich auf den Stuhl vor dem Schreibtisch setzte.

Die Ärztin fixierte sie mit ihren freundlichen Augen, und die junge Frau machte sich auf schlechte Nachrichten gefasst. »Wie du ja weißt, ist dieses Jahr der dreißigste Jahrestag der Operation, die unser beider Leben verändert hat.«

Die junge Frau nickte und wartete auf das, was die Ärztin zu sagen hatte.

»Dein Fall hat mich auf einen aufregenden und wundervollen Weg gebracht, dem ich mich hundertprozentig gewidmet habe. Ich wünschte nur, du wärst in mein Leben getreten, als ich noch jünger war«, fuhr die Ärztin fort, und ihr Lächeln verblasste. »Denn für mich ist der Zeitpunkt gekommen, meine Arbeit zu beenden«, sagte sie leise, und in der jungen Frau stieg Panik auf, ihr Herz begann wieder zu hämmern, es vibrierte auf ihrem Arm, sie spürte sein Klopfen bis hinein in die Muskulatur.

»Alles ist gut, mein Kind. Alok ist aus den Staaten zurückgekehrt, um meine Arbeit zu übernehmen und weiterzuführen. Er ist jung, aber sehr begabt«, sagte sie bestimmt. »Und ihm traue ich es mehr als allen anderen zu, mein Werk fortzusetzen.«

Das war ein großes Lob von einer Frau, deren Ego es ihr immer schwergemacht hatte, etwas von ihrer Arbeit zu delegieren.

»Nichts für ungut, Doktor«, sagte die Frau leise, kaum imstande, dem intensiven und besorgten Blick des jungen Mannes zu begegnen. Dann wandte sie sich wieder an die Ärztin. »Aber Sie sind die Hüterin meines Herzens, Dr. Nita, das haben Sie selbst gesagt. Sie dürfen mich jetzt nicht im Stich lassen«, fügte sie mit Nachdruck hinzu und hörte selbst das Zittern in ihrer Stimme.

Die Ärztin lächelte, ein Lächeln, das zeigte, wie stolz sie auf ihre Rolle war.

»Ach mein Kind ... glaub mir, ich verstehe, wie schwer das für dich ist. Für mich ist es das nämlich auch.« Sie holte tief Luft. »Meine Verbindung zu dir ist noch viel tiefer, als du dir vorstellen kannst. Wenn man das Herz eines anderen Menschen in Händen hält, nicht nur während einer Operation, sondern das ganze Leben lang, dann umfasst das mehr als den professionellen Aspekt. Es ist eine grundlegende Verantwortung, man muss auf mehreren Ebenen agieren.« Sie stand auf, und ihre Worte klangen endgültig. »Aber es ist zu deinem Besten, wenn ich dein Schicksal nun in Aloks Hände lege. Er wird mich über alles, was er tut, auf dem Laufenden halten, und ich werde ihn nach wie vor beraten.«

Das sagte sie so bestimmt, als wäre es ein Befehl, und zwar einer, über den ihr Sohn nicht glücklich zu sein schien. Er mied geflissentlich ihren Blick.

Langsam ging die Ärztin auf die junge Frau zu, die sich auf eine Umarmung gefasst machte. Doch zu ihrer Überraschung ging Dr. Ahuja direkt zu ihrem linken Arm, legte die Hand zärtlich um den dort angebrachten Beutel, fühlte die Wärme des Herzens darin und beugte sich darüber, um es zu küssen. Die Frau beobachtete den Abschied, und ihr Herz pochte so heftig, als wolle es aus seinem Beutel springen. Dann wischte die Ärztin sich über die Augen und verließ ohne ein weiteres Wort den Raum.

Nun war die Hüterin ihres Herzens verschwunden, und die junge Frau war allein mit diesem gutaussehenden jungen Mann, der sie mit seinen großen braunen Augen unter den dichten dunklen Wimpern ansah.

»Sie ist nicht mehr Ihre Herzhüterin und war es auch nie«, sagte er plötzlich.

Seine Worte klangen kalt und verletzend, sie durchbrachen die Stille wie ein Hammer, der Eis zerschlug.

»Entschuldigung, das kam härter heraus als beabsichtigt«, lenkte er ein, ehe die Frau Gelegenheit hatte, ihm mitzuteilen, was sie von ihm hielt – obwohl ihr Herz bereits in seiner eigenen Sprache mit ihm kommunizierte.

Alok stand auf und ging um den Schreibtisch herum, wobei er sich offensichtlich noch einmal genau überlegte, was er sagen wollte. Schließlich setzte er sich auf die Schreibtischkante direkt vor die junge Frau, und nun klang seine Stimme wesentlich sanfter. »Natürlich werde ich dort weitermachen, wo meine Mutter aufgehört hat, aber ich arbeite nicht genauso wie sie. Wir haben ein recht unterschiedliches Weltbild. Anders als meine Mutter habe ich nicht den Wunsch, der Hüter Ihres Herzens zu werden.«

Die Frau versuchte, es ihm nicht übelzunehmen. Aber wie? Ihre Wangen brannten vor Zorn.

»Es reicht nicht, dass wir Ärzte uns einfach um die Funktionstüchtigkeit Ihres Herzens kümmern, es reicht nicht, Sie einfach am Leben zu erhalten.«

Darauf war sie nicht gefasst gewesen.

»Meine Mutter wird weltweit geachtet, und was sie bei Ihnen vollbracht hat, war und ist bahnbrechend, dem stimme ich ohne jede Einschränkung zu«, fuhr er fort, wobei er mit seiner Loyalität zu kämpfen schien. »Aber sie stammt aus einer anderen … Zeit. Deshalb habe ich das Gefühl, dass sie nicht richtig begriffen hat, was es für Sie bedeutet, Ihr wichtigstes Organ auf dem Arm zu tragen, ständig in Gefahr, verletzt zu werden – und meiner Meinung nach darf ein Arzt das nicht außer Acht lassen. Schließlich sind wir ja dafür verantwortlich, dass Ihr Herz sich dort befindet. Damit müssen wir aktiv umgehen, nicht einfach nur darauf reagieren. Ich möchte nicht, dass Sie gezwungen sind, Ihr Herz unter mehreren Schichten von Kleidung und Sorge zu verstecken. Ich habe viele Jahre an einem ganz neuartigen Beutel gearbeitet, der Ihr Herz schützt und gegen die Elemente verteidigt.«

Er bückte sich und zog aus einer Tüte neben dem Schreibtisch einen Beutel, zögerte, streckte ihn der Frau dann aber doch entgegen. »Ab jetzt sind *Sie* die Hüterin Ihres Herzens.«

Sie spürte sofort, wie ihr Puls darauf reagierte.

»Ich werde Ihnen helfen, aber Sie behalten immer die Kontrolle. Ich werde für Sie da sein, solange es die Zeit erlaubt, und Ihnen das Werkzeug an die Hand geben, das Ihnen die Macht verleiht, Ihr Herz selbst zu beschützen und zu verteidigen.« Er stockte, seine Wangen röteten sich. Anscheinend war er unter ihrem aufmerksamen Blick verlegen geworden und wusste auf einmal nicht mehr, wohin er seine braunen Augen mit den langen Wimpern wenden sollte. »Was meinen Sie dazu? Geben Sie mir Ihre Erlaubnis?«

Sie nickte und lächelte. »Ja, Dr. Ahuja.«

»Nennen Sie mich doch bitte Alok«, sagte er leise, und ihre Blicke trafen sich.

Ihr Herz vibrierte mit einer Intensität, die sie in ihrem ganzen Leben noch nie gespürt hatte, ihr Herz sprach für sie, es sprach mit ihm, und ausnahmsweise war sie ihm dankbar, dass es die Worte übernehmen konnte, die ihr nicht einfielen, und dass es die neuen Gefühle ausdrückte, die sie diesem Mann gegenüber in sich entdeckte. Sie war dankbar, dass die Antwort ihres Herzens größer und tiefer war als alle Worte, die sie hätte finden können.

So schaute sie zu, wie seine nervösen und doch so warmen schlanken Finger mit ihrer Erlaubnis den Beutel an ihrem Arm öffneten und ihr Herz umfassten. Auf einmal verstand sie, dass es ihr gehörte und dass niemand außer ihr selbst die Hüterin ihres Herzens sein konnte. Sie hatte die volle Kontrolle.

Sie würde es zulassen, dass er ihr Herz in seinen Händen hielt. Sie würde ihm erlauben, ihr das Werkzeug zu geben, mit dem sie sich selbst schützen konnte.

18
Die Frau, die Rosa trug

Um sieben wird die Frau von ihrem rosa iPhone auf dem Nachttisch geweckt, streckt die hübsch manikürte Hand mit den rosa lackierten Fingernägeln aus und schaltet den Alarm ab. Müde schiebt sie ihre bonbonrosa Augenmaske auf die Stirn, schaut zur Decke und versucht zu verhindern, dass sich ihre Lider sofort wieder schließen. Als sie dennoch wegdriftet, ertönt ein weiterer Weckruf vom Nachttisch ihres Mannes, Dan. Seine Hand kommt unter der Daunendecke hervor, tastet nach seinem blauen iPhone und schleudert es quer durchs Zimmer. Die Frau lacht, er hebt schläfrig den Kopf, und sie wechseln einen müden Blick.

»Lass uns heute absagen und auf morgen verschieben«, sagt sie und fühlt ihre Augenlider schon wieder sinken.

Dan tätschelt ihr den Kopf, wuschelt ihre Haare und zieht die Augenmaske über ihr Gesicht. Sie lacht, zieht die Maske ganz weg und setzt sich auf, endlich einigermaßen wach.

Dan streckt sich und brüllt mittendrin: »Packen wir den Tag bei den Eiern!«

»Hat der Tag Eier?«

»Und ob.«

»Wollt ihr Männer denn alles für euch beanspruchen? Sogar die Tage?«

»Vor allem die Tage. Aber die Nacht ... die Nacht hat Brüste.« Er kuschelt sich an sie, und sie lacht und schiebt ihn freundlich weg.

Dann wälzt sie sich aus dem Bett und macht sich auf den Weg, um die Kinder zu wecken.

Nach dem Duschen steht die Frau, in ein rosa Handtuch gewickelt, im Bad vor dem Spiegel. Dann greift sie in eine Schublade, holt einen kleinen rosa Samtbeutel heraus, löst die Kordel, zieht ein schmales rosa Gummiarmband heraus und streift es über ihr Handgelenk.

Neben ihr steht Dan, in ein blaues Handtuch gehüllt. Als er fertig geduscht ist, holt er seinen blauen Samtbeutel aus der Schublade, öffnet die Kordel und streift ein blaues Gummiarmband über sein Handgelenk.

In ihren grauen Arbeitsklamotten, in der Hand die Aktentasche, kommen Dan und die Frau zusammen mit ihren sechsjährigen Zwillingen Jack und Jill aus dem Aufzug. Jill hat einen rosa Reif im Haar, Jack trägt eine blaue Basecap.

»Morgen, Al«, begrüßt die Frau den Portier.

»Morgen, Leute«, antwortet Al und gibt den Kids High Five.

Die Frau und Dan umarmen ihre Kinder und helfen ihnen beim Einsteigen in den Schulbus, der bereits auf sie wartet. Jack und Jill gehen den Mittelgang entlang, dann biegt Jack nach links ab und setzt sich zu den Jungen auf einen der blaubezogenen Sitze, während Jill nach rechts zu den Mädchen geht und auf einem rosabezogenen Sitz Platz nimmt.

»Soll ich zwei Taxis für Sie rufen?«, fragt Al, schon unterwegs zum Straßenrand, um sie heranzuwinken.

»Nur eines heute, danke, Al«, antwortet Dan.

»Penis oder Vagina?«, fragt Al.

»Vagina«, antwortet Dan und schaut auf die Uhr. »Ich hab ein Meeting direkt um die Ecke, da kann ich gut zu Fuß hingehen.«

Al pfeift, ein blaues Taxi nähert sich, bremst, und der Fahrer beugt sich aus dem Fenster.

»Vagina!«, ruft Al ihm zu, und das blaue Taxi saust wieder davon. Kurz darauf hält ein rosa Taxi mit einer Fahrerin an derselben Stelle.

Die Frau zeigt ihr durchs Fenster ihr rosa Armband und steigt ein.

In der Schlange bei Starbucks hört die Frau einen Chor von »Penis«, »Vagina«, »Vagina«, »Penis«, sowohl von den Kunden, die ihre Bestellung aufgeben, als auch von der Barista, die die fertigen Bestellungen im Abholbereich auf den Tresen stellt.

»Cappuccino, ohne Schoko, Penis!«, ruft sie und stellt einen blauen Becher auf die Theke.

An der Kasse steht jeden Morgen dieselbe Barista, ungefähr siebzehn Jahre alt, Gothic-Look mit schwarzgefärbten Haaren, blasser Haut, jeder Menge Piercings in Ohren, Augenbrauen, Nase und Lippen, die Arme tattoobedeckt. Auf ihrem Namensschild steht »Olaf«, aber die Frau bezweifelt, dass das wirklich ihr Name ist, denn der Barista, der die Bestellungen ausruft, behauptet auch, Elsa zu heißen. Schon das ganze letzte Jahr nimmt Olaf jeden Morgen die Bestellung der Frau entgegen, ohne einen Blick des

Wiedererkennens oder auch nur eine freundliche Begrüßung.

»Guten Morgen«, sagt die Frau, als sie die Spitze der Schlange erreicht hat.

Olaf blickt nicht einmal auf, ihre Finger schweben über den Tasten der Kasse, und sie wartet auf die Bestellung.

»Grande Latte zum Mitnehmen, bitte. Vagina«, sagt die Frau, hebt den Arm und zieht den Ärmel ihres Mantels hoch, um ihr rosa Bändchen vorzuweisen.

Dann tritt sie zur Seite und stellt sich zu den anderen Wartenden.

Elsa, der Barista, ruft: »Grande Latte!«

Die Frau und ein Mann machen beide einen Schritt auf die Theke zu. Verwirrt wechseln sie einen Blick und schauen beide zum Barista. Elsa bemerkt seinen Fehler und hebt den Becher in die Höhe. Er hat eine rosa Manschette.

»Vagina«, ruft er.

Die Frau nimmt ihren Becher und geht zur Arbeit.

Sie steht in der Schlange am Eingang ihres Bürogebäudes. Die Welt um sie herum ist farblos, Bauwerke aus stahlgrauem Beton und kaltem Glas, die Menschen tragen Kleidung in ähnlich gedämpften Farben. Da es heute ungewöhnlich langsam vorwärtsgeht, schert die Frau aus der Schlange aus und schaut nach, was zu dieser Verzögerung führt.

Eine Frau in einem leuchtend roten Mantel und mit knallrot geschminkten Lippen hält einem Mann die Tür auf, worüber dieser sich furchtbar aufregt.

»Penis!«, ruft der Mann und hält den Arm hoch, um sein blaues Armband zu zeigen.

»Freut mich, Sie kennenzulernen, Penis, ich bin Mary«,

erwidert die Frau im roten Mantel genervt. »Nur zu, ich kann die Tür gut für Sie aufhalten.«

»Nein, nein, nein, davon will ich nichts hören«, schimpft der Mann. Er verlässt die Schlange, stellt sich hinter die Frau an der Tür und packt den langen stählernen Türgriff direkt oberhalb von Marys Hand. »Nach Ihnen, bitte.«

»Gehen Sie ruhig, das ist völlig in Ordnung. Ehrlich«, entgegnet Mary. »Ich hab die Tür doch schon aufgemacht, da kann ich sie auch festhalten. Machen Sie sich doch nicht lächerlich, wir verschwenden nur wertvolle Zeit.«

»Genau genommen verschwenden *Sie* die Zeit. Nach Ihnen, bitte. Gehen Sie endlich. War mir ein Vergnügen«, sagt der Mann in einem Ton, dem man anhört, dass ihm die Situation ganz bestimmt keinerlei Vergnügen bereitet. Mit der freien Hand, in der er eine zusammengerollte Zeitung hält, will er Mary durch die Tür scheuchen, als wäre sie eine Kuh, die er in den Stall treibt, aber sie rührt sich immer noch nicht von der Stelle und schüttelt sogar entschieden den Kopf. Offensichtlich hat sie nicht vor, kampflos aufzugeben, und so zanken sich die beiden weiter. »Nach Ihnen, bitte.« »Nein, nach Ihnen.« »Ich bestehe darauf.« »Nein, ich bestehe darauf.« Die unhöflichste höfliche Debatte, die die Frau jemals mitangesehen hat.

»Hey!«, ruft plötzlich ein Mann, der ganz vorn in der Schlange steht. »Gott sei Dank, da kommt die Genderpolizei! Können Sie uns bitte helfen?«, wendet er sich an die beiden Polizisten, die auf dem Gehweg erschienen sind.

Die Polizistin trägt eine bonbonrosa Uniform, ihr jüngerer männlicher Partner eine in Babyblau. Die beiden knalligen Farben fallen in dieser von gedämpften Tönen bestimmten Welt besonders auf. Beide Ordnungshüter haben einen

Pappbecher mit Kaffee in der Hand, aber als die Polizistin merkt, dass es ein Problem gibt, wirft sie ihren sofort in den nächstbesten Mülleimer. Ganz offensichtlich liebt sie ihren Beruf, und das damit verbundene Machtgefühl tut ihr gut. Selbstbewusst schlendert sie auf den Mann und die Frau im roten Mantel zu, die beide noch immer den Türgriff umklammern.

»Alles okay hier?«, fragt die Polizistin im Näherkommen.

»Ja«, faucht Mary. »Alles gut, ich versuche nur, höflich zu sein.«

»Höflich, ja?«, wiederholt die Polizistin, stemmt eine Hand in ihre ausladende Hüfte und beäugt die ständig länger werdende Schlange. Sie scheint die angespannte Stille zu genießen, das aufmerksame Publikum. »Meiner Einschätzung nach liegt hier eher das Gegenteil von Höflichkeit vor. Höflich wäre es ja, wenn Sie diesem Mann erlauben würden, Ihnen zu helfen. Höflich zu sein bedeutet, dass jeder seinen Platz kennt und nicht anfängt, willkürlich gegen die Grundlagen unserer Gesellschaft zu verstoßen.«

»Oh«, erwidert Mary. »Ich finde es aber höflich, wenn ich jemandem die Tür aufhalte.«

Die Polizistin holt ihren Scanner heraus und zielt damit auf Marys rosarotes Armband. »Dann schauen wir doch mal, wen wir hier vor uns haben.« Das Gerät piept, und die Polizistin checkt ihren Bildschirm. »Mary Agronsky, aha. Bereits vier Strafpunkte auf dem Konto. Sie haben sich schon mehrmals danebenbenommen. Eine ganz unartige Vagina.«

»Ach, kommen Sie ... Sie wollen mich doch jetzt nicht dafür bestrafen, dass ich diesem Mann die Tür aufhalte.«

»Sie haben sich heute am ersten September dieses

Jahres um 9 Uhr 05 eines Verstoßes gegen die Genderidentifizierungsverordnung von 2017, Artikel 7, in dem das öffentliche Türaufhalten für den Gentleman festgelegt ist, schuldig gemacht. Innerhalb eines Zeitraums von achtundzwanzig Tagen, beginnend mit dem Tag dieser Verwarnung und einschließlich des achtundzwanzigsten Tages, gerechnet ab heute, haben Sie damit eine feste Strafgebühr von achtzig Dollar zu entrichten. Sollten Sie diese innerhalb des genannten Zeitraums nicht bezahlen, wird Ihnen in Anbetracht Ihres Delikts eine Vorladung zugestellt, und Sie müssen vor Gericht erscheinen. Gemäß dieser Verwarnung erhalten Sie außerdem zwei Strafpunkte wegen eines öffentlichen Verstoßes gegen die Genderverordnung.«

Die Polizistin hält den Scanner an Marys Armband und wartet auf den Piep.

»Damit haben Sie nun insgesamt sechs Strafpunkte wegen Verstößen gegen die Genderidentifizierungsverordnung. Außerdem setze ich Sie davon in Kenntnis, dass Sie sich in dem Fall, dass Sie die maximale Anzahl von zwölf Strafpunkten erreichen sollten, vor einem Strafgericht zu verantworten haben.«

Mary starrt die Polizistin an, holt Luft, um etwas zu sagen, überlegt es sich aber anders und hält den Mund. Obwohl sie offensichtlich vor Wut fast platzt, lässt sie den Türgriff los und stürmt ins Gebäude. Die beiden Polizisten überwachen noch das korrekte Vorweisen der Genderarmbänder, während die Wartenden nach und nach das Bürogebäude betreten, und erst als sie sich überzeugt haben, dass von nun an alles ordnungsgemäß abläuft, setzen sie ihren Streifengang fort.

Während die Frau den Genderpolizisten nachschaut,

denkt sie darüber nach, wie es wäre, aufzubegehren und wie diese Mary mit ihren roten Klamotten laut zu sagen, was sie denkt. Doch sie schluckt die Worte hinunter und geht brav durch die Tür. Allerdings ohne sich zu bedanken.

Die Frau sitzt an einem großen Konferenztisch. Ihre hübsche Sekretärin Tyra geht herum und verteilt Kugelschreiber und Notizblöcke, wobei alle ihr Armband vorweisen müssen, denn die rosa Bänder bekommen Stifte mit rosa Kappe und hellrosa Notizblöcke, während die blauen Bänder Stifte mit blassblauem Deckel und blassblaue Blöcke erhalten. Tyra arbeitet sich von einem zum anderen vor und versucht nebenbei, die Aufmerksamkeit des attraktiven Geschäftsmanns auf der anderen Tischseite auf sich zu lenken – ein echter Traummann, er könnte ohne weiteres Model sein. Lächelnd beobachtet die Frau die Bemühungen ihrer Sekretärin. Schließlich landet Tyra am Platz des Angehimmelten und macht ihm schöne Augen. Aber er blickt nervös von ihr zu der Stifteschachtel in ihrer Hand, anscheinend ist er hin und her gerissen und möchte nicht sagen, was von ihm erwartet wird.

Aber dann tut er es doch, müde und resigniert.

»Vagina«, murmelt er und entblößt kurz das rosa Armband, das unter der Manschette seines frischen weißen Hemds hervorlugt.

Tyra reißt entsetzt die Augen auf und geht hastig weiter, während der hübsche Mann sein Hemd und den Ärmel seines Nadelstreifenanzugs nach unten zerrt, um das Band wieder zu verbergen. Mit gesenkten Augen sitzt er da.

Die Frau sieht ihm an, dass er sich schämt und gedemütigt fühlt. Als sich ihre Blicke kurz treffen, gibt sie sich Mühe, ihm aufmunternd zuzulächeln, aber es ist zu spät, eine hübsche junge Frau ist vor seiner Identität zurückgeschreckt. Die rosa und blaue Geschlechtsidentifizierung scheint so einfach zu sein, aber kleine Erlebnisse wie dieses gerade sind um vieles einschneidender, als der Frau bisher klar war.

Eine Weile später steht sie mit ihren sechsjährigen Zwillingen Jack und Jill an der Imbisstheke. Neben ihr wartet ihre Freundin Rita mit ihren Zwillingen Colin und Colleen, ebenfalls sechs Jahre alt. Colleen trägt ein Disney-Prinzessinnenkleid, Colin ist als Pirat verkleidet. Wie immer plaudert Rita ununterbrochen, sie holt nicht einmal Luft.

»Wer bekommt die beiden Cheeseburger?«, unterbricht die Bedienung ihren Redefluss.

»Meine beiden hier«, antwortet die Frau und tätschelt ihnen den Kopf, während sie erklärt: »Einmal Penis, einmal Vagina.«

Ein rosa Prinzessinnengericht und ein blaues Dinosauriergericht werden aufs Tablett gestellt.

»Ich will aber ein Dinosaurieressen«, jammert Jill.

Rita schnappt hörbar nach Luft. »Was hat sie gesagt?«

Auch die Frau staunt über ihre Tochter, so etwas hat sie von Jill noch nie gehört.

»Ich hab dir doch schon davon erzählt, Mum«, ruft Colleen und blickt triumphierend zu Rita empor.

»Okay, das reicht jetzt, Schätzchen«, erwidert Rita mit einem nervösen Lachen.

»Was hast du ihr erzählt?«, will Jill wissen.

»Kannst du dir doch denken«, antwortet Colleen und verzieht das Gesicht. »Das ganze Zeug. Dass du so total … du bist.«

»Also, das ergibt doch keinen Sinn«, argumentiert Jill. »Wenn ich nicht ich bin, wer soll ich denn dann sein?«

Der Kommentar rüttelt die Frau auf, und sie schaut ihre Tochter an, überrascht, dass sie so entschieden für sich eintritt, und voller Bewunderung für ihre Klugheit. »Das reicht jetzt wirklich, Mädels«, unterbricht Rita das Gespräch der beiden. »Kommt, wir gehen, die Leute glotzen schon.«

Auch die Frau bemerkt, dass sowohl die Bedienung als auch die Kunden in der Nähe Jill seltsame Blicke zuwerfen. Eine Mutter hält ihrer Tochter sogar die Ohren zu und entfernt sich sicherheitshalber mit ihr noch ein paar Schritte. Peinlich berührt senkt Jill den Kopf. Die Frau nimmt das Tablett in die eine Hand, legt den anderen Arm schützend um Jills Schultern, und sie gehen gemeinsam zu den Tischen.

»Vier Vaginas und zwei Penisse«, ruft Rita lautstark dem Restaurantpersonal entgegen.

Die vier Frauen setzen sich auf rosa Stühle, die beiden Jungs auf blaue. Rita plappert natürlich weiter, aber die Frau blendet ihre Stimme aus und beobachtet mit einer Mischung aus Sorge und Faszination die Interaktion der Kinder. Jill spielt mit Jacks Plastiksaurier – er frisst die Prinzessin –, Jack benutzt den juwelenbesetzten rosa Prinzessinnenring, um einen Laserstrahl auf den Saurier abzufeuern.

Colleen sitzt von ihnen abgewandt und bürstet ihrer Barbie die Haare, aber Colin ärgert sie, geht mit seinem Piratenhaken auf die Puppe los und versucht, ihr die Haare abzuschneiden. Gelegentlich dreht er sich zu Jack und Jill um und wirft ihnen entrüstete Blicke zu. Die Frau, die sich inzwischen überhaupt nicht mehr auf Ritas Gequassel konzentrieren kann, studiert die Dynamik mit neuen Augen und versucht, daraus zu lernen.

An ihrem samstäglichen Ausgehabend sitzt die Frau mit ihren Freundinnen in einer Bar, auf einem rosa Stuhl an einem rosa Tisch, alle trinken aus Gläsern mit Schirmchen und Strohhalmen und verrückten Obstspießen. Da sie sich nicht für das Gesprächsthema interessiert, lehnt sie sich zurück, spielt in Gedanken die immer gleichen Sorgen durch und beobachtet dabei ihren Mann, der mit den anderen Ehemännern in der Nähe steht, alle mit einem Bierglas in der Hand.

Dan schaut zu ihr herüber und wirft ihr einen liebevoll fragenden Blick zu, als wolle er sich vergewissern, dass es ihr gutgeht. Aber die Frau ist selbst nicht sicher.

»Es gab doch auch weibliche Dinosaurier, oder nicht?«, fragt sie dann abrupt.

Ihre Freundinnen wechseln verwirrte Blicke.

»Was meinst du denn damit?«, fragt Rita.

»Ich meine, in der Zeit, als Dinosaurier auf der Erde lebten, gab es doch große furchteinflößende männliche Dinos ... und es gab weibliche Dinos. Große furchteinflößende Dinos. Denn wenn es keine Weibchen gegeben hätte, dann hätte es doch keine Dinobabys gegeben, richtig?«

»Natürlich gab es Dinoweibchen«, meint Rita beschwichtigend und ein bisschen beunruhigt.

»Dann könnte ich theoretisch also auch ein Kleid mit einem Dino drauf tragen, mit einem Dinoweibchen?«

Ihre Freundin Ella fängt an zu kichern. »Vielleicht ein Kleid mit einem rosa Dinosaurierweibchen.«

Rita legt die Hand auf den Arm der Frau. »Ist alles okay mit dir? Geht es um Jill und ihr ... na, du weißt schon ... ihr Problem?«

»Nein. Ja. Nein. Ich meine, es gab auch Dinoweibchen,

aber ich glaube nicht, dass sie rosa waren.« Sie schaut ihre Freundinnen an, als würde sie sie um Verständnis bitten, aber die anderen Frauen starren nur ratlos zurück.

»Okay«, meint Rita gedehnt.

Die Frau und ihr Mann sitzen mit zwei männlichen Geschäftskollegen in einem Restaurant, und sie ist in ein anregendes Gespräch mit einem der beiden vertieft, als die Kellnerin kommt, um ihre Bestellungen aufzunehmen.

»Oh, ich hab die Speisekarte noch gar nicht richtig angeschaut«, ruft die Frau entschuldigend. »Schatz, fang doch schon mal an, ich beeile mich«, fügt sie an Dan gewandt hinzu.

Sie studiert die Karte, kann aber die intensiven Blicke der anderen nicht ignorieren und blickt schließlich auf.

»Ich weiß nicht, wie es euch geht, Jungs«, sagt Bob. »Aber dort, wo ich herkomme, hat man uns beigebracht, dass eine Vagina immer als Erste dran ist.«

Dan zuckt zusammen.

Die Frau wendet ihre Aufmerksamkeit wieder der Speisekarte zu, überfliegt sie irritiert und hektisch, denn jetzt steht sie plötzlich unter Zeitdruck. In angespanntem Schweigen wird sie von den drei Männern und der Kellnerin beobachtet.

Schließlich klappt sie die Karte zu.

»Das Steak, bitte.«

Die Kellnerin schaut sie an und wartet. Die Frau weiß, dass sie noch etwas sagen muss, dass das von ihr erwartet wird, aber sie findet, dass ihre Ansage reicht.

»Ich hätte gern das Steak, bitte«, wiederholt sie nach einer Weile.

»Oh, das habe ich schon gehört, aber welches Steak? Filet Mignon für Vagina oder T-Bone für Penis?«

Auf einmal verliert die Frau die Beherrschung.

»Ich musste unbedingt als Erste bestellen, richtig? Also ist es doch wohl ziemlich naheliegend, dass ich das Vagina-Steak möchte.«

»Darf ich bitte noch Ihre Hand sehen?«, fragt die Kellnerin.

Die Frau schiebt den Ärmel ihrer Smokingjacke ein Stück nach oben und hält mit geballter Faust ihr Handgelenk in die Höhe.

Wieder herrscht betretenes Schweigen.

»Und ich hätte gern das Penis-Steak, T-Bone«, sagt Bob schließlich und hält der Bedienung ebenfalls sein Armband entgegen.

»Für mich das Gleiche bitte«, sagt Roger. »Ich glaube, das nehmen wir alle, oder nicht, Dan?«

Die Frau schaut zu Dan, der nachdenklich aussieht. Langsam klappt er die Speisekarte zu.

»Eigentlich hätte ich lieber den Petersfisch.« Mit geballter Faust hebt er die Hand, genau wie vorhin seine Frau. »Penis.«

Als das Essen vor sie auf den Tisch gestellt wird, steckt in Fleisch und Fisch jeweils ein Zahnstocher mit einem kleinen Schildchen. Blaues Etikett für T-Bone und Fisch, rosa für Filet Mignon. Die Frau hebt ihr Weinglas und stellt fest, dass es leer ist. Spontan streckt sie die Hand nach dem Eiskübel mit der Weinflasche aus.

»Na, na«, meint Bob, grinst und wedelt drohend mit dem Finger vor ihrem Gesicht herum. Dann packt er den Hals der Weinflasche und zieht sie heraus, aber während er der

Frau Wein einschenkt, tropft das Wasser aus dem Kübel auf ihr Steak.

»Vielen Dank«, stößt die Frau zwischen zusammengebissenen Zähnen hervor.

Die Frau kommt aus dem Einkaufszentrum, bepackt mit Tüten. Es sind viele und ziemlich schwere Tüten, aber sie schafft es ganz gut, sie zu tragen, denn ihr Auto ist nicht weit weg. Hinter ihr ist ein Mann in einer ähnlichen Lage, aber zwei fremde Männer eilen herbei, um der Frau zu helfen.

»Lassen Sie mich das tragen«, sagt der eine.

»Nein, nein. Danke. Ich hab alles im Griff«, entgegnet sie und geht weiter.

»Ich nehme Ihnen das Zeug ab«, ruft der Zweite, steht plötzlich direkt vor ihr und streckt auch schon die Hände nach ihren Tüten aus.

Die Frau geht um ihn herum und marschiert weiter auf ihr Auto zu. Erneut blockieren die beiden Männer ihr den Weg, wollen ihr die Tüten abnehmen und werden so übergriffig, dass die Frau um ein Haar stolpert.

»Nein, danke«, sagt sie mit fester Stimme. »Das Angebot ist sehr nett von Ihnen, aber ich komme zurecht. Ich kann meine Tüten tragen, vielen Dank, ich schaffe das. Bitte lassen Sie mich in Ruhe weitergehen.«

Dem Mann, der schon vorhin mit seinen Tüten gekämpft hat, rutscht eine davon aus der Hand, weil der Henkel gerissen ist. Der Inhalt der Tüte landet auf dem Boden, aber niemand macht Anstalten, ihm zu helfen, obwohl überall Orangen herumkullern, während der Mann sich verzweifelt bemüht, die Sachen vom Gehweg aufzuklauben. Prompt fährt ein Auto eine Orange platt, aber er kann nur hilflos zuschauen.

Unterdessen nähert der zweite Mann sich wieder der Frau und fordert in aggressivem Ton: »Lassen Sie sich doch helfen. Wir sind freundlich, wir sind Ehrenmänner.«

»Das ist keine Freundlichkeit!«, protestiert die Frau laut. »Sie belästigen mich!«

Nun werden die in der Nähe herumstehenden Genderpolizisten auf die Situation aufmerksam und kommen herüber, bonbonrosa und himmelblau auf dem grauen Betonparkplatz.

»Sie sollten auf Ihren Ton achten, ja?«, sagt die Polizistin mit strenger Stimme. »Und beruhigen Sie sich bitte, Madam.«

»Ach um Himmels willen!«, stöhnt die Frau und versucht, Reißaus zu nehmen – sie will nur weg von diesen Leuten und zu ihrem Auto.

»Moment mal!«, ruft die Polizistin, und die ganze Gruppe holt die Frau wieder ein. »Wenn Sie vorhaben, Widerstand gegen die Staatsgewalt zu leisten, müssen Sie mit Strafpunkten rechnen, das ist Ihnen hoffentlich klar.«

»Widerstand gegen die Staatsgewalt? Ich habe nichts Unrechtes getan, ich möchte nur meine Tüten selber tragen!«

»Gemäß der Genderidentifizierungsverordnung von 2017 haben diese Gentlemen Ihnen angeboten, Ihre Tüten zu tragen, die Ihnen jeden Moment zu schwer werden könnten, und soweit ich sehen kann, reagieren Sie darauf mit Aggression …«

»Überhaupt nicht!«, brüllt die Frau.

Doch dann hält sie inne. »Okay, vielleicht bin ich inzwischen tatsächlich aggressiv geworden, aber nur, weil Sie die Sache so aufbauschen«, räumt sie ein. »Mein Auto steht gleich da drüben, bis dahin schaffe ich es gut allein.«

Doch mittlerweile drohen ihr die Tüten tatsächlich aus den Händen zu rutschen.

»Ich sage Ihnen jetzt mal, was wir machen«, mischt sich nun auch der Polizist ein. »Sie werden Ihre Tüten sofort abstellen. Dann werden Sie diesen beiden freundlichen Herren erlauben, Sie zu Ihrem Auto zu begleiten, und Sie werden sich angemessen bei ihnen bedanken. Verstanden?«, sagt der Polizist.

Die Frau denkt nach. Zwar ist sie schrecklich frustriert, aber sie möchte die Szene, die sie verursacht hat, nicht noch schlimmer machen. Außerdem fühlt sie sich auf einmal eingeschüchtert von diesen vier Leuten, die sie umringt haben.

»Ja, ich habe verstanden.«

»Und bitte keine Dummheiten, ja?«, fügt die Polizistin noch hinzu.

»In Ordnung.«

Widerwillig setzt die Frau ihre Tüten ab. Die beiden Männer nehmen sie und tragen sie die letzten zehn Schritte bis zum Auto. Die Frau öffnet den Kofferraum, die Männer stellen die Tüten hinein. Sie schließt den Kofferraum wieder, geht zur Fahrertür und hat schon die Hand auf dem Griff, als der Polizist sie zurückpfeift.

Mit einem Seufzer tritt die Frau zurück, und der erste Mann öffnet die Autotür für sie. Sie steigt ein, und der Mann schließt die Tür.

Die Frau geht mit ihren Kindern im Park spazieren.

»Ich muss Pipi machen, Mum, ganz dringend«, sagt Jill auf einmal und fängt auch schon an herumzutänzeln.

»Okay, ich bring dich schnell zur Toilette.«

Vor den Toiletten steht ein Genderpolizist und überprüft die Armbänder der Nutzer. Babyblaue Uniform vor grauer Mauer.

Die Leute zeigen ihr Handgelenk, nennen ihr Geschlecht, dann werden sie in die entsprechende Richtung gewiesen und dürfen die Toilette betreten. Direkt vor ihnen wird eine hübsche junge Dame aufgehalten.

»Penis«, sagt sie.

Jill sperrt interessiert die Augen auf. Wie immer nimmt sie alles aus ihrer Umgebung begierig zur Kenntnis.

Der Polizist mustert die Dame von oben bis unten und deutet mit einer Kopfbewegung zur Herrentoilette, aber sie zögert.

»Ich verstehe die Regeln, aber ich wollte fragen, ob ich vielleicht die Damentoilette benutzen könnte«, erklärt sie. »Wenn Sie so nett wären, einmal eine Ausnahme zu machen. Bitte. Beim letzten Mal gab es einen sehr unangenehmen Vorfall, und ich habe Angst …«

»Sie tragen ein blaues Armband, auf Ihrer Geburtsurkunde steht männlich, klare Sache, Sie gehen zu den Männern«, erklärt der Genderpolizist streng, jedoch ohne ihren Blick zu erwidern.

»Das ist nicht fair, Mummy!«, ruft Jill. »Sag doch was!«

Die Frau erstarrt.

»Bitte«, wiederholt die hübsche Dame vor ihnen fast flehend.

»Machen Sie keine Schwierigkeiten«, erwidert der Polizist mit harter Stimme und schaut ihr endlich in die Augen. »Es sind Kinder hier. Sie befinden sich in einem Familienpark.«

»Mir macht es nichts, wenn sie zu den Mädchen geht«, meldet Jill sich zu Wort.

Dankbar dreht sich die hübsche Dame zu ihr um, sie hat Tränen in den Augen.

»Danke«, sagt sie und lächelt Jill zu.

Jill strahlt übers ganze Gesicht.

»Spielt keine Rolle, Regeln sind Regeln, ab mit Ihnen zu den Männern oder raus aus der Schlange«, beharrt der Polizist.

Die hübsche Frau drückt ihre Tasche fester an sich, als könnte sie sich mit ihr trösten und schützen, dann geht sie langsam zur Herrentoilette.

»Tut mir leid, dass Sie das mitansehen mussten«, sagt der Genderpolizist.

Die Frau macht den Mund auf, um etwas zu sagen, aber kein Wort kommt heraus.

»Mir tut es leid, dass ich mitansehen musste, wie gemein Sie sind«, sagt Jill zu dem Polizisten und stürmt an ihm vorbei zu den Toiletten.

Schockiert läuft die Frau ihr nach. In ihrer Kabine bleibt sie eine Weile stehen, lehnt die Stirn an die Tür und schließt die Augen. Sie fühlt sich schwach. Ihre sechsjährige Tochter sieht so klar, was sie selbst erst langsam zu begreifen beginnt. Ihre sechsjährige Tochter spricht aus, was sie selbst nicht über die Lippen bringt.

Beim Abendessen sitzt die Frau mit ihrer Familie am Küchentisch und stochert gedankenverloren in ihrem Essen. Die letzte Woche war beunruhigend für sie. Während Jack, Jill und Dan sich angeregt unterhalten und Witze machen, ist die Frau in Gedanken weit weg. Gelegentlich mustert

Dan sie besorgt, aber dann widmet er sich wieder den Kindern.

Als er mit seinem Essen fertig ist, steht er auf und streckt sich. »Ich geh Fußball gucken«, sagt er und will zur Tür hinaus.

Die Frau beäugt den schmutzigen Teller, den er auf dem Küchentisch stehen gelassen hat. Und sie sieht nicht nur verärgert aus, sie ist wirklich wütend und kurz davor, in die Luft zu gehen. Dan spürt ihre Stimmung und bringt den Teller zum Becken neben der Geschirrspülmaschine. Die Maschine ist grellrosa, der Rest der Küche in einem dezenten Grau gehalten.

»Die Spülmaschine ist leer«, verkündet die Frau mit fester Stimme.

Er schaut zu dem rosaroten Gerät, dann wieder zu seiner Frau. Offensichtlich ist er ein bisschen verwirrt.

Sie dagegen knallt ihr Besteck auf den Tisch, schiebt den Stuhl zurück, steht auf, geht zum Abfallbehälter und zieht die Müllbeutel aus den Eimern. Die Müllbeutel sind blau.

»Was machst du denn da?«, fragt Dan.

»Ich bringe den Müll raus.«

»Aber Schätzchen«, sagt er und deutet zwischen seine Beine. »Penis.«

Mit großen Augen beobachten die Kinder die Szene. Die Frau sieht zu Jill, die sie vor der Parktoilette aufgefordert hat, etwas zu sagen, und sie hat es nicht fertiggebracht. Die Erinnerung daran spornt sie an.

»Die Vagina kann den Müll sehr gut rausbringen.«

Die Kids grinsen und kichern. Völlig verdattert schaut Dan seiner Frau nach, als sie die Küche verlässt. Sie bleibt eine Weile draußen, damit er sich wieder beruhigen kann.

Als sie zurückkommt, ist der Küchentisch abgeräumt und die Spülmaschine gefüllt, Dan sitzt mit einer Tiara auf dem Kopf auf dem Boden, Jack trägt einen Tutu und einen Wikingerhelm, Jill hat Feenflügel auf dem Rücken und zielt mit einem Schwert auf Dan.

Die Frau lächelt ihrem Mann zu.

Als das rosa iPhone auf dem Nachttisch losgeht, stellt die Frau es sofort aus. Sie sitzt schon hellwach im Bett.

»Du siehst einsatzbereit aus«, stellt Dan verschlafen fest.

»Bin ich auch.«

»Was ist los?«

»Ich werde den Tag bei den Eiern packen«, antwortet sie. Dann denkt sie einen Moment nach. »Und bei den Titten.«

»Ist es falsch, wenn mich das scharf macht?«, fragt Dan, und sie lacht und beugt sich zu ihm, um ihn zu küssen.

Der Taxifahrer ist in die Zeitung vertieft, als er hört, wie die Autotür aufgerissen und wieder zugeknallt wird. Er dreht sich um und sieht die Frau auf der Rückbank sitzen.

»Fahren Sie«, sagt sie mit entschlossener Stimme.

Er sieht das rosa Armband an ihrem Handgelenk.

»Das geht nicht, ich kann keine Vagina ohne Begleitung fahren. Sie müssen einen Penis dabeihaben.«

Unbeirrt schiebt die Frau ihm ein paar Geldscheine zu. »Die haben alle dieselbe Farbe, richtig?«

Der Mann schaut sich um, vergewissert sich, dass niemand sie beobachtet, und lässt den Motor an.

Bei Starbucks knallt die Frau einen großen silbernen Coffee-to-go-Becher auf die Theke.

»Grande Latte zum Mitnehmen.«

Gelangweilt blickt Olaf auf. »Penis oder …«

»Für mich, bitte. Für das durstige menschliche Wesen, das vor Ihnen steht. Denn wenn ich nicht ich bin, wer soll ich denn dann sein?«

Olaf schaut sie an. Auf einmal bekommt ihr cooles Äußeres einen Riss, und sie grinst breit. »Super. Einen Grande Latte für ein menschliches Wesen, kommt sofort.«

Ihre Reaktion überrascht die Frau, sie hat eher erwartet, dass Olaf Streit anfängt. »Oh. Danke.«

Mit ihrem Kaffeebecher in der einen und der Aktentasche in der anderen Hand eilt sie zu ihrem Büro, in der Absicht, um jeden Preis selbst die Tür aufzumachen – zur Hölle mit den Regeln, die nichts anderes als eine Einschränkung sind. Ihr sind die Strafpunkte egal, sie wird ihr Leben weiterhin als Individuum leben, auch wenn die Gesellschaft sie dafür bestraft. Aber als sie sich dem Gebäude nähert, wird ihr klar, dass es nicht so leicht sein wird, wie sie gedacht hat. Niemand ist in der Nähe, und sie hat keine Hand frei. Wie soll sie jetzt die Tür öffnen? Sie klemmt den Kaffeebecher unter den Arm, aber das funktioniert nicht, sie klemmt die Aktentasche unter den anderen Arm, auch das ist kein Erfolg. Also probiert sie es mit dem Fuß, hüpft hin und her, um ihren hochhackigen Schuh so unter den langen Türgriff zu haken, dass sie die Tür aufziehen kann – nichts passiert. Diesmal braucht sie wirklich Hilfe.

Ein Mann stürzt herbei, um ihr die Tür aufzuhalten. »Warten Sie, ich mach das schon.«

Sie lächelt. Wenn es nötig ist, weiß sie Hilfe durchaus zu schätzen.

»Vielen Dank«, sagt sie, und es kommt von Herzen.

19
Die Frau, die abhob

Sie wacht auf und greift, noch ehe ihre Augen richtig offen sind, nach ihrem Handy, checkt ihre letzten Instagram-Posts, betrachtet das Foto von sich, zoomt rein und raus, versucht sich vorzustellen, wie andere User sie sehen, welchen Eindruck sie wohl vermittelt hat. Dabei denkt sie an jeden ihrer Freunde einzeln und überlegt, wie ein bestimmtes Foto auf ihn oder sie wirken könnte. Sie schaut nach den Likes. Über eine Million. Nicht ganz so viele wie gestern. Aber sie freut sich, als sie die Namen derer betrachtet, die ihren Post geliked haben. Viele von denen, die sie beeindrucken wollte, sind tatsächlich beeindruckt oder haben zumindest das Herzchen angeklickt, um zu zeigen, dass sie den Beitrag wohlwollend zur Kenntnis genommen haben. Sie schaut auch bei ein paar anderen Leuten nach, was sie so machen und mit wem und warum sie ihren Post nicht geliked haben. Es dauert etwa eine Stunde, die aber so schnell vergeht wie eine Minute.

Danach duscht sie und schlüpft in ihre Sportsachen. Eine Stunde fürs Make-up – Wangenknochen gehighlighted, Augenbrauen dicht, üppig und glatt, Lippen voll und elastisch. Auf der Nase eine übergroße Sonnenbrille, begrüßt sie die Paparazzi, die schon seit Morgengrauen vor dem Haus warten, ganz locker mit dem Peace-Zeichen. Sie achtet auf ihre Haltung, ihren Gesichtsausdruck, hat jeden Muskel ihres Körpers unter Kontrolle, als sie ins Auto steigt und losfährt. Ein paar Paparazzi verfolgen sie auf ihren Motorrädern, aber sie verändert nichts an ihrer Pose und strengt sich vor allem an, nicht zu denken, denn wenn sie nachdenkt, erscheinen auf ihrer Stirn diese hässlichen Konzentrationsfalten.

Im Fitnessstudio bittet sie ihren Trainer, sie bei ein paar ihrer Workouts zu filmen, und fügt das Video, nachdem sie es mit ein paar Filtern optimiert hat, zu ihrer App hinzu. Natürlich bekommt es niemand umsonst, dafür muss man die App abonnieren. Auf dem Weg von ihrem Haus zum Studio hat sie ja schon ein paar kostenlose Fotos eingestellt, die sich mittlerweile garantiert überall im Internet verbreitet haben. Bis mit dem Licht, dem Filter und der restlichen Bearbeitung alles perfekt ist, dauert es wieder eine Stunde.

Zeit für einen Proteindrink. Sie nuckelt ihn, den Strohhalm zwischen ihren aufgespritzten Lippen und den frisch manikürten und mit Produkten aus ihrer eigenen Kollektion lackierten langen Fingernägeln.

Zum Lunch trifft sie sich mit einer Freundin und informiert sich über den aktuellsten Klatsch und Tratsch. Wer hat was mit wem gemacht, welchen Einfluss hat das alles auf sie?

Dann fährt sie nach Hause. Den Rest des Nachmittags liest sie Zeitschriften, studiert vor allem die Modethemen, schaut auf Twitter und Instagram nach neuen Posts. Sie plant die nächsten Lippeninjektionen. Und drumherum gleich einen Urlaub samt Fotoshooting. Sie probiert Klamotten an, die man ihr gratis zugeschickt hat, beantwortet die Mails ihrer verschiedenen Geschäftsunternehmen. Sie surft im Internet und plant ein Wochenende mit Freunden auf einer Yacht. Und die Bikiniauswahl dafür.

Die Nachrichten schaltet sie gleich wieder ab – es gab irgendeine Wahl. Von so etwas will sie nichts wissen, es hat nichts mit ihr zu tun. Stattdessen sucht sie lieber in ihrem Schlafzimmer die Stelle mit dem besten Licht, schiebt einiges durch die Gegend und macht ein Selfie. Spielt mit den Filtern herum. Mehrere Stunden sind vergangen. Draußen ist es dunkel geworden.

Als sie am nächsten Morgen aufwacht, hat sie das Gefühl zu schweben, bekommt Angst und landet auf dem Rücken. Ihr steht der Schweiß auf der Stirn.

Jetzt ist sie hellwach. Sie checkt ihre Posts. Eins Komma fünf Millionen Likes.

Auf der Treppe berühren ihre Füße kaum den Boden, als hätte die Schwerkraft sich irgendwie verändert, als wäre sie auf dem Mond.

Neue Nägel, Extensions, Peeling, eine Stunde Make-up. Sie probiert verschiedene Outfits, kann sich aber nicht entscheiden. Nichts gefällt ihr, nichts davon sieht richtig gut aus, sie möchte gar nicht aus dem Haus gehen, dafür ist sie heute zu empfindlich. Also liest sie Zeitschriften, am liebsten die Seiten mit den Fotos, auf denen die Mängel einer bestimmten Frau umkringelt sind. Zwar macht ihr das Angst, aber die Unzulänglichkeiten anderer Menschen üben auch eine große Anziehungskraft auf sie aus.

Sie checkt ihren Instagram-Account. Überlegt, wie sie mit ihrem nächsten Foto Aufmerksamkeit erregen könnte. Die Lippen helfen garantiert. Auch die Po-Implantate können demnächst offenbart werden.

Als sie zu ihrem Auto geht, ist ihr schwindelig, sie bewegt

sich langsamer als sonst, ihre Füße haben kaum Bodenkontakt. Sie überlegt, ob es an den neuen Overkneestiefeln liegt, die sie heute trägt. Kombiniert übrigens mit den schwarzen Ripped Jeans und einem Spitzenbody.

Im Auto zieht sie den Sicherheitsgurt fester als sonst, damit er sie auf ihrem Sitz hält.

Sie macht ein Interview mit einem Teen-Magazin über ihren neuen Lipgloss mit Aufpolster-Effekt. Sie beantwortet unproblematische Fragen – sie wird nie zu etwas befragt, worüber sie nichts weiß. Beim Thema Injektionen lügt sie. Schließlich stehen ihre Unsicherheiten hier nicht zur Debatte. Als Teenager hat man es in diesem Geschäft, in dem die Augen der ganzen Welt auf einen gerichtet sind, besonders schwer. Sie steht unter einem enormen Druck, sie muss liefern, sie muss halten, was man sich von ihr verspricht. Das Interview und der Fotoshoot finden in ihrem neuen Frozen-Yoghurt-Shop statt.

Auf Instagram postet sie ein Foto von sich, wie sie an einer Kirsche lutscht, die Lippen mit ihrem neuen kirschroten Lipgloss geschminkt, die Fingernägel mit dem neuen kirschroten Lack lackiert. Dazu ein hungrig-verführerischer Blick. Später checkt sie die Likes: zwei Millionen.

Als sie zu ihrem Auto zurückgeht, heben ihre Füße vom Boden ab, sie kommt nicht wieder runter. Die Paparazzi umringen sie und fotografieren eifrig. Sie steigt immer höher, die Kameras klicken, die Blitzlichter zucken, sie versucht, äußerlich ruhig zu bleiben und weiterhin die Wangen einzuziehen, aber in Wirklichkeit hat sie Panik. Was passiert mit ihr? Dann verliert sie doch die Fassung, beginnt zu strampeln und zu schreien. Mit den Füßen befindet sie sich inzwischen auf Höhe ihres Autodachs, ihre Pfennigabsätze kratzen über den Lack des neuen Wagens, sie schlägt um sich, versucht, Luft zu treten, als wäre es Wasser. Aber sie schafft es nicht zurück auf den Boden.

Irgendwann kommt der Fotograf des Teen-Magazins aus dem Frozen-Yoghurt-Shop gelaufen, packt sie am Knöchel und zieht sie herunter. Geschockt rennt sie zurück in ihren Shop, der inzwischen von der Presse belagert wird. Der Schwebezwischenfall ist im Internet bereits viral, der Shop gerappelt voll. Mittlerweile hat sie fünf Millionen neue Follower. Sie ist auf allen wichtigen Nachrichtenkanälen zu sehen, auf manchen davon toppt sie sogar die Berichte über die Wahl.

Als ihre Mutter und Managerin hereinstürmt, klebt ihre Tochter mit dem Rücken platt an der Decke, das Handy vor der Nase.

Der Rettungsdienst der Feuerwehr hilft, sie von der Decke herunterzuangeln. Im Notarztwagen sieht sie sich den Nachrichtenbeitrag über sich selbst an. Schon wieder hat sie eine Million Follower mehr, insgesamt sind es jetzt siebzig Millionen. Sie beginnt wieder zu schweben.

Die Krankenhausgeräte piepen, als die Schläuche sich spannen, weil sie sich in die Luft erhebt.

Der zu Rate gezogene Spezialist beobachtet sie.

Ihre Managermom stößt einen panischen Schrei aus und brüllt ihn an, er solle gefälligst etwas unternehmen. Aber er hat so etwas in seinem ganzen Leben noch nie gesehen.

»Was macht sie denn da mit ihrem Telefon?«, erkundigt er sich.

»Vermutlich ist sie auf Instagram. Stimmt's, Süße?«

»Über mich wird auf sämtlichen Nachrichtenkanälen berichtet«, antwortet sie von der Decke herunter und schafft es nicht, den Blick vom Display loszureißen. »Mom, der Lipgloss ist ausverkauft.«

Zwischen Boden und Decke entspinnt sich eine Unterhaltung über den Lipgloss.

»Hat Ihre Tochter die Highschool abgeschlossen?«, fragt der Spezialist, als sie beendet ist.

»Ja.«

»Wie war ihre Interaktion mit den anderen Schülern?«

»Sie wurde zu Hause unterrichtet.«

»College? Irgendeine weiterführende Ausbildung? Teilzeitjobs?«

»So was brauchte sie nie. Sie besitzt mehrere eigene Firmen.«

»Die sie selbst leitet?«

»Nein, das macht ihr Team. Sie ist Kreativchefin.«

»Aha. Lesen Sie gern?«, ruft der Spezialist zur Decke hinauf.

»Ich lese ja grade«, antwortet sie, ohne den Blick vom Handy zu nehmen.

»Bücher?«

Sie verzieht das Gesicht und schüttelt den Kopf.

»Aha. Und schauen Sie die Nachrichten? Irgendwelche Dokumentationen?«

»Ich sehe eigentlich nie fern. Aber ich habe meine eigene Realityshow, ich *mache* Fernsehen«, lacht sie.

»Ich denke, ich verstehe, was los ist«, sagt der Spezialist und wendet sich an die Managermom. »Das Gehirn Ihrer Tochter ist zwar ständig beschäftigt, aber ihre Gedanken kreisen fast nur um ihre eigene Person. Deswegen enthält ihr Gehirn nichts Substantielles, nichts, was sie auf dem Boden der Tatsachen verwurzelt – nichts von Gewicht.«

»Das ist doch lächerlich, sie ist Geschäftsfrau. Forbes hat sie unter den Top zwanzig Teenagern gelistet, die man dieses Jahr im Auge behalten sollte. Sie ist Hunderte Millionen wert.«

»Darum geht es aber nicht«, erklärt der Spezialist und runzelt die Stirn. »Auch bei ihren Produkten dreht sich alles nur um sie. Die ganzen Marken sind vermutlich nichts als Geldbeschaffungsmaßnahmen. Reine Selbstvermarktung.«

»Geschäft ist Geschäft.«

»Viele Menschen haben eine Leidenschaft für ihr Fachgebiet. Leidenschaft führt zu einem bestimmten Grad von Intensität, zu einer positiven Verbundenheit mit dem Thema, zu Interesse, zu Antrieb und Ehrgeiz – zu lauter gewichtigen Dingen also. Die Leidenschaft Ihrer Tochter aber beschränkt sich auf Selbstbeweihräucherung, auf die Gier nach Zuwendung und Bestätigung, alles gilt ihrer eigenen Person. Aber damit kann man den Kopf nicht füllen, er bleibt hohl.«

Die Frau schwebt zum Fenster, um die Fans zu filmen, die draußen stehen und ihren Namen skandieren. Sie versendet das Video per Snapchat, ist dabei aber so unachtsam, dass sie aus dem offenen Fenster segelt, weg von ihrer Mutter und Managerin, weg von dem Spezialisten. Niemand erreicht sie mehr. Eine Weile schwebt sie über den Köpfen ihrer Fans, die sie filmen, statt ihr zu helfen. Immer höher steigt sie, hinauf in den Himmel, bis sie verschwindet.

Danach gewinnt sie noch einmal zehn Millionen neue Follower und ist damit bei Instagram die Person mit den meisten Followern aller Zeiten – über hundert Millionen. Aber das erfährt sie natürlich nie. In ihren Gedanken und Handlungen hat sich alles immer nur um ihre eigene Person gedreht, in ihrem Kopf gibt es keinen Platz für Dinge mit Tiefe und Bedeutung.

So leicht ist sie geworden, angefüllt mit so viel Nichts, dass der Wind sie davonträgt.

20
Die Frau, die ein gutes Nervenkostüm besaß

Ihre Suche begann mit dem Vorstellungsgespräch für den Job, den sie nicht bekam.

»Würden Sie sagen, dass Sie auch ein besonders gutes Nervenkostüm besitzen?«, fragte der Interviewer.

Die Frau zögerte. »Wie bitte?«

»Ihr Nervenkostüm, wie schätzen Sie das ein?«

Ratlos runzelte die Frau die Stirn. Mit einer solchen Frage hatte sie nicht gerechnet.

»Tut mir leid, aber ich glaube, ich habe gar keines.«

»Ach, Sie haben bestimmt eines«, beharrte der Interviewer und beugte sich vor, als würde er sich endlich für das interessieren, was sie sagte – auch wenn es keine Siegerworte waren.

»Nein, ehrlich nicht.«

»Jeder Mensch hat doch eines.«

»Sind Sie sicher?«

»Aber ja, natürlich.«

Im Stillen verfluchte sie ihre große Schwester. Schon wieder etwas, was sie ihr vorenthalten hatte.

»Männer auch?«

Er verzog das Gesicht. »Ja, sicher.«

Es war ein Gefühl, als hätte er ihr gesagt, dass sie ihr Leben lang den linken Schuh am rechten Fuß und den rechten am linken getragen hatte. Sie geriet aus dem Gleichgewicht und fühlte sich total desorientiert. Wie es aussah, hatte also jeder Mensch ein Nervenkostüm, das besonders gut zu ihm passte, nur sie nicht. Warum hatte ihr niemand etwas davon gesagt? Sie dachte an ihre Garderobe, ging im Kopf all ihre Outfits durch und überlegte, welches wohl besonders gut war, ohne dass sie es jemals gemerkt hatte. Aber ihr fiel keines ein.

»Dieses besonders gute Nervenkostüm«, begann sie, räusperte sich und versuchte, nicht so dämlich zu klingen, wie sie sich fühlte. »Habe ich mir das selbst zugelegt oder hat es mir jemand geschenkt?«

»Größtenteils haben Sie es sich selbst zu verdanken, denke ich. Obwohl es auch Leute gibt, die behaupten, dass es über Generationen hinweg weitergegeben wird.«

»Nein. Nicht in meiner Familie«, meinte die Frau kopfschüttelnd. »Die heben nichts auf, und meine Mutter mag nicht mal Hosenanzüge.«

Zuerst lachte er, weil er dachte, sie mache Witze, dann musterte er sie neugierig. »Nun ja, vielen Dank, dass Sie heute bei uns waren.« Dann stand er auf, streckte ihr die Hand hin, und sie wusste, dass es vorbei war.

Sie fuhr nach Hause, voller Wut, dass ihr niemand gesagt hatte, dass sie ein Nervenkostüm besitzen sollte. In der Jobbeschreibung war es auch nicht erwähnt worden. Sie hatte ihren Master gemacht, sie hatte promoviert, sie besaß die nötigen Referenzen und die erforderliche Erfahrung für den Job, aber niemand hatte ihr gesagt, dass sie auch ein gutes Nervenkostüm brauchte. Warum hatten ihre Freundinnen das nie erwähnt? Oder war es wie bei ihrer Periode? Da hatte sie selbst herausfinden müssen, was es damit auf sich hatte, weil ihre Eltern zu unbeholfen oder zu faul gewesen waren, um es ihr zu erklären.

Sie rief ihre Schwester an.

»Hey, wie war das Gespräch?«

»Schrecklich. Hast du ein gutes Nervenkostüm?«, fragte die Frau sofort.

»Ein gutes Nervenkostüm? Warum?«

»Tu mir einfach den Gefallen und beantworte meine Frage.«

»Hm, ja, ich denke schon. Ich ...«

Die Frau schnappte nach Luft. Selbst ihre Schwester hatte eines, ihre große Schwester, die ihr alles hätte sagen müssen, die sie aber schon beim Zungenküssen und allem möglichen anderen im Stich gelassen hatte.

»Und wie sieht es bei Jake und Robbie aus?«, fragte sie noch nach ihren Brüdern. »Haben die auch so was?«

»Was?«

»Na, ein gutes Nervenkostüm!«, brüllte sie ins Telefon, versuchte dann aber, tief Luft zu holen und sich zu beruhigen.

»Das weißt du doch genauso gut wie ich, Schätzchen – natürlich haben sie ein gutes Nervenkostüm. Vor allem Robbie. Absolut unkaputtbar.«

Die Frau schnappte nach Luft. Unkaputtbare Nervenkostüme gab es auch noch? »Habt ihr die von Mum und Dad? Haben die sie euch vererbt?« *Und wenn ja, warum habt ihr mich übergangen??*, fügte sie im Stillen hinzu.

»Machst du Witze? Süße, ist alles in Ordnung mit dir? Du klingst ... irgendwie komisch.«

»Mir geht es gut«, fauchte sie. »Nein, das stimmt eigentlich nicht. Ich bin sicher, dass ich den Job nicht kriege. Er hat mich nach meinem Nervenkostüm gefragt, und mir fiel keine Antwort darauf ein.«

»Was? Aber du bist doch die Zweitklügste der Familie!«

»Intelligenz reicht heutzutage nicht mehr. Anscheinend geht es auch um Äußerlichkeiten, man braucht ein besonders gutes Nervenkostüm. Aber ich werde schon eines finden.« Abrupt legte sie auf.

Und stürzte sofort zu ihrem Kleiderschrank, um ihre Sachen zu inspizieren. Ein Kostüm bestand bekanntlich aus zwei Teilen, es handelte sich um eine Kombination aus Rock und Jacke oder, etwas moderner definiert, aus Hose und Jacke. Dazu vielleicht noch eine Bluse. Wieder war sie verwirrt, denn so etwas trug ihre Schwester eigentlich nie. Trotzdem räumte sie wild entschlossen ihren Kleiderschrank aus und probierte alles an, kombinierte und mixte, ging im Zimmer auf und ab und versuchte zu erspüren, ob sie sich in irgendeinem Outfit besonders gut fühlte. In einem rückenfreien roten Kleid hatte sie kurz das Gefühl, aufrechter zu stehen, Kopf hoch, Brust raus. Sie hatte es bei der Hochzeit ihres Bruders getragen und sich tatsächlich noch nie so gut gefühlt. An diesem Abend hatte sie James kennengelernt und den besten Sex ihres Lebens gehabt. Aber sie war unsicher, ob ein gutes Nervenkostüm gleichzusetzen war mit dem besten Sex des Lebens. Ganz zu schweigen davon, warum ein potentieller Arbeitgeber sich beim Einstellungsgespräch für diesen Aspekt interessierte – und wenn, hätte sie jedenfalls Zweifel, ob sie in dieser Firma arbeiten wollte.

Mitten in ihrer Klamottenorgie kam ihre Mitbewohnerin vorbei, und als sie den Zustand des Zimmers sah, streckte sie neugierig den Kopf durch die Tür.

»Was machst du denn da?«

»Hast du ein gutes Nervenkostüm?«

Die Mitbewohnerin zögerte. »Mein Dad sagt, dafür habe ich zu viel Phantasie.« Sie lächelte der Frau zu, bekam aber als Reaktion nur einen leeren Blick, so dass sie sich achselzuckend umdrehte und davonging.

Die Frau runzelte die Stirn. Vor ihr lag ihre gesamte Garderobe – ausgebreitet und in Häufchen, auf dem Boden und auf dem Bett. Nun hatte sie gewissenhaft ein Teil nach dem anderen ausprobiert, hatte auf ihrem Computer sogar einen Algorithmus entwickelt, der ihr zeigte, wie jedes einzelne Kleidungsstück am besten kombiniert wurde, und doch wusste sie nach vollen sechs anstrengenden Stunden immer noch nicht, ob sie ein besonders gutes Nervenkostüm besaß.

Kurz entschlossen packte sie ihre Tasche und fuhr zu einem großen Modehaus.

Im Lauf des nächsten Monats arbeitete sie sich kontinuierlich durch jedes einzelne Kostüm und jeden Hosenanzug, den es führte. Von zehn Uhr vormittags bis sechs Uhr abends, donnerstags sogar bis neun, mit einer Stunde Mittagspause, beanspruchte sie die Dienste der Verkäuferinnen, die ihr sämtliche verfügbaren Kleidungsstücke in die Umkleidekabine brachten. Das Modehaus hatte fünf Stockwerke, sie ließ keines aus. Sie gab den Beraterinnen sogar ihre Telefonnummer und ihre E-Mailadresse, damit man sie benachrichtigen konnte, wenn neue Ware eintraf.

Abends erarbeitete sie eine Systematik für ihr Problem. Zunächst machte sie eine alphabetische Aufstellung sämtlicher Designer, die das Kaufhaus führte – es waren mehrere tausend –, von Acne Studios bis Zac Posen. Die Frau durchforstete sämtliche Kollektionen für die laufende und für die nächste Saison, notierte nervenkostümwürdige Outfits und errechnete auf Basis der bisherigen Produkte des jeweiligen Designers die Wahrscheinlichkeit, dass zweiteilige Rock- und Hosenkombinationen in zukünftige Kollektionen aufgenommen würden. Sie hatte ihren Namen auf mehrere Wartelisten setzen lassen und bereits über ein Dutzend Kleidungsstücke vorgemerkt.

Anfangs neigte sie zu der Annahme, dass ein gutes Nervenkostüm zeitlos und nicht von flüchtigen Modetrends beeinflusst sein sollte, doch dann wurde ihr klar, dass sie sich darauf nicht wirklich verlassen konnte, und passte die Werte entsprechend an. Weil es so vieles gab, was sie über das Thema nicht wusste, wurde die Studie immer umfassender.

So erstellte sie beispielsweise ein Moodboard ihrer Lieblingsstoffe und eine Datenbank darüber, welche Outfits in Einzelteilen kombiniert werden konnten, welche Texturen und Drucke dem aktuellen Modetrend zufolge harmonierten und welche nicht, denn ihr ging es ja darum, das Nervenkostüm zusammenzustellen, das für sie ideal war und ihren Körperproportionen ganz besonders schmeichelte.

An einem Morgen, nachdem die Frau tags zuvor ihren regelmäßigen Ladenbesuch absolviert hatte, war die Geschäftsführerin der Kaufhauskette unterwegs, um die Filiale zu inspizieren und sich mit verschiedenen Fachabteilungen zusammenzusetzen. Zufällig hörte sie, wie sich die Angestellten über eine Problemkundin unterhielten. Sollten sie sie bitten, das Geschäft zu verlassen? Ihr womöglich Ladenverbot erteilen? Sie verwarnen? Mit ihrem Auftrag, ein besonders gutes Nervenkostüm für sie zu finden, dessen

Beschreibung niemand wirklich verstand, hielt diese Frau sämtliche Verkäuferinnen auf Trab, und bisher hatte sie noch überhaupt nichts gekauft.

Noch beunruhigender allerdings war die Mappe, die diese Kundin heute in einer Umkleidekabine vergessen hatte – der Sicherheitsdienst hatte die gesamte Etage räumen lassen, alle waren panisch geworden. Jetzt drängten sich die Verkäuferinnen um die Tasche und sichteten die privaten Unterlagen der Problemkundin.

»Spioniert sie vielleicht für ein anderes Geschäft?«, überlegte eine.

»Finden wir es heraus!«, schlug eine andere vor und zog den Laptop aus der Mappe. Eine Sekunde schwebte ihr Finger über dem Einschaltknopf.

Die Geschäftsführerin, die unbemerkt eingetreten war, räusperte sich.

Überrascht sprangen alle auf, versuchten, Haltung anzunehmen, und stopften den Laptop hastig in die Tasche zurück.

»Trägt diese Problemkundin die Sachen denn, ehe sie sie zurückbringt?«, fragte die Geschäftsführerin und gab zu verstehen, dass sie die Mappe sehen wollte.

»Nein, die Kleidungsstücke verlassen unsere Filiale nicht. Die Kundin nimmt nie etwas mit«, antwortete eine der Angestellten. »Ich habe wirklich nichts dagegen, ihr zu helfen, aber sie beansprucht auch die Zeit der anderen Kundinnen, die wirklich etwas kaufen wollen.«

Die Geschäftsführerin blätterte in den Tabellen, fand das Moodboard und studierte es. Nun war ihr Interesse geweckt, und sie forschte weiter. Doch schon nach kurzem schloss sie die Tasche wieder. »Ich würde mich gern mit der

Dame unterhalten«, sagte sie. »Bitte schicken Sie sie zu mir, wenn sie kommt.«

Als die Frau um zehn Uhr eintraf, forderte der Sicherheitschef sie auf, ihn ins Büro der Geschäftsführung zu begleiten. Die Frau erschrak, gehorchte aber und saß schließlich etwas irritiert der Geschäftsführerin gegenüber. Vor ihr stand die Mappe, die die Frau in der Umkleidekabine vergessen hatte.

»Oh, es tut mir ehrlich leid, dass ich meine Tasche stehen lassen habe, ich wollte ganz bestimmt keinen Ärger machen. Leider habe ich es erst ziemlich spät gestern Abend bemerkt, und als ich versucht habe anzurufen, war es offensichtlich schon zu spät, jedenfalls ging niemand ans Telefon. Aber ich habe eine Nachricht hinterlassen, für den Fall, dass Sie sich Sorgen machen wegen des Inhalts. Ich weiß ja, dass eine unbeaufsichtigt herumstehende Tasche immer ein Sicherheitsrisiko darstellt.«

»Sie brauchen sich nicht zu entschuldigen«, entgegnete die Geschäftsführerin beschwichtigend. »Wir haben den Laptop zwar nicht hochgefahren, aber wir haben uns den Inhalt Ihrer Tasche angeschaut, um sicherzugehen, dass keine Gefahr von ihr ausgeht.«

»Selbstverständlich«, meinte die Frau und wandte etwas verlegen den Blick ab.

»Wie ich gehört habe, kommen Sie seit gut einem Monat jeden Tag hierher, probieren alles an, kaufen aber nie etwas«, fuhr die Geschäftsführerin fort.

»Ist das ein Vergehen?«

»Nein, nein. Aber Sie können sich vielleicht vorstellen, wie sonderbar es uns vorkommt, dass Sie nach so langer Zeit noch nichts gekauft haben.«

»Ich will ja etwas kaufen, ich habe nicht vor, Ihre Zeit zu verschwenden. Schauen Sie, ich habe genug Geld ... falls Sie mir nicht glauben«, fügte sie hinzu, fischte ihr Portemonnaie aus der Tasche und klappte es auf, um Bargeld und Kreditkarten vorzuweisen.

»Sie brauchen mir das nicht zu zeigen«, erwiderte die Geschäftsführerin freundlich. »Aber verraten Sie mir – was suchen Sie eigentlich?«

»Das kann ich nicht verraten.«

»Warum denn nicht?«

»Weil es mir zu peinlich ist.«

»Ich werde Sie nicht beurteilen. Sehen Sie, ich frage deshalb, weil ich Geschäftsführerin einer Kette von sechs Modehäusern bin. Wenn eine Kundin einen ganzen Monat lang alles anprobiert, was wir auf Lager haben, und trotzdem nicht das findet, was sie sucht, mache ich mir Sorgen. Wenn sich das Gesuchte nicht hier befindet, ist es vielleicht in New York oder in Chicago. Oder in L. A. Und wenn nicht, dann muss ich mich vielleicht mal mit unseren Einkäuferinnen unterhalten. Es stört mich, dass wir hier fünftausend Quadratmeter voller Kleidung haben, aber eine leidenschaftliche Kundin wie Sie trotzdem nicht zufriedenstellen können.«

»Oh«, sagte die Frau mit einem Seufzer der Erleichterung. »Also, es ist mir peinlich, aber vielleicht können Sie mir ja tatsächlich helfen. Letzten Monat war ich bei einem Vorstellungsgespräch. Ich habe meinen Master in Betriebswirtschaft als die Beste meines Jahrgangs gemacht, außerdem habe ich in Finanzwissenschaft promoviert und besitze exzellente Referenzen. Aber ich habe den Job trotzdem nicht bekommen. Obwohl ich dafür hochqualifiziert gewesen wäre.«

»Hat jemand beim Vorstellungsgespräch eine kritische Bemerkung über Ihre Kleidung gemacht?«, fragte die Geschäftsführerin, die versuchte, den Zusammenhang zu verstehen.

»Nein. Man hat mich gefragt, ob ich denn auch ein besonders gutes Nervenkostüm habe.« Die Frau errötete verlegen. »Und ich habe gesagt, ich habe überhaupt keines. Ich habe noch nie gehört, dass man so etwas besitzen sollte, aber anscheinend wissen alle anderen Leute genau darüber Bescheid. Als wäre ein Modetrend einfach spurlos an mir vorübergegangen. Deshalb bin ich jetzt jeden Tag hier, um ein richtig gutes Nervenkostüm für mich zu finden.«

Die Geschäftsführerin machte große Augen. »Sie haben also die ganze Zeit nach einem guten Nervenkostüm gesucht?«

»Ja.«

»Diese ganzen Tabellen und Berichte, dieses Moodboard – das alles war dafür, ein gutes Nervenkostüm zu finden?«

»Ja«, bestätigte die Frau leise. »Ich dachte, wenn ich das Richtige für mich finde, würde ich es vielleicht merken, sobald ich es anhabe. Aber inzwischen bin ich gar nicht mehr so sicher.«

Die Geschäftsführerin lächelte. »Und sagen Sie, werden Sie jetzt, wo Sie nach so langer Zeit immer noch kein gutes Nervenkostüm gefunden haben, einfach aufgeben?«

»Aufgeben? Nein, auf gar keinen Fall. Hier, ich zeige es Ihnen ...« Die Frau zog den Laptop aus der Mappe, rief die detaillierten Tabellen und Schaubilder auf, die sie im Lauf des letzten Monats erarbeitet hatte, und begann mit einer komplexen Analyse der verschiedenen Designer, Stile und Trends, die Damenkostüme beeinflussten. Sie wies auf einige überraschende Tatsachen hin, die sie in Bezug auf Größen und Preise zusammengetragen hatte. »Ich warte jede Woche auf neue Ware«, meinte sie dann. »Wenn die jetzt neu gelieferten Kollektionen für mich nicht richtig sind, liegt es vielleicht daran, dass ich eher ein Typ für Frühling und Sommer bin. Jedenfalls werde ich so lange hierher zurückkommen, bis ich mein Nervenkostüm gefunden habe. Allerdings vielleicht in Zukunft nicht mehr ganz so regelmäßig …« Sie lächelte schüchtern. »Ich gebe zu, dass mein Vorgehen ein bisschen zwanghaft ist. Können Sie mir helfen?«

Die Geschäftsführerin hatte jede Menge Ideen im Kopf. »Ich brauche Sie unbedingt in meinem Team.«

»Wie bitte?«

»Ich möchte, dass Sie mit mir arbeiten.«

Schockiert starrte die Frau sie an. »Sie möchten, dass ich für Sie arbeite, obwohl ich nicht mal ein gutes Nervenkostüm habe?«

Die Geschäftsführerin lächelte wieder. »Sie haben einen ganzen Monat lang jeden Tag von zehn Uhr früh bis Ladenschluss die Regale durchforscht. Ihre Recherchen und Analysen sind gründlicher als alles, was mein Team jemals zustande gebracht hat. Meine Liebe, ich würde sagen, Sie haben Ihr gutes Nervenkostüm längst gefunden.«

»Wirklich?«

»Sie geben nicht auf, egal, wie stressig die Aufgabe ist, der Sie sich widmen.«

»Natürlich gebe ich nicht auf, aber wie hängt das mit meinem Nervenkostüm zusammen? Ist es auf der vierten Etage bei der eleganten Mode? Falls ja, ist es bestimmt das dunkelblaue mit den rosa Details. Das habe ich nämlich fünfmal anprobiert, und es hatte irgendwas.« Die Augen der Frau leuchten vor Freude, dass sie so nahe dran gewesen sein könnte.

»Nein«, antwortete die Geschäftsführerin. »Sie tragen es schon längst. Es gehört zu Ihnen. Wenn jemand von einem Nervenkostüm redet, dann meint er die Stressresistenz. Wie gut jemand mit kniffligen Situationen umgehen kann.«

Die Frau runzelte die Stirn. »Nein, ich bin sicher, dass die Frage bei meinem Einstellungsgespräch nichts mit kniffligen Situationen zu tun hatte.«

Die Geschäftsführerin lächelte. »Man könnte vielleicht auch Durchhaltevermögen dazu sagen.«

Ganz langsam dämmerte es der Frau, dass sie die ganze Zeit etwas wörtlich genommen hatte, was im übertragenen Sinn gemeint war, doch die Erleichterung, dass das Rätsel gelöst und keineswegs eine Verschwörung gegen sie gewesen war, verwandelte sich blitzschnell in Verlegenheit.

»Sie brauchen sich wirklich nicht zu schämen«, meinte die Geschäftsführerin schnell. »Ich bin froh, dass Sie diesen Job nicht bekommen haben, denn sonst hätte ich Sie ja nie kennengelernt. Sie haben Ihre Fähigkeiten reichlich unter Beweis gestellt, und es wäre mir eine Ehre, Sie in meinem Team begrüßen zu dürfen.«

Sie streckte der Frau die Hand entgegen, und die Frau sah sie zwar überrascht an, strahlte aber übers ganze Gesicht.

»Und?«, drängte die Geschäftsführerin. »Was halten Sie davon?«

»Ich denke, ich mache mit«, sagte die Frau und schüttelte der Geschäftsführerin die Hand.

21
Die Frau, die Frauensprache sprach

Das Kabinett des Landes übte die gesamte Exekutivgewalt aus und war damit das mächtigste Regierungsorgan. Obwohl in diesem Land natürlich sowohl Männer als auch Frauen lebten, wurde es ausschließlich von Männern regiert. Im Parlament saßen zweihundert Männer, fünfzehn von ihnen bekleideten ein Ministeramt. Diese fünfzehn trafen sich jeden Tag, um die wichtigsten Angelegenheiten des Landes zu besprechen, und an einem dieser Tage betrat der oberste Berater des Regierungschefs, bekannt als Nummer Eins, den Sitzungssaal mit den Unterlagen einer Studie.

»Ich habe hier die Ergebnisse einer sehr wichtigen Umfrage«, begann er. »Wie es aussieht, sind sehr viele Frauen in diesem Land unzufrieden mit unserer Regierung.«

Dann erklärte er seinen Kollegen, dass die Untersuchung von Männern in verschiedenen Regierungsbehörden durchgeführt, ausgewertet und analysiert worden war.

»Was für ein Problem haben die Frauen denn mit uns?«, fragte der Regierungschef.

»Sie sind enttäuscht, dass es im Kabinett und überhaupt in der ganzen Regierung keine Frauen gibt, die für sie sprechen könnten.«

Ein paar Männer lachten.

»Aber wir sprechen doch für alle«, meinte einer. »Wir handeln im Interesse aller Bürger.«

»Aber die Frauen sehen das anders, sie finden, dass wir keineswegs in ihrem Interesse handeln. Dass wir uns ihre Sorgen nicht mal anhören.«

»Aber was sollen wir uns denn anhören? Wer sagt denn etwas? Habe ich womöglich einen Bericht verpasst?«, fragte der Regierungschef.

»Wir haben speziell die Untersuchungsergebnisse des weiblichen Teils der Bevölkerung ausgewertet, und die meisten Frauen äußern sich kritisch.«

»Und was sagen die Frauen, die nichts gegen die Regierung haben?«

»Die widersprechen den Unzufriedenen und glauben, dass die Kritikerinnen nur versuchen, sich wie Männer zu benehmen, und deshalb lieber den Mund halten sollen.«

»Dann ist das Ganze also eine Art Bürgerkrieg unter den Frauen?«

Das ganze Kabinett lachte.

Der Regierungschef überlegte und studierte angestrengt das der Untersuchung angehängte Tortendiagramm. Die Werte sahen wirklich nicht gut aus, die Zahl der Unzufriedenen war deutlich gestiegen, und das machte ihm Sorgen. Meistens lohnte es sich, solche Ergebnisse ernst zu nehmen, und auf seine Nummer Eins konnte er sich immer verlassen.

»Boss, wenn ich was sagen darf ...«, meldete sich jetzt ein Minister zu Wort. »Solange es im Kabinett und in der Regierung keine Frau gibt, gibt es auch keine nennenswerten Frauenprobleme. Sobald wir den Frauen aber erlauben, bei uns mitzumachen, werden neue Probleme heraufbeschworen – wohl oder übel.«

Wohl oder übel, richtig. Ein Dilemma, ganz bestimmt, denn es gab schon jetzt so viele wichtige Probleme, mit denen sie sich dringend befassen mussten, ohne dass ihnen die Frauen noch mehr davon aufhalsten.

»Können wir denn sicher sein, dass es sich hier nicht um einen Trick der Opposition handelt, die sich mal wieder irgendein blödsinniges Ablenkungsmanöver ausgedacht hat?«

»Wir haben diese Umfrage selbst in Auftrag gegeben, Boss«, erwiderte die Nummer Eins. »Sie haben uns persönlich darum gebeten, uns mal möglichst unauffällig die Wählerzufriedenheit anzuschauen.«

»Ja, schon, aber ich habe damit doch nicht gemeint, dass *Frauen* befragt werden«, brummte der Regierungschef ungehalten, zwang sich dann aber gleich wieder zur Ruhe. Schließlich war er ja nicht ohne Grund Regierungschef geworden, er musste gründlich nachdenken und Entscheidungen treffen. Also dachte er nach. Und entschied. »Wir müssen etwas tun. Schicken Sie eine Frau zu uns, sie soll weibliche Interessen vertreten, und wir werden uns anhören, was sie zu sagen hat.«

Also lud man eine intelligente, gebildete Frau ein. Eine hübsche Frau. Alle im Parlament nahmen ihr Äußeres zur Kenntnis, einige mehr, andere weniger diskret. Die Frau redete. Sehr lange. Den Männern erschien ihr Vortrag endlos.

Der Regierungschef runzelte die Stirn. Er fühlte sich extrem unbehaglich, irgendwie fremd. Zur Beruhigung trank er einen Schluck Wasser. Hatte er richtig gehört? Unsicher blickte er zu seinen Kollegen und sah auch dort gerunzelte Stirnen, sah besorgte und herablassend schmunzelnde

Gesichter. Aber die Reaktionen machten ihm kein besseres Gefühl. Die Frau brachte ihn vollkommen durcheinander.

Als sie ihre Rede schließlich beendet hatte, sahen die Männer sich an, und eine bedeutungsschwere Stille trat ein. Nach einer Weile räusperte sich der Regierungschef, dankte der Frau für ihre Zeit, und sie verließ den Saal.

Fragend blickte der Regierungschef in die Runde. »Hat irgendjemand verstanden, was sie gesagt hat?«

Kollektives Kopfschütteln, es wurde ratlos gemurmelt und gegrummelt – offenbar hatte keiner von ihnen die Frau verstanden, aber jeder war erleichtert, dass es nicht ihm allein so ergangen war. Auch der Regierungschef atmete auf ... es lag also nicht an ihm, er hatte nicht plötzlich seine ganze Kompetenz verloren.

»Warum habt ihr eine Frau ausgesucht, die nicht unsere Landessprache spricht?«

»Die Frau spricht unsere Landessprache, allerdings die Frauenversion.«

Alle staunten und ließen sich die Bemerkung durch den Kopf gehen.

»Das erklärt natürlich alles ... die einzelnen Worte habe ich ja verstanden, nur nicht den Zusammenhang. Und der Ton dieser Frau ...«, der Regierungschef stockte und sah, wie ein paar seiner Kollegen zusammenzuckten. »Ihr Ton war mehr als gewöhnungsbedürftig.«

»Irgendwie schrill«, hörte man ein Kabinettsmitglied brummen.

»Ja, Frauen sollten sanfter sprechen. Es ist nicht konstruktiv, so einen Ton anzuschlagen«, meinte ein anderer.

»Sie klang ein bisschen besserwisserisch«, warf ein dritter ein.

»Ja, Boss«, stimmte nun auch die Nummer Eins mit ein, während er sich fleißig Notizen machte.

»Sprechen Frauen immer so?«, fragte der Regierungschef.

»Ja, Boss. Wir glauben, es handelt sich um eine Art Dialekt.«

»Und die Frauen dieses Landes wünschen sich, dass *wir* auch so sprechen?«

»Es geht den Frauen um zweierlei, Boss. Sie möchten, dass wir ihren Dialekt verstehen, und sie wünschen sich, dass Frauen, die diesen Dialekt sprechen, Regierungsämter bekommen, damit sie sich mit ihrer eigenen Stimme äußern können.«

»Warum schaffen wir die Männer dann nicht einfach gleich ab?«, explodierte ein Kabinettsmitglied.

»Beruhigen Sie sich bitte. Es soll also Frauenpolitiker geben, die Frauenbürger repräsentieren?« Der Regierungschef überlegte angestrengt. Natürlich hatte eine solche Regelung durchaus ihre Vorzüge – auf diese Weise gab es die Möglichkeit, die zusätzlichen Probleme von denjenigen bearbeiten zu lassen, die sie verursachten. Aber was, wenn die Frauen Entscheidungen trafen, die den Männern nicht passten? Oder noch schlimmer, die die Männer nicht verstanden?

»Nein, Boss«, unterbrach Nummer Eins seine Grübelei. »Die Idee dahinter ist, dass Frauen in der Regierung die Interessen *aller* Bürger des Landes vertreten, nicht nur die der Frauen.«

Höhnisches Gelächter und genervtes Stöhnen ertönte aus dem Saal.

»Das ist doch absurd! Wie sollen die Frauen denn die

Männer repräsentieren? Wenn sie obendrein auch noch Frauensprache sprechen?«, fragte der Regierungschef.

»Genau diesen Punkt bringen die Frauen ja gegen die männlichen Politiker vor, Boss.«

Wieder trat Schweigen ein.

»Und darf ich hinzufügen«, brach Nummer Eins es schließlich, »dass nicht nur der Dialekt ein anderer ist, sondern dass die Frauen auch noch anders denken als wir.«

Das war allerdings ein ernster Einwand. Unterschiedliche Arten zu denken, andere Ansichten – eine beängstigende Vorstellung, wenn man eine stabile Regierung wollte.

Über diese schwierige Frage musste der Regierungschef sehr lange grübeln. »Aber wie kann ein Frauenpolitiker einen Männerbürger repräsentieren, wenn die Frauen einen anderen Dialekt sprechen und anders denken? Auf so etwas wird sich kein Mann einlassen«, sagte er. Ihm stand der Schweiß auf der Stirn. »Der männlichen Wählerschaft wird das nicht gefallen.«

»Boss, wenn Sie sich dieses Schaubild anschauen, dann sehen Sie, dass es in der Wählerschaft auch viele Frauen gibt.«

»Ja, aber die männlichen Wähler sind *lauter*. Und weil sie lauter sind, machen sie mit ihren Gedanken und Problemen größere Schlagzeilen. Das habe ich vom Herausgeber unserer wichtigsten Tageszeitung erfahren. Die Presse berichtet mehr über Männerthemen und das auf den beliebtesten Seiten, weil mehr Männer die Zeitung lesen, und zwar aus dem einfachen Grund, dass die Männer größere Hände haben und sie besser halten können.«

»Boss, wir glauben, dass die Frauen das Zeitunglesen heutzutage schon viel besser beherrschen als früher. Außerdem steigt die Zahl der Onlinemedien ja beständig an. Inzwischen gibt es schon so viele andere Nachrichtenquellen, dass Schlagzeilen und Schriftgrößen nicht mehr unbedingt ausschlaggebend sind.«

»Aber Sie haben doch gerade eine Frau in diesem Raum gesehen, und keiner von uns hatte eine Ahnung, was sie uns sagen wollte! Wie sollen wir mit so jemandem zusammenarbeiten?«

»Die Frauen sind überzeugt, dass die Männer sie nach und nach verstehen werden, genau wie die Frauen umgekehrt die Männersprache gelernt haben. Alle Frauen sprechen und verstehen die Männersprache, sie sind zweisprachig aufgewachsen. Aber von den Männern hier in diesem Raum spricht kein einziger die Frauensprache. Nach neuesten Studien glauben die Frauen, dass beide Seiten sich um Verständigung bemühen müssen.«

Der Regierungschef seufzte tief. Sie saßen wirklich in der Klemme. Und er war gar nicht sicher, ob es ihm gefiel, dass die Frauen schon die ganze Zeit über ihre eigene Geheimsprache gehabt hatten.

»Wie viel Prozent der weiblichen Wahlberechtigten haben mich gewählt?«

»Die Hälfte, Boss. Die andere hat überhaupt nicht gewählt. Man hatte ja nur die Wahl: entweder Sie oder keiner.«

»Aber wenn ich eine Frau aufstelle, dann werden die anderen Frauen bestimmt nicht mehr mich wählen, sondern sie.« Er gab sich alle Mühe, das Jammern in seiner Stimme zu unterdrücken.

»Oder die Frauen werden Sie wählen, weil sie sehen, dass Sie wirklich etwas verändern wollen. Dass Sie den Frauen zuhören, dass Frauenprobleme Ihnen vielleicht sogar am Herzen liegen. Das könnte im Endeffekt dazu führen, dass Sie doppelt so viel Unterstützung bekommen wie bisher.«

Der Regierungschef verkniff es sich hinzuzufügen, dass er auch gar nicht auf die Frauen angewiesen war und seinen Posten gänzlich ohne ihre Unterstützung ergattert hatte. Er seufzte. »Haben wir jemanden, der uns die Frauensprache beibringen kann?«

»Das ist doch grotesk!«, rief der Justizminister, der auch das Ressort für Gleichberechtigung leitete, und stand auf, am ganzen Körper zitternd vor Zorn. »Ich trete augenblicklich zurück!« Damit stürmte er aus dem Saal.

Die Stimmung drohte allgemein zu kippen, doch Nummer eins, der es spürte, griff beherzt ein. »Boss, wir glauben, dass es Frauen gibt, die Männerkleidung tragen können und wollen und auch die Männersprache beherrschen … um einen Fuß in die Tür zu bekommen sozusagen. Diese Frauen sprechen nicht nur unsere Sprache, sie lenken auch nicht durch die bloße Tatsache, dass sie Frauen sind, vom Thema ab. Ihre weiblichen Eigenschaften sind auf ein Minimum reduziert, so dass man sie leicht ignorieren kann.«

»Nun, ich denke, wir stimmen alle darin überein, dass das für uns einen großen Unterschied machen könnte, oder nicht?«

Nicken und zustimmendes Gemurmel aus dem Saal.

»Je weniger wir merken, dass wir es mit Frauen zu tun haben, desto besser. Desto leichter können wir unsere Arbeit erledigen. Für unser Land.«

Erneut zustimmendes Gemurmel.

»Wenn wir nur Frauen ins Parlament lassen, die irgendwie entweiblicht sind und unseren Männerdialekt sprechen, finden wir bestimmt eine Möglichkeit, mit ihnen zu kommunizieren.«

Auch diese Argumentation fand viel Zuspruch.

»Hm. Also suchen wir Frauen, die die Männersprache beherrschen und nicht auf ihren Frauenthemen herumreiten.«

»Das könnte schwierig werden«, gab Nummer Eins mit Blick auf seine Checkliste zu bedenken. »Denn die Frauen wollen ja ihre eigene Sicht der Dinge vertreten.«

»Aber die Männer stellen die Mehrheit in der Regierung«, entgegnete der Regierungschef. »Also müssen die Frauen sich an die Parteilinie halten.«

»Die Parteilinie repräsentiert ausschließlich die männliche Sicht.«

»Allerdings.«

»Aber wo bleibt dann die weibliche?«

»Worauf denn?«

»Auf Frauenthemen.«

»Die wird doch von den Männern mit in Betracht gezogen.«

»Und die Sicht der Frauen auf Männerthemen?«

»Was soll damit sein?«

»Wird die auch in Betracht gezogen?«

»Nein!« Jetzt lachte der Regierungschef beinahe. »Das wäre absurd. Wie kann eine Frau eine Meinung zu Dingen haben, die nur Männer etwas angehen?«

»Weil alle Männer dieses Kabinetts eine Meinung zu Dingen haben, die nur die Frauen etwas angehen, und zwar schon immer. In allen fünfunddreißig Kabinetten war es so, seit es unser Land gibt.«

Peinliche Stille.

»Weil wir die Mehrheit sind! Ehrlich, man könnte denken, Sie wären auf der Seite der Frauen.«

»Aber nein, Sir«, verteidigte sich Nummer Eins mit Schweißtropfen auf der Oberlippe. »Ich möchte diese Studie doch nur mit dem Ernst behandeln, der ihr gebührt. Wenn ein so hoher Prozentsatz der Bevölkerung schon so lange unzufrieden ist, kann das den gleichen Effekt haben, wie wenn man eine Limoflasche öffnet, die man vorher durchgeschüttelt hat.«

»Verstehe«, meinte der Regierungschef, den die Diskussion inzwischen langweilte. »Beginnen wir doch einfach damit, dass wir ein paar von diesen Frauen, die die Männersprache sprechen, ins Kabinett kommen lassen, um mit uns über Themen zu sprechen, die wir vorher absprechen. Und dann sehen wir weiter.«

Die anderen Kabinettsmitglieder nickten zustimmend. Ihrer Meinung nach war es ein fairer Kompromiss: Fortschritt, aber mit Frauen ihrer Wahl, so dass sie weiterhin die Richtung bestimmen konnten.

»Die Sitzung ist aufgehoben.«

Während einer nach dem anderen den Saal verließ, rief der Regierungschef seine Nummer Eins noch einmal zu sich.

»Können wir kurz unter vier Augen sprechen?«

Sie warteten, bis die Tür sich hinter dem letzten Minister geschlossen hatte und sie allein waren.

»Mir ist eingefallen, dass Frauen, weil sie Frauen sind, die Männer oft ablenken von dem, was sie eigentlich sagen wollen.«

»Ja, es hat manchmal den Anschein.«

»Das könnten wir doch zu unserem Vorteil nutzen.«

»Könnten wir das, Boss?«

»Allerdings. Finden Sie ein paar Frauen-Frauen. Sie wissen schon, was für welche ich meine.«

»Ja, Boss.«

»Die setzen wir dann ganz gezielt ein, um von bestimmten Themen abzulenken. Wenn die Worte aus ihrem Mund kommen, wird es die Leute verwirren, und keiner weiß mehr, worum es wirklich geht. Das könnte für uns und unsere Agenda sehr nützlich sein.«

»In der Tat, Boss. Nur damit ich Sie richtig verstehe: Wir brauchen Frauen in der Regierung, die Männersprache sprechen, um über alltägliche Probleme zu diskutieren und um bei Frauenthemen zu übersetzen. Außerdem brauchen wir auch noch Frauen-Frauen, die von schwierigeren Männerthemen ablenken können.«

»Ja, genau«, antwortete der Regierungschef, lehnte sich zurück und war sehr zufrieden mit sich.

»Und wie sollen wir die Männer in der Regierung einsetzen?«

Der Regierungschef lachte, als wäre die Frage absurd. »Na ja, die Männer sind einfach die Männer – ihre Rolle besteht darin, Männer zu sein, ohne Ablenkungen. Wenn die Männer sprechen, sprechen sie Männersprache, und alle hören zu.«

»Selbstverständlich.« Nummer Eins kritzelte wild, packte seine Notizen zusammen und verließ mit raschen Schritten den Sitzungssaal. Er legte die Papiere auf seinem Schreibtisch ab und ging direkt zur Toilette. Ihm lief der Schweiß über den Rücken.

In der Kabine angekommen, verriegelte er die Tür, lockerte die Krawatte und öffnete ein paar der oberen Hemdknöpfe. Er bekam schlecht Luft, und es hatte ihn all seine Kraft gekostet, in der Sitzung nicht laut loszuschreien. Mit dem Taschentuch wischte er sich den Schweiß von der Stirn, knibbelte mit dem Fingernagel eine Weile am Haaransatz herum und zog dann seinen Glatzkopf ab.

Locker fielen ihr die Haare über die Schultern. Sie rieb sich frustriert den Kopf, gestattete sich aber einen Augenblick der Ruhe. Wie lange würde es noch so weitergehen? Um der angesehenste Berater im Kabinett sein zu können, musste sie noch immer ihre wahre Identität verstecken.

Aber trotzdem, heute hatte es Fortschritte gegeben. Einen kleinen Sieg.

Eine Weile saß sie so da, machte sich noch ein paar Notizen, checkte ihr Handy. Dann zog sie sich die Glatze wieder über den Kopf und stellte sicher, dass keine Haarsträhne unter der Kappe hervorlugte. Schließlich knöpfte sie ihr Hemd wieder zu, zog den Krawattenknoten fester, wischte den Staub von ihren Halbschuhen, räusperte sich, um ihre Stimme zu justieren, und verließ leise die Männertoilette.

22
Die Frau, die die Welt in ihrer Auster fand

Seit sie die Einladung zu dem Charity-Lunch aus dem Briefkasten gezogen hatte, war sie nervös. Ihr war ganz flau im Magen geworden, als sie den goldenen Umschlag mit der vertrauten Handschrift betrachtete. Falls es so etwas wie einen Test gab, den man bestehen musste, um eine richtige Frau zu sein, dann fand er heute statt.

Sie war beim Friseur gewesen, hatte sich einer Gesichtsbehandlung mit Peeling und allen Schikanen, einem Waxing, einer Maniküre und einer Pediküre unterzogen. Auch ihr Outfit war mit großer Sorgfalt gewählt: ein elegantes Etuikleid in dezentem Rosa, nichts zu Freches, nichts Vulgäres oder Grelles. Um die Schultern eine Kaschmirjacke mit Perlendetails. Pumps, ebenfalls dezent rosa mit kleinem Kitten-Heels-Absatz – an Schuhe mit Absätzen hatte sie sich noch nicht gewöhnt, und sie wollte auf keinen Fall vor all den Ladys stolpern und womöglich hinfallen –, dazu eine Box Clutch, die sie gut in der einen Hand halten konnte, wenn sie in der anderen ein Glas Sekt hatte. So würde sie keine Hand frei haben und Gefahr laufen, fahrig herumzufuchteln. Natürlich trug sie auch Perlen, die Kette ihrer Mutter. Nach ihrem Tod hatte die Schwester der Frau den ganzen Schmuck ihrer Mutter an sich genommen, ohne zu ahnen, dass die Frau sehr gern auch etwas davon bekommen hätte. Erst vor ein paar Tagen hatte sie ihr die Perlenkette angeboten, weil sie wusste, wie nervös die Frau wegen des heutigen Termins war und wie viel ihr daran lag, akzeptiert zu werden.

Das Angebot mit der Perlenkette war eine Geste gewesen, die zeigen sollte, dass ihre Mutter stolz auf die Frau gewesen wäre, auf ihren Mut, ihr wahres Selbst zu leben. Und obwohl die Frau es zu schätzen wusste, war sie keineswegs sicher, was ihre Mutter wirklich gedacht hätte. Aber es war trotzdem eine nette Idee. Für viele Menschen waren Perlen die weiblichsten und magischsten Juwelen, die einzigen, die von einem lebenden Organismus erschaffen wurden, und da die Familie seit Generationen ein Juweliergeschäft betrieb, war ihrer Schwester dieser Link mit Sicherheit bewusst gewesen, und sie hatte die Perlen absichtlich gewählt.

Der Lunch fand im *Mother of Pearl* statt, einem Sternerestaurant in einer wohlhabenden Gegend, wo der alte Fischereihafen durch eine Reihe gemütlicher Cafés, hochpreisiger Fischgeschäfte und Restaurants mit Sterneköchen gentrifiziert worden war. Charlotte, mit der die Frau früher verheiratet gewesen war, gehörte zum Fundraising-Gremium der Organisation. Sie hatte die Frau dieses Jahr eingeladen, der erste Kontakt seit langem und der erste freundliche Kontakt seit noch längerem. Die Frau war ein bisschen skeptisch, was Charlottes Einladung betraf, Charlottes Großzügigkeit machte sie misstrauisch.

Sie folgte den anderen Damen, die auf ihren hohen Absätzen den kopfsteingepflasterten Pier entlangstöckelten und sich dabei gegenseitig am Ellbogen stützten, hochkonzentriert, mit gesenkten Köpfen. Die Frau war froh, dass ihre Absätze nicht höher waren. Sie kannte ein paar von den anderen noch aus der Schule, von Mitfahrgelegenheiten und Geburtstagsfeiern, aber die meisten als Kundinnen ihres Schmuckgeschäfts in der Innenstadt, das sie nach dem Tod ihres Vaters übernommen hatte. Allerdings waren noch nicht alle der Frau begegnet, seit sie sich zu ihrem wahren Selbst bekannt hatte, denn das letzte Jahr hatte sie sich aus dem Kundenverkehr zurückgezogen und die Geschäfte aus der Distanz geführt.

Ganz gleich, was Charlotte mit ihrer Einladung beabsichtigte, wehrte die Frau sich strikt gegen das Gefühl, dass am heutigen Tag getestet werden sollte, ob sie wirklich eine Frau war. Dafür war sie zu weit gekommen. Trotzdem spürte sie einen Schweißtropfen zwischen ihren Brüsten hindurchrinnen, als sie sich dem Eingang näherte, wo zwei Frauen hinter einem Tisch saßen und die Namen der Gäste von einer Liste abhakten. Doch sie konnte den Verdacht, dass die Einladung dazu gedacht war, ihr ein Bein zu stellen und dafür zu sorgen, dass sie sich wieder einmal als Außenseiterin fühlte, nicht ganz abschütteln. Nun ja, schließlich hatte sie sich ihr ganzes Leben lang so gefühlt.

Entschlossen reckte sie das Kinn und folgte den anderen Damen in ihren Outfits von Hervé Léger, Roland Mouret und Chanel zur Tür. Die beiden Ladys am Empfang brauchten nicht einmal in ihre Liste zu schauen, sie erkannten die Frau sofort, lächelten ihr strahlend zu und begrüßten sie überschwänglich. Die Transfrau war eingetroffen. Sie nahm sich ein Glas Sekt von einem Tablett und nippte daran, während sie den Saal betrat, nippte noch einmal und trank, als sie sich unbeobachtet glaubte, noch schnell einen größeren Schluck.

»Da bist du ja!« Als die Frau die laute, wohlklingende Stimme hörte, drehte sie sich um und sah, dass Charlotte mit ausgebreiteten Armen auf sie zukam, um sie zu begrüßen.

»Charlotte, hi«, sagte sie. »Danke für die Einladung.«

»Du siehst wirklich super aus«, rief Charlotte, musterte das Kleid der Frau, und ihr Blick verweilte einen Moment auf ihren Brüsten. »Die Farbe steht dir ausgesprochen gut.«

Natürlich waren sie sich beide der prüfenden Blicke bewusst, mit denen die Umstehenden sie musterten, aber sie taten so, als bemerkten sie es nicht. Charlotte drückte den Arm der Frau extra fest. »Schön hier, oder?«

Charlotte trug seit zwanzig Jahren das gleiche Parfüm, das die Frau ihr zu jedem Geburtstag geschenkt hatte. Chanel No. 5. So oft hatte die Frau all die hübschen Fläschchen und Töpfchen voller Neid in der Hand gehalten und sich gewünscht, die luxuriösen, duftenden Produkte selbst benutzen zu können. Vielleicht hatte sie diese Gefühle auch an Charlotte ausgelassen und die Wut, die sie in sich fühlte, auf sie projiziert. So viel hatte sie sich verwehrt, aber letztlich hatte sie es ihrer Exfrau zu verdanken, dass sie es sich nun gestattete.

Charlotte war wie üblich ganz in Schwarz und sah sehr schön aus. Das Kleid von Dolce & Gabbana ließ ihre straffen Arme frei, ihre Füße steckten in himmelhohen, spitzen schwarzen Stöckelschuhen, die ihre schlanken, leicht gebräunten Waden zur Geltung brachten. Schon immer hatte die Frau Charlotte um ihre Fähigkeit beneidet, dermaßen hohe Absätze tragen und mühelos auf ihnen gehen zu können – ohne zu wackeln und zu torkeln wie die meisten anderen. Sie hatte nicht einmal auf ihre Absätze verzichtet, als sie die Kinder im Kinderwagen vor sich hergeschoben hatte. Ihre Haare, ihr Make-up, alles an Charlotte war wunderschön und scheinbar mühelos. Aber die Frau wusste aus langjähriger Erfahrung, wie viel Zeit und Mühe in diese Leichtigkeit investiert wurde.

Sie kannte Charlotte in- und auswendig, und selbst jetzt spürte sie ihre Nervosität – während sonst garantiert niemand etwas davon ahnte. Charlottes Tricks waren ihr allesamt vertraut. Die Frau sah, dass die Augen ihrer Exfrau ein kleines bisschen zu hell blitzten, ihre Schritte ein bisschen zu hektisch waren und ihre Stimme ein bisschen zu hoch klang.

Das alles zu wissen, beruhigte die Frau ein bisschen. Also waren sie beide nervös. Die Frau nahm Charlottes Hand und drückte sie, als wolle sie ihr sagen, dass sie verstand. Es war eine Geste, die sie schon als Charlottes Ehemann gern gemacht hatte, aber anders als früher schien sie Charlotte nicht mehr zu beruhigen, im Gegenteil. Vielleicht wollte sie die Frau lieber wie eine neue Bekanntschaft behandeln, eine neue Freundin, die sie noch kennenlernen musste. Die Frau schämte sich ein wenig.

Charlotte blickte ihr fest in die Augen. »Ich kann dich immer noch sehen«, sagte sie leise.

Auf einmal hatte die Frau den Eindruck, dass Charlottes Augen feucht wurden, aber so schnell die Tränen erschienen waren, so schnell verschwanden sie auch wieder, und Charlotte war wieder im Organisiermodus, führte die Frau zu ihrem Tisch und stellte sie den anderen neun sektseligen Ladys vor, mit denen sie den Nachmittag verbringen würde.

Überraschenderweise stand der Tisch nicht vor der Tür und war auch kein Katzentischchen neben dem Notausgang. Nein, er war zentral, und die Frau saß neben klugen, erfolgreichen, interessanten Damen. Nachdem sie Platz genommen hatte, merkte sie, dass die Veranstaltung anfing, ihr Spaß zu machen, der Sekt tat seine Wirkung, sie fühlte sich warm und locker, richtig glücklich. Kurz darauf wurden die Vorspeisen aufgetragen. Austern.

Die Frau lächelte, denn sie hatte aus mehreren Gründen eine besondere Verbindung zu Austern. Die nächstliegende bestand natürlich darin, dass sie ihren Lieblingsschmuck, die Perle, produzierten. Außerdem erinnerten Austern sie immer daran, dass man in der Natur und im Leben nicht alles haben konnte: Essbare Austern brachten keine Perlen hervor, die Perlenaustern waren nicht essbar – jedenfalls war ihr Fleisch fett und schmeckte ranzig.

Natürliche Perlen waren extrem selten: Nur eine von zehntausend wilden Austern lieferte eine Perle, und nur ein kleiner Prozentsatz von diesen erreichten Größe, Form und Farbe eines erstrebenswerten Schmuckstücks. Natürlich wusste die Frau aus professionellen Gründen über all diese Details Bescheid, aber auch deshalb, weil sie Perlen so liebte.

Der zweite Grund war, dass Austern sich im ersten Jahr als Männchen fortpflanzten, indem sie Sperma ins Wasser abgaben. Im Lauf der nächsten Lebensjahre entwickelten sie dann größere Energiereserven und pflanzten sich als Weibchen fort, indem sie Eier abstießen.

Aber es gab noch einen dritten Grund für ihre Liebe, und der hing mit Charlotte zusammen. Die Frau schaute zu ihr hinüber, um festzustellen, ob sie denselben Gedanken hatten, aber Charlotte war tief im Gespräch, hielt Hof an ihrem eigenen Tisch, und hatte ihre Austern noch gar nicht angerührt.

Also hob die Frau die erste Auster auf ihre Gabel. Aber was war das denn? In der Auster glitzerte etwas. Eine kleine schimmernde Kugel. Eine Perle! Aber wie war das möglich? Es konnte doch keine Perlenauster sein. Vorsichtig schob sie das Fleisch mit der Gabel beiseite und stieg für einen Moment aus der Unterhaltung der anderen Ladys aus, um das Wunder genauer zu untersuchen. Jetzt hätte sie ihre Brille gebraucht, aber die hatte sie zu Hause gelassen, weil sie nicht in ihre Clutch passte. Noch lieber wäre ihr die Juwelierlupe gewesen, damit hätte sie die Perle richtig inspizieren können.

Als sie noch dabei war, darüber nachzudenken, wie sie das Kügelchen am besten nach Hause transportieren könnte, um es dort ungestört in Augenschein zu nehmen, klopfte ein Löffel klirrend an ein Glas, und die Aufmerksamkeit der Gäste richtete sich auf die Kopfseite des Raums, wo Charlotte stand.

Die coole, selbstbewusste Charlotte besaß eine natürliche Redegabe, die sie auch häufig als leidenschaftliche Verfechterin von Frauenrechten einsetzte. Nach einem Willkommensgruß gab sie bekannt, wie viel Spendengeld im letzten Jahr gesammelt, für welche Projekte es verwendet worden war und wo ihre Organisation sich überall für bedürftige Menschen eingesetzt hatte. Sie ersparte den anwesenden Ladys keine Details, denn schließlich waren sie hier nicht nur zum Spaß, sie mussten auch die Fakten erfahren. Charlotte beschönigte nichts.

»Wie ihr alle wisst, haben wir jedes Jahr ein besonderes Thema. Diesmal haben wir uns vor allem mit Kindern und Frauen beschäftigt und unsere Mittel dafür eingesetzt, um sie zu ermutigen und zu motivieren, in dieser Welt voranzukommen. Wir wünschen uns, dass sie – und natürlich auch wir – die Möglichkeiten nutzen können, die das Leben uns bietet. Deshalb lautet unser Thema in diesem Jahr: ›Die Welt ist deine Auster – sie steht dir offen!‹, und deshalb haben wir für heute dieses wundervolle Ambiente gewählt. Wir bedanken uns ganz herzlich bei Chefkoch Bernard und seinen Mitarbeitern für den exzellenten Lunch, den wir für immer in Erinnerung behalten werden.«

Charlotte sprach weiter, aber die Frau hatte Herzklopfen und konnte sich nicht mehr konzentrieren, sie war zu aufgewühlt und verwirrt. Wie war es möglich, dass sich in ihrer Auster eine Perle befand? Kurz ging ihr durch den Kopf, ob Charlotte die Sache absichtlich arrangiert hatte. Aber falls ja, wieso? Seit zwei Jahren lagen sie mehr oder weniger in Kampf und Streit. Wenn man die Zeit dazurechnete, in der sie verheiratet waren, sogar noch länger.

Als Charlotte sich unter donnerndem Applaus wieder setzte, blickte sie zu der Frau hinüber und zuckte leicht, beinahe verspielt die Achseln. Dann winkte sie einen Kellner zu sich und flüsterte ihm etwas ins Ohr. Auch er sah die Frau an und machte sich auf den Weg in ihre Richtung, in der Hand einen Krug mit Wasser. Aber er bot ihr kein Wasser an, sondern beugte sich dezent zu ihr herab und sagte leise: »Ich soll Ihnen von der Dame dort drüben etwas ausrichten – sie sei froh, dass Sie nicht daran erstickt sind.«

Als die Frau das hörte, presste sie die Hand auf die Brust und umfasste die Perlen ihrer Kette. Sie dachte zurück an ein Ereignis vor zwanzig Jahren, als sie Charlotte in einem Restaurant einen Heiratsantrag gemacht und sie nervös dabei beobachtet hatte, wie sie eine Austernschale auf ihrem Teller öffnete und auf den Verlobungsring starrte.

»Ich bin froh, dass du nicht daran erstickt bist«, hatte die Frau damals zu Charlotte gesagt, ein bisschen verlegen und weil sie die Stille nicht ertragen konnte. Jetzt ging es ihr nicht mehr so, inzwischen hatte sie die Stille zu schätzen gelernt.

Wieder schaute sie auf die Auster und die Perle.

Also war es Charlotte offensichtlich nicht darum gegangen, sie zu demütigen. Ganz im Gegenteil. Charlottes Botschaft war unmissverständlich – sie akzeptierte die Frau und bot ihr laut und deutlich ihre Freundschaft an.

Die Welt stand der Frau offen, das hatte sie in ihrer Auster entdeckt.

23
Die Frau, die die Hoden hütete

»Ich möchte mich gern sterilisieren lassen«, sagt der Mann, spielt an seinem Ehering herum und schiebt ihn am Finger auf und ab.

Er sitzt an einem Konferenztisch gegenüber von drei Frauen im Nadelstreifenanzug und fühlt sich verletzlich. Zwar ist er es aus seinem Job gewohnt, sich in ähnlicher Umgebung zu bewegen, doch hier geht es um eine persönliche Angelegenheit, und die Frauen schüchtern ihn ein. Die Spannung ist zu spüren, und die Situation hat etwas von einem Verhör. Damit hat er nicht gerechnet. Er hat sich an die Frau in der Mitte gewandt, da sie bisher das Gespräch bestritten hat. Der Mann greift nach dem Glas vor ihm und nimmt einen Schluck Wasser.

Die Frau rechts hat bei seinen Worten eine drohende Haltung eingenommen, auch die Frau links richtet sich kerzengerade auf und schaut ihn von oben herab an, aber die mittlere Frau behält das Wort.

»Es ist normal, dass man hinsichtlich der Entscheidung, ob man Kinder will oder nicht, gemischte Gefühle hat. Vor allem, wenn sie nicht geplant sind«, fährt sie fort.

Erzähl mir nicht, was ich will, erzähl mir nicht, was ich fühle, wütet der Mann im Stillen.

»Deshalb empfiehlt es sich, Kinder immer gut zu planen«, fügt die Stämmige auf der rechten Seite hinzu.

»Wir sind hier, um Sie zu beraten«, fährt die Mittlere fort. »Bezüglich Ihrer Entscheidung, eine Vasektomie vornehmen zu lassen.«

»Wir haben bereits zwei Kinder«, erklärt der Mann. »Ich bin mir der Verantwortung bewusst, ich liebe meine Kinder, aber wir haben das Gefühl, dass unsere Familie komplett ist. Mit einer größeren würden wir es finanziell außerdem gar nicht schaffen. Und auch meine Frau möchte keine Kinder mehr.«

»Darf ich fragen, wo Sie sich über die Vasektomie informiert haben?«

»Ich habe online recherchiert.«

»Dann wissen Sie ja sicher auch, dass es in unserem Land illegal ist, sich sterilisieren zu lassen.«

»Wirklich? Aber warum denn? Ich habe gelesen, dass die Operation eine völlig ungefährliche zehnminütige Routineprozedur ist.«

»Nicht in unserem Land.«

»Aber ich möchte die Last der Verhütung mittragen. Ich möchte selbst die Verantwortung für meine Fruchtbarkeit übernehmen.«

»Nein«, sagt die Frau rechts.

»Wie meinen Sie das, nein?«

»Es ist verboten.«

»Sagt wer?«

»Sagt das Gesetz.«

Er wird ärgerlich.

»Sie müssen es Mary bitte nachsehen, aber sie ist bei diesem Thema sehr leidenschaftlich«, sagt die Frau in der Mitte leise. »Wenn Sie sagen, Sie würden es mit einer größeren Familie nicht schaffen, meinen Sie damit, Sie würden sich das Leben nehmen wollen?«

»Nein!«, ruft er.

»Oh. Schade«, meint sie missbilligend. »Nun, ich fürchte, das wäre der einzige Umstand, unter dem wir heute bei Ihnen eine Vasektomie hätten durchführen dürfen.«

»Oder wenn die Gefahr besteht, dass das aus Ihrem Penis ejakulierte Sperma Sie umbringt«, wirft die dünne Frau auf der linken Seite ein.

Er sieht sie erschrocken an. »Ist das möglich?«

»Danke, Amanda«, beschwichtigt die Frau in der Mitte ihre Kollegin und legt ihr beruhigend die Hand auf den Arm. »Mr Smith, haben Sie sich denn überhaupt Gedanken gemacht, welche moralischen Verpflichtungen Sie Ihrem Sperma gegenüber haben?«

Er macht große Augen. »Ein Spermium ist kein Leben.«

Mary zieht hörbar die Luft ein.

»Die Wissenschaft der Embryologie und Genetik stellt klar fest, dass das menschliche Leben mit der Befruchtung beginnt«, sagt der Mann, der inzwischen richtig sauer ist.

»Hätte Ihre Frau etwa ohne Ihr Sperma zwei Kinder bekommen können?«, fragt Mary.

»Nein. Natürlich nicht.«

»Sehen Sie – ohne Sperma ist Leben nicht möglich. Mit dem Sperma entsteht Leben. Sie können die Entstehung des Lebens nicht einfach so unter den Tisch kehren«, beharrt Mary.

»Und was ist mit Ihrer Gedankenlosigkeit dem Sperma gegenüber? Warum verweigern Sie Ihrem Sperma das Recht auf Leben?«, fragt Amanda.

»Es ist mein gutes Recht, mit meinem Sperma zu tun, was ich will«, entgegnet er verärgert.

»Ich weiß, dass es schwer zu verstehen ist, aber Sie irren sich – Ihre reproduktiven Rechte sind unsere Sache«, erklärt die Frau in der Mitte.

»Das ist doch lächerlich«, schreit er und springt auf. »Ob Sie meine Ansichten gutheißen oder nicht, ist doch völlig unerheblich! Sie können auf Grundlage Ihrer persönlichen Meinung keine Entscheidung über meinen Körper treffen. ES GEHT UM MEINEN SAMEN! ES GEHT UM MEINE HODEN!«, brüllt er, knallrot im Gesicht, mit heftig pulsierenden Halsschlagadern.

Eine bedeutungsschwere Stille tritt ein.

»Es geht hier keineswegs um unsere persönliche Meinung«, sagt die Frau in der Mitte freundlich, um den Mann nicht noch mehr auf die Palme zu bringen. »Das Gesetz will es so. Das ist ein großer Unterschied.«

»Aber es ist albern«, protestiert der Mann. »Es ist mein ... wie können Sie ...« Er sucht nach Worten. »Sie können einem Mann doch nicht vorschreiben, was er mit seinem Körper zu tun hat und was nicht. So etwas habe ich ja noch nie gehört. Das ist einfach ... unerhört.«

Die Frau in der Mitte zieht die Augenbrauen hoch.

»Warum hat man mir das eigentlich nicht schon am Telefon gesagt?«, schimpft er weiter.

»Ich denke, wer auch immer mit Ihnen gesprochen hat, wird Ihnen gesagt haben, Sie sollen herkommen, weil es illegal ist, jemanden am Telefon zu beraten. Es muss persönlich geschehen.«

»Gut, aber Sie sollen mich beraten, nicht versuchen, mir meine Entscheidung auszureden ... ich werde Sie melden.

Außerdem ist es mir sowieso gleichgültig, was Sie sagen, ich werde mich einfach ins Flugzeug setzen und in eins der mindestens hundert Länder fliegen, in denen es legal ist, eine Vasektomie machen zu lassen, und wo so was jeden Tag gefahrlos über die Bühne geht.«

Auf der linken Seite schüttelt Amanda den Kopf. »Oje.«

»Das hätten Sie uns nicht sagen dürfen«, erklärt die Frau in der Mitte. »Womöglich müssen wir nun die Behörden einschalten, und es wird eine einstweilige Verfügung gegen Sie erlassen, die Sie daran hindert zu reisen.«

»Was zur Hölle ...?!«

»Aber wenn es Ihnen doch gelingt auszureisen, ohne dass die Behörden eingreifen, dann nehmen Sie bei Ihrer Rückkehr bitte Kontakt mit uns auf, denn wir würden uns freuen, Ihnen kostenfrei die Vasektomie-Nachbehandlung mit den entsprechenden Check-ups und Beratungsgesprächen anbieten zu dürfen.«

Mary schaut über die Schulter. »Evelyn ist wieder da.«

Der Mann dreht sich um.

Vor der Praxis steht eine Frau mit einem Plakat, auf dem ein sehr anschauliches Foto von einem Penis zu sehen ist. Darunter steht: RETTET DEN SAMEN.

»Ekelhaft«, stößt er hervor.

»Geschmacklos«, pflichtet die Frau in der Mitte ihm bei.

»Am helllichten Tag«, fügt die stämmige Frau hinzu.

»Und direkt neben einer Schule«, ergänzt die Dünne.

»Sperma ist ein besseres Wort«, meint die Frau in der Mitte.

»Allemal besser als Wichse«, bestätigt die Stämmige.

»Oder Abspritze«, wirft die Dünne ein.

Der Mann starrt sie mit großen Augen an, er kann nicht

glauben, was er da hört. Mit einem letzten Blick auf die drei Frauen verlässt er die Praxis.

»Es ist mein Körper«, ruft er der stummen Demonstrantin zu, als er an ihr vorbeigeht. »Sie haben damit gar nichts zu tun!«

Sie dreht das Plakat auf die andere Seite. Dort ist ein ebenfalls sehr detailliertes Bild eines Hodenpaars zu sehen, und darüber steht: HÜTET DIE HODEN!

24
Die Frau, die in eine Schublade gesteckt wurde

»Entschuldige mal!«, ruft die Frau der Angestellten zu, die unter ihr am Schreibtisch sitzt.

Die antwortet ihr nicht, denn sie ist enorm beschäftigt damit, Papiere im Eiltempo in die Fächer um sie herum zu sortieren. Alles wird umgehend nach Farbe, Betreff oder Schlagwort eingeordnet.

»Halli-Hallo!«, trällert die Frau und schwenkt die Arme.

Aber die Angestellte ignoriert sie weiter. Vielleicht kann sie die Frau auch nicht hören, denn sie steckt ganz oben in der Ecke fest, und sosehr sie sich dreht und wendet, sie schafft es einfach nicht, sich aus eigener Kraft zu befreien. Sie ist total eingeklemmt.

»Entschuldigung!«, wiederholt die Frau noch etwas lauter. »Ich gehöre nicht hierher, lass mich hier raus!«

Die andere ordnet weiter ihre Papiere ein.

Die Frau ist beleidigt, weil sie einfach in dieses Fach gestopft worden ist. Sie ist viel mehr, man hätte sie ebenso gut in alle möglichen anderen Schubladen packen können, vielleicht hätte sie da besser reingepasst.

»Die wird nicht auf dich hören«, sagt eine Stimme unter ihr.

Die Frau blickt hinunter.

»Hi«, sagt die Besitzerin der Stimme, die sich in einem Kästchen ein paar Reihen unter der Frau befindet. »Ich bin Janet. Alleinerziehende Mutter. Und ich werde nie fertig mit dem, was ich anfange.«

»Hi Janet«, sagt die Frau.

»Außerdem spiele ich Ukulele, aber das scheint eine bestimmte Person in unserer Nähe leider nicht die Bohne zu interessieren«, fährt Janet fort und hebt dabei demonstrativ die Stimme. Keine Reaktion.

»Ha! Also, ich bin die Mutter, die über die Stränge schlägt. Freut mich, euch kennenzulernen«, sagt eine Stimme aus einer etwas weiter entfernten Ecke, und die Frau entdeckt sie rechts unten.

»Hi«, ruft sie.

»Ich komme einmal alle zwei Wochen hier raus, und dann trinke ich, was das Zeug hält«, erzählt die neue Stimme. »Und ich tanze. Anscheinend nennt man so was über die Stränge schlagen. Vorsicht, hier kommt die gefährliche Mary, die irre gern zu viel Gin trinkt!«, ruft sie der Angestellten zu, und ihre Stimme trieft vor Sarkasmus.

Doch die Angestellte sortiert immer noch fleißig ihre Papiere; für diejenigen, die schon eingeordnet sind, hat sie absolut keine Zeit.

»Außerdem spiele ich auch noch Tennis«, erzählt Mary weiter. »Und ich mag Malbücher für Erwachsene und Strandspaziergänge, aber das interessiert sie auch nicht, stimmt's?«

Von nebenan ist ein verächtliches Schnauben zu hören, und die Frau späht vorsichtig ins nächste Fach.

Dort feilt sich eine andere Frau die Fingernägel. »Hi, ich bin Brooke«, sagt sie und blickt auf. »Die schüchterne

Brooke.« Dann beugt sie sich blitzschnell über den Rand der Schublade und bewirft die Angestellte mit ihrer Nagelfeile. Aber auch das ruft keine Reaktion hervor. Brooke seufzt.

»Hallo, hier ist die Helikopter-Mama!«, ruft eine weibliche Stimme irgendwo in der Nähe.

»Hallo Helikopter-Mama, darf ich dich mit Supermutti bekanntmachen?«, ertönt es aus der anderen Richtung. »Einmal bin ich die dumme Pute, die sich einen Dreck um weltbewegende Themen schert und alle töten wird, die sich dem Erfolg ihres Kindes in den Weg stellen, und dann backe ich auch noch Kekse!«

Alle lachen.

»Ich bin komisch«, lässt sich wieder eine neue Stimme hören, und als die Frau nach unten schaut, sieht sie eine Hand winken.

»Hey.«

»Ich bin eine total egoistische berufstätige Frau, die Kinder hasst!«, meldet sich eine andere Stimme, und wieder lachen alle.

Ein Händepaar tauscht High Five von einer Schublade zur anderen.

»Ich bin einfach nur fett und sonst nichts!«, ächzt eine andere Frau.

»Ich bin Fitnessfan und kritisiere ständig den Lifestyle anderer Leute«, verkündet die nächste.

»Ich bin eine dicke Frau, die Sport macht«, ruft eine Neue, und es wird applaudiert.

»Ich bin die Frau, deren Ehemann eine Affäre hatte.«

»Ich bin die Böse, die eine Affäre mit dem Ehemann einer anderen hatte«, ruft es aus einer anderen Ecke.

»Nicola Nagle, bist du das?«

»Nee.«
»Gott sei Dank.«
Alle lachen.
»Ich bin die mit dem Vaterkomplex.«
»Ich ein Kontrollfreak.«
»Die, die jeden anmacht.«
»Aufdringliche Schwiegermutter.«
»Raffiniertes Luder!«
»Gutmensch, jedenfalls vordergründig.«
Ein allgemeines Oooouuuh.
»Zweite Ehefrau.«
»Dritte Ehefrau.«
»Psycho-Freundin.«
»Xanthippe.«
»Lügnerin!«
»Opfer.«
»Überlebende.«
»Eitles Püppchen.«
»Materialistin!«
»Spielerfrau!«
»Erdmutter!«
»Ehefrau!«
»Mutter!«
»Mutterlose Ehefrau!«
»Unverheiratete Frau!«
»Junkie.«
»Eingebildete Zicke!«
»Rebellin!«
»Feministische Männerhasserin!«
»Schlampe!«
»Lippenstift-Lesbe!«

Alle lachen, dann kehrt einen Moment Schweigen ein, und das Etikettenrufen hat ein Ende.

»Es ist einfacher«, sagt die Angestellte plötzlich in die Stille hinein und blickt zu den Fächern empor.

»Was ist einfacher?«, fragt die Frau.

»Es ist wie bei einer Schlagzeile. Wenn man weiterliest, erfährt man mehr. Wenn andere Leute euch kennenlernen, werden sie schon merken, wer ihr seid.«

»Aber wenn ihnen die Schlagzeile nicht gefällt, lernen sie uns nie kennen«, entgegnet die Frau und erntet zustimmendes Gemurmel. »Und Schlagzeilen sind immer aus dem Kontext gerissen.«

Alle fangen an, die Angestellte mit irgendwelchen Gegenständen zu bewerfen. Sie kriecht unter den Schreibtisch und kommt mit einem Fahrradhelm wieder zum Vorschein.

»Hört mal, gebt gefälligst nicht mir die Schuld, ich mache hier nur meine Arbeit. Es ist wirklich einfacher, glaubt mir.«

»Einfacher für wen? Für dich?«, fragt die Frau.

»Ja, für mich und für alle anderen auch. Weil sie dann wissen, wo ihr zu finden seid und was sie von euch zu halten haben. Und ich weiß genau, wo ich suchen muss, wenn jemand nach euch fragt. Das ist übersichtlich und effizient.«

»Aber ich gehöre nicht hierher! Ich gehöre in ganz viele verschiedene Schubladen«, erklärt die Frau. »Und du verhinderst, dass ich mein volles Potential auslebe«, fügt sie hinzu und dreht und wendet sich unbehaglich in ihrer Ecke.

»Genau!«, rufen die anderen. »Ich bin eine fette feministische männerhassende Schlampe. Also müsste ich in mindestens vier Schubladen stecken!«

Alle lachen.

»Soll ich dich vielleicht kleinschneiden und deine Körperteile getrennt einsortieren?«, fragt die Angestellte.

»Auf gar keinen Fall! Mach dich nicht lustig darüber«, sagt die Frau. »Steck uns lieber überhaupt nicht in diese Schubladen.«

»Und was dann? Ich hätte euch in einem großen Haufen auf der Theke rumliegen. Niemand wüsste mehr, wo ihr hingehört.«

»Die Leute könnten den großen Haufen durchsehen und das selbst entscheiden.«

Die Angestellte schnaubt. »Es geht aber um Klarheit. Jeder Mensch möchte, dass die Dinge klar und übersichtlich sind. Damit man schon vorher weiß, was man kriegt. Schaut euch doch mal um!«

Sie tun es. Tatsächlich – sie sind umgeben von Hunderten, Tausenden, Millionen von Schubladen wie ihren, alle sind belegt, und überall gibt es Angestellte, die hektisch irgendwelchen Papierkram bearbeiten.

»Wie wäre es, wenn man sich die Zeit nehmen würde, einander kennenzulernen?«

»Zu viel Arbeit. Die Leute mögen es lieber, wenn man sie vorher informiert.«

»Ich aber nicht«, sagt die Frau und schlägt gegen die Decke über ihrem Kopf, sie braucht mehr Platz. »Mir macht es Spaß, Sachen auf eigene Faust herauszufinden, mir selbst eine Meinung zu bilden. Dann weiß ich ja trotzdem noch, dass es meine Meinung ist und nicht die Wahrheit.«

»Typen wie du sind eine Seltenheit.«

»Genau. Aber das hier ist nicht die Schublade mit dem Etikett ›Seltenheit‹.«

»Es ist besser, einfach zum Nächstliegenden auf- oder abzurunden«, versucht die Angestellte zu argumentieren.

»Das will ich aber nicht. Hast du noch nie vom Pygmalion-Effekt gehört? Er besagt, dass höhere Erwartungen zu größerer Leistung führen. Das Umgekehrte wie beim Golem-Effekt, bei dem niedrige Erwartungen zu schwächerer Leistung führen. Du erweist uns allen hier einen Bärendienst, wenn du uns nach unseren Schwächen und Risiken etikettierst statt nach unseren Stärken und Vorzügen.«

»Nicht alle Schubladen sind negativ. Zum Beispiel gibt es eine mit ›Lustig‹.«

»Aber ich möchte ernstgenommen werden«, ruft eine Stimme aus der Lustig-Schublade.

Die Angestellte ignoriert den Einwurf und macht sich wieder ans Sortieren.

Aber die Frau lässt nicht locker. Die Enge irritiert sie, ihr ist heiß. »Wenn jemand nach mir sucht, und zwar nach mir, wie ich wirklich bin, dann findet er mich hier drin garantiert nicht. Ihr haltet die Leute zum Narren. Ihr sorgt dafür, dass diejenigen, die mich mögen würden, ganz bestimmt nicht auf mich stoßen.«

»Vielleicht. Aber es macht den Papierkram weniger kompliziert.«

»Und wo bleibt das, was ich will?«

»Jetzt hör auf, Schwierigkeiten zu machen.«

»Ich bin weder in der Schublade für ›schwierig‹ noch für ›selten‹«, entgegnet die Frau wütend. »Du hast mir schon zwei Eigenschaften genannt, die überhaupt nicht auf dem Etikett hier vorkommen.« Ärgerlich verschränkt sie die Arme, lehnt sich zurück und sieht zu, wie die Angestellte weiter unbeirrt die ganze Welt sortiert.

»Weißt du, was du bist?«, ruft jemand von oben der Angestellten zu. »Total engstirnig, du hast lauter Kästchen vor den Augen!«, ruft sie.

Allgemeines Gelächter.

Die Angestellte unterbricht das Sortieren und schaut mit wütendem Gesicht auf. »Wer hat das gesagt?«

»Ich«, antwortet die Schüchterne.

»Tja, dann musst du wohl jetzt rauskommen, denn das war alles andere als schüchtern.«

»Wo soll ich denn hin?«

»Sortierfach *schwierig*. Dritte Reihe, fünftes Fach von oben.«

Die ehemals schüchterne, jetzt aber schwierige Frau schwingt sich aus ihrer Schublade und klettert über die Leitern, die kreuz und quer über den Sortierwürfel laufen, zu ihrem neuen Fach.

Da kommt eine weitere Angestellte hinzu. Genau wie ihre Kollegin trägt auch sie eine beigefarbene Hose und ein beigefarbenes Shirt.

»Das Hauptbüro sagt, du musst rüber zu B1.«

»B1?«, wiederholt die erste Angestellte verärgert.

»Was ist B1?«, fragt eine Frau von oben.

»Sei nicht so neugierig«, antwortet die Angestellte.

»Ich bin nicht neugierig, ich bin in den Wechseljahren.«

»B1 ist das Fach für Engstirnige«, erklärt die neue Angestellte.

»Aber das ist lächerlich. Ich bin einfach nur effizient!«

Die Neue zuckt die Acheln. »Sorry, ich befolge nur meine Anweisungen.«

Widerwillig legt die andere ihre Papiere weg, geht zu der ihr zugewiesenen Schublade, setzt sich und verschränkt die

Arme. »Wisst ihr, ich dachte immer, wenn ich jemals einsortiert werde, dann steckt man mich ins *Künstlerinnen*-Fach. Ich male doch so gern.«

»Willkommen im Team«, sagt die Frau und schlägt wieder gegen die Decke über ihrem Kopf, und diesmal gibt sie nach. Schnell entfernt die Frau das Brett und liest das an der Vorderseite angebrachte Etikett. *Beharrlich*, steht da. In ihrer neuen, etwas größeren Schublade setzt sie sich aufrechter und tritt dann kräftig gegen die Wand. Zum Glück ist das Nebenfach leer, die Wand gibt nach, und sie kann die Beine in die *Freigeist*-Schublade hinüberstrecken.

25
Die Frau, die auf einen Zugwagen aufsprang

Ziellos fuhr sie über die schmalen kurvigen Landstraßen, als sie vor sich eine Frau sah, die am Straßenrand entlangwanderte, einen Korb in der Hand, allem Anschein nach ganz in ihrer eigenen Welt versunken. Als das Auto sich näherte, blickte sie nicht auf, obwohl es bestimmt seit Stunden das erste war. Die Fahrerin des Autos dagegen langweilte sich und sehnte sich nach Gesellschaft. Sie brauchte eine Kopilotin, weil sie ihr Ziel zwar fest im Visier hatte, aber überhaupt nicht wusste, wie sie es am besten erreichen konnte.

Also überholte sie die Fußgängerin, fuhr ein Stück vor ihr an den Straßenrand, wartete, bis die andere aufgeholt hatte, und kurbelte dann das Fenster herunter. Aber die Frau mit dem Korb ging einfach weiter, den Blick starr nach vorn gerichtet wie ein Zombie. Wenn die Autofahrerin nicht gerufen hätte, wäre sie höchstwahrscheinlich vorübergewandert, ohne etwas zu bemerken. »Hallo!«, rief die Frau aus dem Auto und beugte sich aus dem Fenster.

Tatsächlich erwachte die Fußgängerin aus ihrer Trance, blieb stehen, drehte sich um und nahm das Auto zur Kenntnis, als wäre sie überrascht, woher es plötzlich gekommen war. »Oh, hallo!«, antwortete sie und ging ein paar Schritte zurück.

»Soll ich Sie mitnehmen?«, fragte die Autofahrerin.

»Oh, vielen Dank für das Angebot«, erwiderte die Fußgängerin lächelnd. »Aber ich gehe lieber zu Fuß. Trotzdem danke, das ist sehr nett von Ihnen.«

Ihre Antwort ärgerte die Autofahrerin. Warum wollte diese Frau allein sein, und schlimmer noch, warum wanderte sie so gern zu Fuß allein am Straßenrand entlang?

»Haben Sie sich denn verfahren?«, fügte die Fußgängerin noch besorgt hinzu, aber die Frau im Auto beschloss, darauf nicht einzugehen. Sie wusste ja, wo sie hinwollte, sie hatte nur Schwierigkeiten, den richtigen Weg zu finden. Aber das bedeutete ja noch lange nicht, dass sie sich verirrt hatte. Ihr Ziel war der Gipfel des Bergs.

»Gehen Sie auch zum Gipfel hinauf?«, fragte die Frau im Auto stattdessen.

»Oh.« Die Fußgängerin blickte auf und schien verwundert zu sein, dass sich vor ihnen groß und breit ein Berg auftürmte. »Vielleicht!«, meinte sie lachend. »Vermutlich werde ich es wissen, wenn ich hinkomme, aber erst einmal genieße ich den Weg. Bei jedem Schritt.«

Auch diese Antwort ärgerte die Autofahrerin, denn sie selbst bemühte sich so sehr, ihr Ziel zu erreichen, dass sie überhaupt nicht verstand, wie jemand nicht dasselbe wollen konnte. Verstohlen versuchte sie, einen Blick auf den Inhalt des Korbs zu werfen, aber die Fußgängerin bemerkte ihre Neugier und zog den Korb schnell weg.

Irritiert ließ die Frau den Motor an, und so trennten sich die beiden, nachdem sie noch ein paar Höflichkeitsfloskeln ausgetauscht hatten.

Aber die Entschlossenheit und Selbstsicherheit der Fußgängerin machten der Frau im Auto ebenso zu schaffen wie die Tatsache, dass sie keinen Blick in ihren Korb hatte werfen dürfen, obwohl die andere doch sonst so gleichgültig gewirkt hatte. Sie wurde einfach nicht schlau aus ihr und beobachtete sie beim Weiterfahren unablässig im Seitenspiegel. Doch da sie sich so auf die andere konzentrierte, kam ihr Auto von der Straße ab und landete im Graben. Im letzten Moment, als ihr linkes Vorderrad bereits abrutschte, sah sie gerade noch, wie die Fußgängerin in ein benachbartes Feld abbog. Dann war sie verschwunden, und die Autofahrerin blieb frustriert zurück. Zu gern hätte sie gewusst, wohin die andere wanderte und was sich in ihrem Korb befand. Zu gern hätte sie ihr durch den Rückspiegel weiter nachspioniert.

Leider erwies es sich als unmöglich, ihr Auto aus dem Graben zu fahren oder zu schieben, und so stand die Frau schließlich hilflos auf der stillen Landstraße – mitten im Nirgendwo. Ihr Handy hatte kein Netz, sie war müde, verwirrt und ziemlich verzweifelt. Doch dann hörte sie plötzlich das Geklapper von Pferdehufen.

Hastig klopfte sie sich den Schmutz von den Kleidern und spähte in die Richtung, aus der das Geräusch kam, in das sich jetzt noch Blasmusik mischte, so fröhlich und unbeschwert, dass sie der Frau sogar ein Lächeln entlockte. Kurz darauf kam ein offener Wagen im Stil des neunzehnten Jahrhunderts um die Kurve, und auf ihm stand eine Gruppe von Musikanten, die munter spielte. Die beiden Kutscher in goldbestickten roten Militärjacken zügelten die Pferde, als sie die Frau entdeckten, und der Wagen hielt direkt neben ihr. Die Musik verstummte.

Der Wagen war phantastisch – mit roten Samtbahnen verkleidet, auf denen Goldstickereien von triumphierenden

Engeln, majestätischen Löwen und Harfen prangten. Die Mähnen der Pferde waren mit Goldbändern zu eleganten Zöpfen geflochten, und oben auf dem Wagen stand die sechsköpfige Blaskapelle im gleichen Kostüm wie die Kutscher und mit hohen goldenen Zylindern.

»Guten Tag!«, begrüßte einer der beiden Kutscher die Frau freundlich.

»Hi«, antwortete sie, hingerissen von dem Anblick.

Zu der Blaskapelle gehörte auch eine riesige Basstrommel, die so groß und schwer war, dass der Wagen unter ihrem Gewicht zur Seite zu kippen drohte.

»Hatten Sie eine Panne?«, fragte der Posaunist.

»Mein Auto, ja. Ich beinahe auch.«

Alle lachten. Der Trommler vollführte zur Untermalung des Scherzes einen Trommelwirbel.

»Ich bin einer Fußgängerin gefolgt, aber ich habe sie aus den Augen verloren, weil sie plötzlich querfeldein gegangen ist.«

»Aber über die Felder gibt es gar keinen Weg«, sagte der Trompeter.

»Sie hat sich wahrscheinlich auf eigene Faust einen gesucht«, meinte die Frau und spürte den Stich des Neids.

»Haben Sie Lust, aufzuspringen und mitzufahren?«, fragte der Trompeter.

Die Musikanten beugten sich über den Rand des Wagens, um die Frau besser mustern zu können, so dass der vergoldete Wagen sich nun gefährlich zu dieser Seite neigte.

»Wohin fahren Sie denn?«, erkundigte sie sich vorsichtig.

»Na, den ganzen Weg natürlich!«, verkündete der Trommler, und alle stimmten spontan ein Freudenlied an.

Die Frau machte große Augen. »Den ganzen Weg? Bis zum Gipfel?«, fragte sie, als das Lied fertig war.

»Selbstverständlich!«

»Das ist ja wunderbar. Besser hätte ich es mir ja gar nicht wünschen können. Und Sie können mich tatsächlich den ganzen Weg mitnehmen?«, fragte sie.

»Klar!«, rief der Posaunist. »Springen Sie einfach rauf!«

Die Frau kletterte auf den Wagen, ohne einen Gedanken daran zu verschwenden, dass ihr Auto noch im Graben festsaß. Sie setzte sich zu den Musikern, die ununterbrochen musizierten, der Wagen rumpelte über die kurvigen Straßen und trug sie ihrem Ziel entgegen. Natürlich konnte sie es sich trotzdem nicht verkneifen, immer zurückzuschauen, ob ihnen jemand folgte, und nach vorn, ob sie vielleicht jemanden überholen konnten. Nach einer Weile sah sie tatsächlich die einsame Fußgängerin aus den Feldern kommen. Ihr Gesicht war genauso entschlossen wie vorhin, die Augen starr nach vorn gerichtet. Aber jetzt hielt sie auf einmal zwei Körbe in den Händen.

»Sollen wir anhalten und ihr anbieten, sie mitzunehmen?«, fragte der Trommler. »Wir sind ja mitten im Nirgendwo.«

Zuerst war die Frau strikt dagegen, aber weil die Männer ihr so nett angeboten hatten, sie den ganzen Weg bis zum Gipfel mitzunehmen, lenkte sie schließlich ein. Also zügelten die Kutscher die Pferde, und der Wagen blieb stehen.

Aber die Fußgängerin schien wieder nichts zu hören – weder die klappernden Pferdehufe noch die sechsköpfige Blaskapelle.

»Hallo!«, rief die Frau zu ihr hinunter.

»Oh, hallo!«, antwortete die andere lächelnd, hielt sich

die Hand schützend über die Augen und blinzelte in die Sonne. »Was für ein schöner Wagen!«, fügte sie hinzu und musterte die kunstvollen goldenen Verzierungen. Die Frau auf dem Wagen nahm das Kompliment mit größter Zufriedenheit zur Kenntnis.

»Möchten Sie mitfahren?«, fragte sie die Fußgängerin. »Wir fahren bis zum Gipfel.«

»Oh, das ist nett«, antwortete die Fußgängerin. »Aber wenn Sie nichts dagegen haben, möchte ich lieber zu Fuß weitergehen, ich genieße diesen Ausflug sehr. Außerdem habe ich noch ein paar Dinge zu erledigen.«

Nun war die Frau endgültig verärgert; sie hatte dieser seltsamen Einzelgängerin schon zum zweiten Mal die Chance gegeben, sich ihr anzuschließen, und war beide Male abgewiesen worden. Die Stiefel der Fußgängerin waren von dem Marsch durch die Felder völlig verdreckt, außerdem würde schon bald die Sonne untergehen, und sie würde bestimmt frieren. Beleidigt nahm die Frau wieder bei den freundlich plaudernden Musikern Platz, verschränkte die Arme vor der Brust und beschloss, dass sie nichts mehr mit dieser Fußgängerin zu tun haben, sondern den Gipfel allein erreichen und alles dafür tun wollte, als Erste dort anzukommen.

Die Kutscher gaben den Pferden das Zeichen zum Weiterfahren, und die Frau genoss den Moment, als sie die Fußgängerin überholten. Allerdings wurde ihr Vergnügen dadurch etwas gemindert, dass es dieser rein gar nichts auszumachen schien, auf Gesellschaft und Bequemlichkeit verzichten zu müssen. Wieder war sie ganz in ihrer Welt versunken und schwenkte fröhlich ihre beiden Körbe. Die Frau sah ihr nach, bis sie nur noch ein kleiner Punkt in der Ferne war.

Nach einiger Zeit gelangte der Wagen zu einem hübschen kleinen Dorf, wo die laute Musik der Kapelle sofort Aufmerksamkeit erweckte. Die Dorfbewohner strömten aus ihren Läden und Wohnhäusern und flankierten die mit Wimpeln geschmückte, kopfsteingepflasterte Straße, auf der der Wagen entlangrumpelte. Jubelnde Kinder liefen neben ihnen her, die Musiker gaben ihre Lieblingsstücke zum Besten. Als der Wagen samt Gefolge den Marktplatz erreichte, erwartete sie dort auf einer provisorischen Bühne bereits der Bürgermeister, um den Hals die schwere goldene Amtskette.

»Willkommen!«, rief er mit lauter Stimme. »Sie haben es geschafft – Sie sind schon die zweite Frau, die uns zu dieser Stunde erreicht. Wissen Sie denn, wo Sie sind?«

»Nicht genau«, antwortete die Frau aufgeregt, runzelte aber die Stirn bei der Erwähnung einer weiteren Reisenden. »Ist dies vielleicht der Gipfel?«, fragte sie hoffnungsvoll.

»Nein, nicht ganz ... aber erweisen Sie uns doch die Ehre, die Plakette zu enthüllen, dann sehen Sie es selbst.«

Die Frau zog an dem Band, ein kleiner roter Vorhang öffnete sich und offenbarte den Namen des Ortes, an dem sie sich befanden: *Fastgeschafft*. Alles applaudierte.

»Das ist wirklich eine reife Leistung«, rief der Bürgermeister, und die Band spielte einen Tusch.

Die Frau lächelte etwas verkniffen, versuchte zwar, ihre Dankbarkeit zu zeigen, war in Wirklichkeit aber enttäuscht und fühlte sich seltsam leer. *Fastgeschafft* war ja gut und schön, aber eben noch nicht gut genug. Sie wollte höher hinaus, war jedoch nicht sicher, ob sie auf diesem Wagen ihr Ziel erreichen konnte. Die Pferde waren müde, die Band brauchte eine Erholungspause, die Instrumente mussten neu gestimmt, der Wagen gewartet werden, und wie es aussah, planten alle, sich über Nacht hier auszuruhen. Sie hatte das Gefühl, dass diese Menschen sie nicht weiterbringen konnten.

»Danke sehr für den freundlichen Empfang«, wandte sie sich an den Bürgermeister. »Aber leider kann ich nicht bleiben. Wären Sie so nett, mir zu sagen, wie ich den Gipfel des Bergs dort erreichen kann?«

»Ich würde vorschlagen, Sie gehen in diese Richtung«, empfahl ihr der Bürgermeister.

Als sie in die Richtung blickte, in die er zeigte, sah sie auf der Straße die Fußgängerin, die unbeirrt auf den steilen Berg zuwanderte. Verärgert legte die Frau die Stirn in Falten. Wie hatte die andere es geschafft, als Erste nach *Fastgeschafft* zu gelangen?

Kurz spielte sie mit der Idee, loszurennen und die Fußgängerin einzuholen, aber die Tatsache, dass sie von ihr schon zweimal abgewiesen worden war, schreckte sie ab. Trotzdem blieb ihr nichts anderes übrig, als denselben Weg einzuschlagen.

Aber dann hörte sie plötzlich ein Lied, das sie noch nie gehört hatte, und als sie hinsah, konnte sie ihr Glück kaum fassen, denn im selben Moment bog ein Wagen aus einer engen Gasse auf die Straße ein, die aus dem Dorf herausführte. Dieser Wagen war mit rosafarbenem, silbern besticktem Samt verkleidet. Auf dem Kutschbock saßen zwei Frauen in prachtvollen, ebenfalls rosa-silbernen Uniformen, und auch die Musiker, die auf dem Wagen standen, trugen ähnliche Uniformen und skurrile silberne Hüte.

Diesmal brauchte die Frau keine Einladung, sie bat die Kutscherinnen nicht einmal anzuhalten, sondern rannte dem Wagen einfach nach und sprang an Bord, sobald sie ihn eingeholt hatte. Von allen unbemerkt blieb sie hinten sitzen, baumelte mit den Beinen und winkte dem Dorf *Fastgeschafft* zum Abschied zu.

Schon nach kurzer Zeit passierten sie auf der Landstraße, die auf den Gipfel zuführte, die Fußgängerin, die nun zwei noch größere Körbe in Händen hielt und vergnügt vor sich hinsang. Sie bemerkte die Frau auf dem Wagen gar nicht. Doch die Frau bemerkte sie sehr wohl, sprang auf und öffnete, ohne lange nachzudenken, die Ladeluke des Wagens. Dann sah sie zu, wie der gesamte Inhalt herauspurzelte. Um nicht getroffen zu werden, musste die Fußgängerin hastig von der Straße springen, wobei sie ihre Körbe verlor und alles, was darin war, durch die Gegend kullerte.

Sosehr sich die Frau auch anstrengte, konnte sie nicht erkennen, was eigentlich aus dem Wagen gefallen war, denn er fuhr recht schnell. Einen Moment war sie schockiert über ihre eigene Gemeinheit, doch als sie sah, wie ihre Konkurrentin über die herumliegenden Gegenstände stolperte, während sie sich abmühte, ihre Siebensachen wieder einzusammeln, konnte sie ihre Schadenfreude nicht unterdrücken.

Weder die beiden Kutscherinnen noch die Musiker bemerkten den Verlust ihrer Ladung. Die Frau belauschte ihre angeregten Gespräche, bewunderte ihre Leidenschaft und ihr Talent und nahm gierig ihre Ansichten, ihr Wissen und ihre Weltanschauung in sich auf, während sie höher und immer höher den Berg hinauffuhren.

Als sich die Dunkelheit herabsenkte, wurde die Frau müde, kroch in die offene Ladeluke, rollte sich zusammen und ließ sich vom sanften Schaukeln des Wagens und vom Klang des Saxophons beruhigen und in den Schlaf wiegen.

Ein lautes Geräusch weckte sie. Erschrocken fuhr sie auf und brauchte eine Weile, um sich zu erinnern, wo sie war. Als sie sich wieder einigermaßen in der rosarot-silbernen Umgebung orientiert hatte, verstummte plötzlich das Klappern der Pferdehufe. Leise schwankend war der Wagen stehen geblieben, und sie hörte über sich die Schritte der Musikanten, die allem Anschein nach abstiegen. Bald würden sie die Frau entdecken und sich ärgern, dass die Ladeluke ansonsten nichts mehr von der Ladung enthielt. Vielleicht waren hier ja ihre Schlafsäcke oder sonstige Ausrüstungsgegenstände verstaut gewesen.

So schnell und so leise sie konnte, öffnete sie die Ladeluke und kroch hinaus. Draußen war es dunkel, die Musiker und die Kutscherinnen waren nirgends zu sehen. Wahrscheinlich hatten sie sich ein Stück weiter weg versammelt und diskutierten, wo sie heute Nacht ihr Lager aufschlagen wollten.

Lautlos stahl die Frau sich in die entgegengesetzte Richtung davon, und im Nu hatte die Dunkelheit sie verschluckt. Es war eine ruhige Nacht, mild und windstill, der Himmel war klar, und die Sterne schienen so nahe, als könne man die Hand ausstrecken und sie berühren. Zufrieden zog die Frau ihren Kaschmirpullover um sich, denn sie war zuversichtlich, dass sie schon weit weg sein würde, ehe die anderen Passagiere des rosa Wagens merkten, dass ihr ganzes Hab und Gut verschwunden war.

Sie ahnte, dass sie dem Gipfel ganz nahe war, denn die Umgebung wirkte noch verlassener, und die Luft war so dünn, dass ihr das Atmen schwerfiel. In der Ferne konnte sie die im Mondlicht schimmernden Lichter eines Dorfes sehen, und nach einem kurzen Fußmarsch querfeldein gelangte sie auf die Straße, die zu dem Dorf auf dem Gipfel führte.

Als sie die Ortschaft fast erreicht hatte, entdeckte ein Dorfbewohner sie und rief noch ein paar andere herbei, bis sich eine freundliche Menschenmenge versammelt hatte, die sie willkommen hieß und zum Marktplatz führte. Dort wurde sie vom Bürgermeister des Gipfeldorfes begrüßt.

»Herzlichen Glückwunsch«, rief der Bürgermeister. »Wollen Sie uns die Ehre erweisen?«

Die Frau schaute zu dem roten Vorhang, der die Plakette eigentlich verbergen sollte, aber er war bereits offen.

»Ups«, sagte der Bürgermeister und zog ihn schnell wieder zu. »Direkt vor Ihnen ist auch schon jemand angekommen.«

Nun war der Frau etwas der Wind aus den Segeln genommen, aber sie zog trotzdem an der Schnur, der kleine Samtvorhang öffnete sich und gab den Blick auf die Inschrift *Der höchste Punkt* frei. Ich hab es geschafft, dachte die Frau mit Freudentränen in den Augen, aber sie war vollkommen erschöpft.

»In unserer wunderbaren Gemeinschaft leben hochtalentierte, außergewöhnlich fähige Menschen, deren Wissen und Fokussierung ihresgleichen sucht«, erklärte der Bürgermeister. »Wir freuen uns auf die Früchte Ihrer Arbeit und darauf, zu erfahren, was Ihnen geholfen hat, diesen Gipfel zu erklimmen. Ohne jeden Zweifel war der Weg hierher anstrengend, aber ich sage Ihnen wie jedem anderen Neuankömmling, dass der Aufenthalt hier eine Fortsetzung dieses Kraftakts bedeutet.« Er senkte die Stimme und fixierte die Frau mit strengem Blick. »Das Leben hier oben auf dem Gipfel beinhaltet immer auch eine Mahnung, denn obwohl alle, die hier ankommen, von der Natur mit großen Talenten ausgestattet wurden, haben sich einige von ihrer Trägheit verführen und in die Abwärtsspirale locken lassen« – er deutete auf ein dunkles Metalltor in der Ferne, hinter dem sich eine Straße den Berghang hinunterschlängelte. »Uns von diesen Menschen verabschieden zu müssen, ist immer ein trauriger Tag für alle Beteiligten, aber ich bin sicher, Sie werden diesen Weg nicht einschlagen, sondern sich auch weiterhin von Ihrer Gewissenhaftigkeit leiten lassen.«

Sehr rasch zerstreute sich die Menge, die Menschen kehrten in ihre Häuser und an ihre Arbeitsplätze zurück, um darüber nachzudenken, was sie selbst hierher zum *Höchsten Punkt* gebracht hatte, und sich unermüdlich diesen Themen zu widmen. Etwas unsicher blieb die Frau zurück, sie fühlte sich fehl am Platz, aber dennoch glücklich, hinabschauen zu können und zu sehen, was und wer sich alles unter ihr befand. Zum ersten Mal dachte sie an ihr Auto, an den Ort, den sie hinter sich gelassen hatte, und wie oft sie auf dem Wagen unterwegs darauf gedrungen hatte, andere zu überholen, obwohl es gefährlich gewesen war. Aber sie wollte sich über all das jetzt keine Sorgen machen, denn sie hatte ja nicht vor zurückzugehen. Sie würde nicht in die Abwärtsspirale geraten und denselben Leuten begegnen, die sie auf dem Weg hierher ausgetrickst, zum Straucheln gebracht, ignoriert und letztendlich abgehängt hatte.

Während sie so über ihre Reise nachdachte, entdeckte sie ein Stück vor sich auf dem Boden drei Körbe. Sie ging darauf zu und sah die einsame Fußgängerin am Rand des Gipfels stehen und den großartigen Blick bewundern, den Weg, den sie zurückgelegt hatte. Ihre Kleider waren schmutzig und zerrissen, sie war atemlos und verschwitzt, lächelte aber immer noch. Die Frau verzog das Gesicht und konnte nicht glauben, dass diese Einzelgängerin trotz all der Hindernisse und abgelehnten Unterstützung vor ihr hier angekommen war.

»Oh, hallo«, rief die Fußgängerin der Frau zu, immer noch höflich, aber ihre Augen waren seit ihrer letzten Begegnung härter und misstrauischer geworden. »Ist es nicht wunderschön hier oben?«

Die Frau war irritiert, sie kam nicht dagegen an. »Planen Sie etwa, sich hier niederzulassen?«, fragte sie.

»Das weiß ich noch nicht«, antwortete die andere und richtete den Blick hinaus ins Weite. »Das muss ich noch sehen.«

Ihre vage Überheblichkeit ärgerte die Frau so, dass sie austickte. »Machen Sie überhaupt jemals irgendwelche Pläne?«

Die andere fixierte sie mit einem festen Blick, der die Frau endgültig durcheinanderbrachte. Auf einmal hatte die Fußgängerin gar nichts Vages mehr an sich.

»Sie und ich haben vielleicht denselben Ort erreicht«, antwortete sie. »Aber deshalb sind wir uns noch lange nicht ähnlich. Ich hatte nie das Ziel, hier heraufzukommen. Aber das, was ich getan habe, hat mir Freude gemacht, und ich war sehr gut dabei. So bin ich hier gelandet. Sie andererseits haben eigentlich nichts Besonderes getan, Sie haben einfach nur versucht, irgendwie diesen Ort hier zu erreichen. Ich kann einfach weitermachen mit dem, was ich vorher auch gemacht habe. Aber was machen Sie jetzt?«

Die Fußgängerin wartete die Antwort der Frau nicht ab, sondern ließ sie einfach am Abhang des Berges stehen. Gekränkt und trotzig reckte die Frau das Kinn, aber die Luft auf dem Gipfel war dünn, und das Atmen fiel ihr schwer.

26
Die Frau, die lächelte

Um sieben Uhr morgens war sie schon unterwegs zur Arbeit – ziemlich früh also, aber sie war gerne früh dran, außerdem mochte sie ihren Job. Sie war glücklich. Doch sie lächelte nicht, wahrscheinlich, weil man manchmal einfach nicht lächelt.

»Eine Rückfahrkarte, Erwachsene, bitte«, sagte sie und schob das Geld durch die Lücke in der Glasscheibe.

Der Mann am Schalter blickte zu ihr hoch und grinste. »Warum denn so ernst, Schätzchen?«, meinte er und nahm das Geld entgegen.

»Wie bitte?

»Lächeln Sie mal!«, wiederholte der Mann lachend. »So schlimm kann es doch gar nicht sein.«

Sie schaute sich um, ob jemand mitgehört hatte. Der Mann hinter ihr hatte Ohrstöpsel in den Ohren und fischte konzentriert in seinem Portemonnaie herum, aber auch er sah nicht besonders fröhlich aus.

»Äh ... okay«, sagte die Frau verwirrt, runzelte die Stirn, verkniff es sich dann wieder, nahm ihr Ticket und beobachtete im Weggehen, wie der nicht lächelnde Mann als Nächster sein Geld durch den Schlitz schob. Zu ihm sagte der Kartenverkäufer nichts. Ohne zu einer Korrektur seines nicht lächelnden Gesichts aufgefordert zu werden, bezahlte der Mann einfach sein Ticket.

Immer noch ein bisschen verunsichert, stand die Frau auf dem Bahnsteig. Sie wusste nicht recht, wie sie darauf reagieren sollte, dass ein Wildfremder ihr praktisch befohlen hatte, was für ein Gesicht sie machen sollte. Sie war nicht unglücklich. Warum hatte dieser Mann sie aufgefordert zu lächeln? Nachdenklich studierte sie ihr Spiegelbild im Fenster des Bahnhofs und analysierte es unter tausend verschiedenen Aspekten. Nein, sie sah nicht trübselig aus, war das Ergebnis, sie wirkte vollkommen normal, genau wie all die anderen Männer und Frauen, die mit ihr auf dem Bahnsteig warteten.

Als sie ausgestiegen war, machte sie auf dem Weg zum Büro in einem Laden Halt, um sich zum Lunch-Nachtisch einen Schokoriegel zu kaufen. Heute wollte sie sich etwas extra Leckeres gönnen.

»Jetzt lächeln Sie doch mal, Schätzchen. Nehmen Sie's auf die leichte Schulter«, meinte der Ladenbesitzer und zwinkerte ihr zu.

Erneut stutzte die Frau. »Wie bitte?«

»Nehmen Sie's auf die leichte Schulter!«, wiederholte der Mann mit einem leisen Lachen.

»Was soll ich denn auf die leichte Schulter nehmen?«

»Ach, das sagt man doch so«, erklärte er.

»Ich bin aber kein bisschen gestresst«, erwiderte sie verwirrt.

»Okay, okay.« Der Mann hob abwehrend die Hände. »Wie Sie meinen.« Über ihre Schulter hinweg nickte er, wieder ganz sachlich, dem nächsten Kunden zu, und die Frau trat zur Seite. Sie beobachtete den nächsten Kunden, einen älteren Mann. Auch er lächelte nicht, aber der Verkäufer unterhielt sich nicht mit ihm. Der Mann bezahlte seine Zeitung und ging, ein schneller, unkomplizierter Austausch. Dieser Kunde musste weder sich selbst noch seinen Gesichtsausdruck analysieren, weil ein Wildfremder in einem Laden es von ihm verlangte.

»Kann ich Ihnen helfen?«, fragte der Ladenbesitzer, als er merkte, dass sie immer noch dastand und in die Gegend starrte.

»Warum haben Sie ihm nicht gesagt, er soll lächeln?«

»Wem?«

»Dem Mann da.«

Der Ladeninhaber schaute zur Tür und runzelte die Stirn, als hielte er die Frau für irre. »Wissen Sie, eine hübsche Frau wie Sie sollte doch nicht so ein Gesicht machen…« Er verzog das Gesicht zu einer Karikatur von Grummeligkeit.

»Aber so hab ich garantiert nicht ausgesehen«, entgegnete die Frau.

»O doch, ich hab Sie ja angeschaut.«

»Und es stört Sie, weil ich hübsch bin?«

»Mich?« Jetzt wurde der Mann defensiv. »Mir ist das vollkommen egal.«

»Macht es Ihnen Spaß, wildfremden Menschen zu sagen, sie sollen gefälligst lächeln?«, fragte sie.

»Ach, das reicht jetzt wirklich«, brummte der Ladenbesitzer mit einer eindeutigen Kopfbewegung zur Tür. Ihm gefielen die Fragen der Frau nicht. »Gehen Sie, wir sind fertig«, fügte er hinzu.

Wütend verließ die Frau das Geschäft.

Am nächsten Tag war sie wieder am Bahnhof und kaufte ihr Ticket.

Als der Mann am Schalter zu ihr hochsah, setzte sie ihre Faschingsbrille mit dem Schnurrbart auf, holte einen Luftrüssel aus der Tasche und blies so heftig hinein, dass er sich blitzschnell aufrollte und gegen die Scheibe knallte, die den Kartenverkäufer von seinen Kunden trennte. Dazu wedelte sie mit zu Jazzhands gespreizten Fingern vor dem Glas herum.

Aber der Mann lehnte sich nur zurück, verschränkte die Arme und reagierte nicht.

Als Nächstes ging die Frau wieder in den Laden und stellte sich in die Schlange. Als sie zur Kasse kam, erkannte der Ladenbesitzer sie sofort.

In aller Ruhe und ziemlich unordentlich malte sich die Frau mit knallrotem Lippenstift ein breites Clownsgrinsen, das bis zu ihren Grübchen reichte, setzte sich eine rote Clownsnase auf, stellte ihren iPod an und begann zu der Zirkusmusik, die nun erklang, vor dem Ladenbesitzer und seiner Kundschaft wild im Laden herumzutanzen. Unterwegs nahm sie drei Orangen vom Regal und jonglierte mit ihnen.

Mit einem lauten »Ta-Da!« beendete sie die Vorstellung.

Eine Weile herrschte betretenes Schweigen.

»Und – fühlen Sie sich jetzt besser? Bin ich jetzt hübscher?«, fragte die Frau schließlich, noch etwas atemlos.

Der Ladenbesitzer konnte sich kein Lächeln abringen.

Aber die Frau schon.

27
Die Frau, die dachte, anderswo wäre das Gras grüner

An einem warmen Morgen im Juli stand die Frau am Küchenfenster ihres Hauses am Berghang. Von hier aus hatte man einen wunderbaren Blick auf den Great Rift Valley River, der glitzernd zwischen den beiden Hügeln des Gorse Mountain Range dahinfloss. Ihren Namen hatte die Gegend von den Ginsterbüschen, die mit ihren leuchtend gelben Blüten die Landschaft zum Strahlen brachten. Trotz des dichten, mit Stacheln bewehrten Zweiggewirrs, das den Busch in kalten Wintern schützte, machten die Schönheit und der wunderbare Kokosduft seiner Blüten die Dornen mehr als wett.

Die Frau wärmte sich die Hände an einer Tasse Kaffee und seufzte tief und zufrieden. Doch dann fiel ihr Blick auf das Cottage am Hang direkt gegenüber, auf der anderen Seite des Flusses, und auf einmal erstarrte sie, und ihr wurde eng um die Brust. Dieses Cottage verschandelte ihr die Aussicht und war ihr der wahre Dorn im Auge.

Hinter ihr saßen die anderen Familienmitglieder um den Frühstückstisch, verspeisten ihr Müsli und führten eine lebhafte Debatte darüber, wie sie das Wochenende verbringen wollten. Aber die Frau hörte ihnen nicht zu, sondern griff zu dem Fernglas, das neben dem Kräuterkasten auf dem

Fensterbrett lag. Wenn sie hindurchschaute, stieg ihr immer der Duft von Rosmarin in die Nase. Sie wusste, dass er sie beruhigte, und sie wusste auch, dass sie diese Beruhigung brauchte, ehe sie sich dem Anblick des Nachbarcottages stellte.

»Tu's nicht«, rief Tony, ihr Mann, mit warnender Stimme.

»Sie tut es aber trotzdem«, antwortete ihre Tochter Tina.

»Oh-oh«, sagte ihr Sohn Terry und duckte sich hinter die Müslipackung.

Die Frau studierte das Cottage auf der anderen Seite des Grabens und seufzte. Amüsiert stopfte Tony sich ein Stück Speck in den Mund.

»Was gibt es jetzt schon wieder?«, fragte er mit vollem Mund und grinste, während er den knusprigen Speck zermalmte. »Neue Blumenkästen? Sind die Äpfel größer als bei uns?«

Die Kinder kicherten.

»Die haben überhaupt keinen Apfelbaum«, brummte die Frau.

»Na gut, dann sind wir ja schon im Vorteil«, neckte er sie.

»Nur dass wir auch keinen Apfelbaum haben«, sagte sie.

»Dann sollten wir uns einen anschaffen«, entgegnete er gutmütig.

»Er hat ein neues Auto«, verkündete sie.

Ihr Mann hielt im Kauen inne, stand auf und nahm ihr das Fernglas aus der Hand. Jetzt war er es, über den die Kids lachten, während er schweigend durch das Glas spähte.

»Dieser verdammte Glückspilz«, grummelte er schließlich.

»Wie können die sich das bloß leisten?«, fragte die Frau. »Man würde denken, sie wohnen irgendwo in den

Hollywood Hills und nicht in einem engen Cottage auf der falschen Seite des Hügels.«

»Alter!«, neckte Tina sie.

»Er ist befördert worden«, sagte Terry und kam hinter der Müslipackung hervor. »Hab ich gestern gehört.«

Einen Augenblick herrschte Schweigen. Tonys wunder Punkt war, dass er seit fünfzehn Jahren in seiner Firma arbeitete, aber immer in derselben Position, ohne jemals befördert worden zu sein. Alle anderen schienen weiterzukommen, überholten ihn und ließen ihn links liegen. Allerdings schien er auch nicht zu bemerken, wie wenig er sich engagierte – aus irgendeinem Grund hatte er wohl das Gefühl, dass er allein schon für die vielen Lebensjahre, die er der Firma geopfert hatte, belohnt werden sollte.

»Ist mir schnuppe«, sagte er, aber keiner glaubte es ihm. Er gab seiner Frau das Fernglas zurück.

Sofort hielt die Frau es sich wieder vor die Augen.

»Ich glaube, sie bauen an«, verkündete sie plötzlich.

»Wie kommst du denn auf die Idee?«, fragte Tony, jetzt doch etwas brummig.

»Ich kann die Bauarbeiter sehen.«

»Lass mich mal«, sagte er und nahm ihr das Fernglas wieder weg.

Er spähte hinüber. »Das ist Bob Sanderson. Er wird ihnen ein Vermögen abnehmen, und höchstwahrscheinlich fällt das Ganze beim nächsten Sturm in sich zusammen.«

»Solltest du sie nicht warnen?«, fragte die Frau und tat so, als wäre sie besorgt, obwohl sie sich insgeheim über jede Chance freute, ihren Nachbarn eins auszuwischen.

»Es geht uns nichts an, was sie mit ihrem Leben machen«, erwiderte er und setzte sich wieder an den Tisch.

Sie frühstückten weiter, keiner sagte ein Wort. Tony schlug die Zeitung auf. Die Kids scrollten auf ihren Handys herum und langweilten sich.

Schließlich schaute die Frau wieder aus dem Fenster, und obwohl sie das Cottage aus dieser Perspektive gar nicht sehen konnte, reichte es ihr, es sich vorzustellen, samt all seinen Einwohnern. Wie selbstzufrieden sie alle waren. Fast jeden Tag saß die Nachbarsfrau in Künstlerinnenpose mit Staffelei und Palette angeberisch draußen vor dem Haus.

»Jake hat es ins Schwimmteam geschafft«, sagte Tina zu ihrem Bruder, ohne die Augen von ihrem Handy zu heben.

Die Frau warf ihrer Tochter einen ärgerlichen Blick zu.

Terry seufzte. »Ich weiß, ich war dabei, erinnerst du dich?« Jetzt hatte er keinen Appetit mehr und rührte mit dem Löffel heftig in seinem Müsli herum, während er den Kummer von gestern, als sich alle vor dem Schwarzen Brett gedrängt und die Namen der ins Team Aufgenommenen gelesen hatten, noch einmal durchlebte. »Wahrscheinlich rennt er da drüben in seinen roten Poser-Speedos im Garten rum, nur um mich zu nerven.«

»Also das möchte ich gern sehen«, sagte Tina, unterwegs zur Spüle, um ihre Müslischale dort abzustellen. Sie konnte nicht anders, nahm das Fernglas, spähte hindurch – und schnappte hörbar nach Luft.

»Hat er echt die Badehose an?«, erkundigte Terry sich und richtete sich auf.

»Warum zur Hölle steht Jacob Kowalskis Auto in Sallys Auffahrt?«, kreischte Tina, statt ihm zu antworten, und zwar so laut, dass die Katze, die faul in der Sonne gelegen hatte, vor Schreck aufsprang.

»Tina!«, brüllte ihr Dad. »Was ist los mit dir?«

»Sorry«, murmelte sie und knallte das Fernglas wieder aufs Fensterbrett.

»Sie steht auf Jacob«, erklärte die Frau leise.

Erst überrascht und dann verärgert brauchte Tony einen Moment, um die menschlichen Gefühle seiner Teenagertochter einzusortieren.

»Ich bin sicher, dass dieser Jacob ein Trottel ist«, meinte er schließlich.

»Ist er überhaupt nicht.«

»Guten Morgen allerseits«, ertönte in diesem Moment die Stimme von Tabitha, der Mutter der Frau, die im Morgenmantel in die Küche kam.

»Morgen, Granny«, antwortete Tina und umarmte sie.

»Sie ist auferstanden. Wir wollten schon das Beerdigungsinstitut anrufen«, sagte Tony, und die Frau verdrehte die Augen.

»Ich bin schon seit sechs Uhr wach und habe nur noch meine Augen ausgeruht«, erwiderte Tabby ärgerlich. »Ich mache heute den Garten, Schätzchen, was meinst du? Jemand muss sich um die Rosen kümmern.«

»Das hast du doch schon Montag erledigt.«

»Aber es ist noch nicht alles fertig.« Sie blickte in die Runde, die Stimmung schien ihr etwas gedrückt zu sein. »Was ist denn heute mit euch los?«, fragte sie, und als sie nur Grunzen und Knurren als Antwort bekam, kniff sie argwöhnisch die Augen zusammen und ging zum Küchenfenster. Ihr Blick fiel auf das Fernglas. Genau das hatte sie erwartet. »Ehrlich, ihr solltet endlich mit dem Unsinn aufhören.« Sie sah ihre Tochter an. »Schau, was du angerichtet hast! Dieses ständige Spionieren ist einfach lächerlich. Es führt nur dazu, dass ihr immer unzufriedener werdet und überhaupt nicht mehr zu schätzen wisst, was ihr habt.«

»Wir spionieren überhaupt nicht«, verteidigte sich die Frau und rutschte unbehaglich auf ihrem Stuhl herum. »Und sowieso – es ist unmöglich, nicht hinzusehen, die drücken einem doch permanent alles aufs Auge. Wie soll man sich denn dagegen wehren?«

Granny Tabby runzelte die Stirn. Die Nachbarn drückten niemandem etwas aufs Auge, dafür wohnten sie viel zu weit weg – ihr Cottage stand auf der anderen Seite des Flusses, am Hang eines anderen Hügels.

»Erinnert euch doch mal daran, wie gut es euch geht. Ihr habt einander, euch gehört dieses wunderbare Zuhause. Für all das könnt ihr wirklich dankbar sein. Aber ihr müsst aufhören, euer Leben ständig mit anderen zu vergleichen. Vor allem mit dem Leben eurer Nachbarn dort drüben. Das ist abscheulich, es zerfrisst euch innerlich, nagt an euren Herzen und führt nur zu Zank und Streit.«

Alle senkten beschämt die Köpfe.

»Lasst es euch gesagt sein, eure Nachbarn schauen wahrscheinlich zu euch herüber und denken genau das Gleiche wie ihr. Das Gras ist immer grüner in Nachbars Garten«, fuhr Tabby fort, während sie sich langsam der Teekanne näherte.

»Bei denen ist das Gras aber wirklich grüner«, beharrte Tina und zog einen Flunsch.

Ihre Granny lachte. »Das ist doch bloß eine Redensart, Liebes.«

»Nein, im Ernst. Hat das denn von euch noch keiner gemerkt?«, fragte Tina und schaute die anderen an. »Ihr Gras ist tatsächlich grüner.«

Alle sprangen auf und eilten zum Fenster, auch Tabby. Sie hatte es bisher nie wahrgenommen, dabei sprang es geradezu ins Auge. Man brauchte nicht mal das Fernglas, um zu sehen, dass das Gras um das Nachbarcottage herum viel grüner war als sonst wo auf dem Hügel.

Im Pulk stürmte die ganze Familie in den Garten hinaus.

»Vielleicht kriegen wir mehr Sonne«, vermutete Tony und blickte mit zusammengekniffenen Augen zum Himmel hinauf. »Unser Gras wird von der Sonne versengt.«

»Aber die Sonne geht im Osten auf und im Westen unter, folglich kriegen wir hier genau gleichviel Sonne wie die da drüben«, fauchte Tabby in einem Ton, den noch nie jemand von ihr gehört hatte. »Ich bin jeden Tag hier draußen im Garten, ich kümmere mich um den Rasen, ich sprenge ihn jede Woche. Das Gras dort drüben kann gar nicht grüner sein. Das ist unmöglich!«, ereiferte sie sich.

Und schon begannen sie zu streiten, bis sie alle sauer aufeinander waren und sich voller Neid und Wut mit jedem anderen Menschen verglichen und jeder zu einer Messstation wurde, die genau maß und verglich, was der andere hatte und er selbst nicht.

Auf der anderen Seite des Rift Valley bemerkte die Frau, wie die Nachbarsfamilie aus dem Haus stürzte, auf dem Rasen herumstand und diskutierte. Selbst von hier aus hörte sie das Zanken, der Wind trug die zornigen Worte über das Tal hinweg bis zu ihr herüber.

Rasch duckte sie sich hinter einen Ginsterbusch und beobachtete, wie die ganze Nachbarsfamilie mit verdrossenem Gesicht über den Fluss in ihre Richtung starrte, die Hände in die Hüften gestemmt oder wie Mützenschilde an die

Stirn gelegt. Sie kam sich vor wie ein Kind, das Verstecken spielte, ihre Brust hob und senkte sich, ihr Herz pochte nervös. Sie kicherte, hielt sich dann aber schnell den Mund zu, denn obwohl ihr klar war, dass die Nachbarn sie unmöglich hören konnten, hatte sie ein bisschen Angst.

Ihr war schon ganz zu Anfang aufgefallen, wie oft sich die Nachbarn von gegenüber die Nasen am Fenster plattdrückten und durchs Fernglas zu ihnen herüberspähten. Das erste Mal hatte ihr Mann sie dabei erwischt, als er die schöne Aussicht bewunderte, und seither wussten sie, dass sie unter ständiger Beobachtung standen.

Jeden Morgen hatte die Frau seither die neugierigen Blicke auf sich gespürt. Lange fühlte sie sich in ihrem neuen Heim ziemlich unbehaglich, aber sie hatte wichtigere Sorgen – die Instandsetzung des Cottage hatte mehr Geld verschlungen, als sie veranschlagt hatten; das Schwimmen, das ihrem Sohn dabei helfen sollte, besser mit seiner chronischen Asthmaerkrankung umzugehen, wirkte nur begrenzt; ihre Tochter hatte zum ersten Mal in ihrem Leben richtig Liebeskummer und weinte sich fast jede Nacht in den Schlaf – erst vor kurzem hatte es aufgehört, nämlich als sie diesen netten Jungen namens Jacob kennenlernte, der heute Vormittag vorbeigekommen war. Dann war ihr Mann befördert worden, und obwohl das natürlich gut für seine Karriere war, musste er seither länger arbeiten und war oft sehr erschöpft. Außerdem hatte sie nicht damit gerechnet, dass sie oft allein sein würde, obwohl sie dadurch andererseits mehr Zeit für ihre Malerei hatte. Leider verkauften sich ihre Bilder in der Gegend nicht sonderlich gut, und etwa die Hälfte von ihnen war durch den Wasserschaden im Badezimmer zerstört worden, um den sich die Bauarbeiter heute Vormittag gekümmert hatten. Sie hatte sich das Auto ihrer Schwester geliehen, die zurzeit in Urlaub war, um etwas mobiler zu sein und sich weniger isoliert zu fühlen.

Das Malen hatte ihr immer geholfen, dem Alltag zu entfliehen, und als sie heute Morgen im Garten gesessen und gemalt hatte – fasziniert von den leuchtend gelben Ginsterbüschen vor dem sattgrünen Hintergrund –, war ihr eine großartige Idee gekommen. Sie hatte genug von den spionierenden Nachbarn, sie war es leid, beobachtet und bewertet zu werden. Der Neid dieser Menschen, wie zwanghaft sie sich ständig mit ihnen verglichen, schockierte sie. Deshalb hatte sie beschlossen, eine sehr persönliche Botschaft an sie zu senden.

Der Rucksack auf ihrem Rücken war schwer, sein Gewicht drückte sie fast zu Boden. Sie trug eine Gesichtsmaske, dicke Handschuhe und Schutzkleidung, so dass wahrscheinlich niemand sie erkannt hätte, selbst wenn sie nicht hinter den Busch abgetaucht wäre, als die Nachbarsfamilie sich auf ihrem Rasen versammelt hatte.

Die Frau war sehr früh aufgestanden und hatte den Morgen damit verbracht, ihr gesamtes Grundstück mit zwei Farbschichten zu besprühen. Als sie zurückkehrte, musste sie ihre Familie nicht einmal anlügen, wo sie gewesen war – sie hatte gemalt, wenn auch vielleicht nicht auf ihre übliche Art. Sie hatte lediglich Magnesiumsulfat, Düngemittel, grüne Lebensmittelfarbe und eine Spritzdüse gebraucht, um eine gesunde grüne Farbe herzustellen.

Sie mochte ihr Leben, sie gab sich Mühe, ihre Probleme in den Griff zu bekommen und für alles Gute dankbar zu sein, es kümmerte sie nicht, was in den vier Wänden ihrer

Nachbarn vor sich ging, aber die Idee mit dem Grün gefiel ihr. Ganz gleich, was sie von ihr – von dem, was sie tat, von dem was sie sagte – halten mochten, die Art, wie sie sich mit den Realitäten arrangierte, bedeutete, dass das Gras auf ihrer Seite des Tals immer grüner sein würde.

28
Die Frau, die völlig aufgelöst war

Es lag daran, wie sie am Morgen aufgestanden war. Noch im Halbschlaf hatte sie das Gleichgewicht verloren, musste sich am Nachtschränkchen festhalten, blieb mit dem Finger hängen und riss ein Stück Haut ab. Danach war sie zwar ein bisschen wacher, wurde aber nervös, weil ihr alles einfiel, was sie erledigen musste, und so eilte sie vom Schlafzimmer ins Bad, von dort zu ihrem Kleiderschrank, ins Kinderzimmer, hinunter in die Küche, flitzte beim Frühstückmachen von hier nach dort, schmierte Schulbrote, öffnete und schloss fünfunddreißigmal den Kühlschrank, um etwas zu holen oder zurückzustellen, betätigte Schubladen, Schranktüren und Schulranzenschnallen, lief treppauf zu den Kinderklamotten, lief treppab zu Mänteln, Taschen, Haaren, Läusespray, Schlüsseln und wollte schon zur Tür hinaus, als ihr Sohn im Hausflur stehen blieb und sie reglos, verdutzt, wie in Trance anstarrte. Erst da hielt sie endlich inne.

»Was ist los, mein Schatz?«, fragte sie.

»Mommy. Du hast nur noch einen Arm.«

Es stimmte. Ihr rechter Arm fehlte. Sie hielt den Schlüssel in der linken Hand und fragte sich, wie lange der rechte Arm wohl schon weg war, wie lange sie ihre morgendlichen Tätigkeiten schon erledigte, ohne zu merken, dass ihr ein

Arm fehlte. Von ihrer Schulter hing ein Hautfaden, der in einer langen Linie durch die Zimmer führte. Ihr Sohn folgte der Spur und wickelte ihn auf, als wäre es eine Art Spiel. Schließlich hielt er ein dickes Hautknäuel im Arm, so riesig, dass gerade noch seine braunen Augen mit den dichten dunklen Wimpern dahinter hervorlugten. Behutsam nahm die Frau ihm ihren Arm aus den Armen.

»Danke, mein Schatz.«

»Was machen wir jetzt mit deinem Arm?«, fragte er.

»Wir haben keine Zeit, ihn zu reparieren, sonst kommst du zu spät zur Schule, außerdem muss ich zur Arbeit. Ich kümmere mich später darum.« Im Schrank fand sie einen Mantel, der ihr etwas zu weit war, so dass sie das Hautknäuel ihres rechten Arms problemlos hineinstopfen konnte.

»Du siehst aus wie eine Vogelscheuche«, kicherte ihr Sohn und half der Frau, den Mantelärmel zurechtzuklopfen, bis er einigermaßen normal wirkte.

Aber als die Frau ihren Sohn zur Schule gebracht hatte und bei ihrer Arbeitsstelle ankam, hatte sie den aufgeribbelten Arm schon ganz vergessen. Sie hängte ihren Mantel an den altmodischen Haken, möglichst weit von der schuppenverseuchten Wachsjacke ihres Chefs, und ging zu ihrem Schreibtisch. Dort stopfte sie den Spaghettiarm in ihren Pullover und stellte den Computer an. Einarmig machte sie sich an ihre Arbeit. Abgesehen von einem morgendlichen Meeting im Konferenzraum entfernte sie sich den Vormittag über nicht von ihrem Schreibtisch. Als sie gegen elf Uhr für eine Zigarette nach draußen ging, sah sie, dass der Mann, der mit der Zigarette im Mundwinkel neben ihr stand, sie unverwandt anstarrte.

»Hallo«, sagte sie mit einem freundlichen Lächeln.

»Alles klar bei Ihnen? Es sieht aus, als würden Sie ... als würden Sie sich auflösen.«

»Ach stimmt. Ja, ja, ich gerate ein bisschen aus den Fugen. Aber ich bin bloß mit dem Finger am Nachtschränkchen hängengeblieben, weiter nichts. Ich kümmere mich später darum.« Schnell inhalierte sie den letzten Zug und trat die Zigarettenkippe aus. Aber das erwies sich als schwierig, denn inzwischen hatte sich, ohne dass sie es bemerkt hatte, ihr rechtes Bein aufgedröselt, und da ihr nur noch ein Bein zur Verfügung stand, musste sie gezielt auf die Zigarettenkippe hüpfen. Wann hatte sich ihr Bein aufgelöst? Sie ging zurück ins Gebäude und hüpfte einbeinig die Treppe hinauf. Ihr anderes Bein hatte sich im Konferenzraum an ihrem Stuhl verfangen. Die beiden Knäuel von Arm und Bein auf dem verbliebenen Arm, hopste sie zurück an ihren Schreibtisch, setzte sich hin und dachte erst mal nach.

Ihr Zustand war verwirrend, denn obwohl ihr Körper Stück für Stück zerfaserte, waren ihre Gedanken klarer denn je. Als hätten die Auflösungserscheinungen durchaus einen positiven Nebeneffekt: Auf einmal wusste sie ganz genau, was sie tun wollte. In ihrer momentanen Verfassung konnte sie nicht länger am Schreibtisch sitzen, das war unproduktiv und womöglich sogar unprofessionell. Also ergriff sie ihre Tasche und ihren Mantel und bündelte ihren verknäuelten Körper notdürftig hinein. Ohne jemandem ein Wort zu sagen, hüpfte sie dann in den Aufzug.

Sie rief Dahlia, ihre große Schwester, an und erklärte ihr die Situation. Dahlia erzählte alles ihrer kleinen Schwester Camellia weiter, denn gemeinsam ist man immer stärker. Als die Frau vor Dahlias Haus anhielt, stand Camellia schon wartend davor.

Camellia öffnete die Autotür und musterte die Frau von oben bis unten. »Ach du liebe Zeit. Was ist denn mit dir passiert?«

»Ich bin mit dem Finger am Nachtschränkchen hängengeblieben und hab nicht bemerkt, dass mein Arm sich aufgeribbelt hat. Bis er ganz weg war.«

Camellia überlegte angestrengt, und erst in diesem Moment merkte die Frau, die sich auflöste, dass ihre Schwester ein winziges Loch in der Stirn hatte, ungefähr so groß wie ein Puzzleteilchen. Es sah aus wie ein Schlüsselloch, und dahinter konnte die Frau den Hortensienbusch erkennen.

»Alles in Ordnung mit dir? Du hast nämlich ein Loch im Kopf, das aussieht wie ein Puzzleteil.«

»Zum Glück hab ich nicht den ganzen Kopf verloren.«

»Ist dir das schon mal passiert?«

Noch während sie fragte, verlor Camellia ein weiteres Puzzleteil, diesmal aus der Brust, direkt neben ihrem Herz, und man sah noch mehr von dem Busch. Sie bückte sich hastig, hob es auf und steckte es in die Tasche.

»Mit mir ist alles in Ordnung«, sagte sie dann zerstreut. »Aber mit ihr nicht«, fügte sie hinzu und schaute vielsagend auf den Boden. Jetzt erst fiel der Frau die klebrige Pfütze neben ihr auf, die sich in und um ein hübsches Paar Schuhe und eine Handtasche gebildet hatte.

»Dahlia ist total ausgerastet – die reinste Kernschmelze«, erklärte Camellia.

»Schon wieder?«

Fasziniert, aber sehr besorgt beäugten sie die schleimige Masse, die ihre große Schwester war.

»Tut mir leid, Mädels«, sagte der Schleim.

»Vielleicht könnte ich sie zusammenkratzen, dann nehmen wir sie mit.«

»Gute Idee, wir können sie ja nicht hier liegen lassen. Im Kofferraum sind Sandeimer und Schaufeln von den Kindern, die kannst du benutzen.«

Camellia ging zum Kofferraum und holte Eimer und Schaufel, während die aufgedröselte Frau bei den klebrigen Überresten ihrer Schwester Wache hielt. Kurz darauf waren alle drei Schwestern im Auto.

»Tut mir leid, Mädels«, erklang Dahlias Stimme aus dem Eimer auf dem Rücksitz, »aber ich hatte einen echt schlechten Tag. Mein Kopf wollte einfach nicht aufhören zu rotieren.«

»Es braucht dir nicht leidzutun«, erwiderte die Frau. »Ich hätte dich nicht anrufen sollen, dann hättest du dir wenigstens nicht auch noch Sorgen um mich gemacht. Ich weiß ja, dass du viel um die Ohren hast.«

»Du kannst mich jederzeit anrufen, wenn du mich brauchst. Ich bin immer lieber bei dir«, sagte Dahlia.

Auf den Vordersitzen sahen ihre beiden Schwestern sich an und konnten sich das Lachen nicht verbeißen.

»Na ja, vielleicht nicht unbedingt *hier*«, räumte die Stimme aus dem Eimer ein.

Vor einem ruhigen gemütlichen Country Pub machten sie Halt und setzten sich ins Nebenzimmer an einen Tisch vor dem Kamin, in dem das Feuer knisterte und sie wärmte.

»Verdammt«, sagte Camellia, als ein Puzzlestück aus ihrer Hand in ihren Gin Tonic fiel. Vorsichtig angelte sie es heraus und steckte es in die Tasche.

»Wie geht es dir jetzt, Dahlia?«, fragte die Frau und schaute in das Eimerchen.

»Schon viel besser, wirklich. Ich denke, ihr solltet mich aus dem Eimer holen, ich fühle mich deutlich stärker, fester, ich möchte nicht in diesem Eimer bleiben.«

Behutsam entfernten die beiden anderen Schwestern Dahlia aus dem Eimer und legten sie auf einen Barhocker.

»Ist es sehr schlimm?«, fragte der Glibber, der ihre älteste Schwester war.

»Du hast nie besser ausgesehen«, antwortete Camellia, und wieder löste sich ein Stück ihres Kopfs ab. Es fiel mitten in den Glibber.

»Autsch.«

»Entschuldigung.«

Wieder beobachtete die Frau, wie ihre Schwester das Puzzlestück hastig in die Tasche stopfte.

Camellia nippte an ihrem Drink und versuchte, einigermaßen die Würde zu bewahren. »Gin sollte man immer um die Mittagszeit trinken«, sagte sie, schloss die Augen und entspannte sich etwas.

»Gut, dass mich niemand zum Lunch Alkohol trinken sieht«, seufzte die Frau, sah sich im Pub um und war dankbar, dass ihre Kollegen keine Ahnung hatten, wo sie war.

»Ich glaube nicht, dass sie sich wegen des Alkohols Sorgen machen würden«, meinte Dahlia.

»Wir brauchen tatsächlich mal eine Pause«, sagte die Frau. »Wir müssen besser auf unseren Körper hören. Er gibt uns zu verstehen, dass wir uns nicht so viel aufhalsen dürfen.«

»Ja, irgendwas gibt er uns jedenfalls zu verstehen«, murmelte Dahlia.

»Wärst du so nett, mir mit meinem Mantel zu helfen? Ich fürchte, mein anderer Arm ist jetzt auch lose«, sagte die

Frau zu Camellia. Inzwischen waren nur noch Kopf, Rumpf und ein Bein intakt.

»War es schon mal so schlimm?«, fragte Camellia, als sie ihrer Schwester aus dem Mantel half. Inzwischen sah die Frau aus wie ein Wollknäuel, dessen Anfang und Ende schwer bis gar nicht mehr zu erkennen war.

»Nein, so schlimm war es bisher noch nie. Es ist zwar ein paar Mal vorgekommen, aber ich bin immer damit fertig geworden und hab mich einfach wieder aufgewickelt. Ich denke, diesmal muss ich mich etwas intensiver darum kümmern.«

»Deshalb sind wir ja hier«, sagte Dahlia, und auf einmal saß sie neben ihnen, in ihrer vollständigen, menschlichen Form.

Ihre beiden Schwestern jubelten über ihre Rückkehr und umarmten sie.

»Du hast Sand in den Haaren«, lachte die Frau und klopfte sie mit der freien Hand ab.

»Vor allem stinke ich nach Fisch.« Dahlia schnüffelte und fischte in ihrer Tasche nach ihrem Parfüm.

»Wir haben neulich am Strand Krebse gesucht, sorry. Vielleicht sollte ich immer einen Behälter für dich bei mir haben, für den Fall des Falles. Vielleicht brauchen wir alle etwas, was uns in Form hält.«

»Vielleicht sollten wir lieber selbst zusehen, dass wir in Form bleiben«, meinte Camellia.

»Sagt ausgerechnet das wandelnde Puzzle!«, konterte Dahlia.

Doch sie zankten sich nicht lange, sondern wandten ihre Aufmerksamkeit wieder ihrer aufgelösten Schwester zu.

»Nein, schau mal, das gehört hierhin und das dorthin«,

sagte Dahlia. »Sonst hat sie nachher den Daumen am Arm.«

»Nein, nein, ihr Ellbogen hat sich total verheddert«, entgegnete Camellia, während sie gewissenhaft dem Verlauf des Hautfadens folgte.

»Du bist einfach total durcheinander«, sagte Dahlia sanft und entwirrte vorsichtig die Finger der Frau. »Ehrlich, so weit dürfen wir es einfach nicht mehr kommen lassen.«

»Das sagt die Richtige.«

»Ich weiß, ich weiß«, räumte Dahlia ein.

»Und was genau ist jetzt eigentlich los mit dir?«, fragte die Frau.

»Wollt ihr das wirklich wissen?« Sobald sie wieder daran dachte, wurde Dahlia knallrot und sah aus, als würde sie jeden Moment explodieren. Ehe sie den anderen erklären konnte, was ihr so zu schaffen machte, war sie auch schon wieder verschwunden. In einer klebrigen Pfütze auf dem Boden.

»Verdammt, verdammt, verdammt!«, sagte die Pfütze.

»Beruhige dich, reagier nicht immer gleich so angestochen«, sagte die Frau.

»Ich weiß, sorry, lasst mir ein bisschen Zeit, ja?« Dahlia, die Pampe, atmete tief und regelmäßig und sah aus wie eine vibrierende Qualle.

Währenddessen widmete sich Camellia wieder ihrer anderen Schwester und flickte behutsam deren Einzelteile zusammen.

»Tut es weh?«, fragte sie die Frau.

»Nein, eigentlich nicht, es ist nur ... verwirrend, ich mache mir Sorgen, es bringt mich durcheinander. Und wie ist es bei euch?«

»Mir wird immer total heiß«, antwortete Pampen-Dahlia.

Mit der freien Hand fächelte die Frau ihrer geschmolzenen Schwester Luft zu.

»Ah, das tut gut. Danke.«

»Du darfst einfach nicht mehr so hochgehen«, sagte Camellia, die gerade den Anfang der verknoteten Stelle entdeckt hatte und nun langsam und geduldig die Spaghettihaut aufwickelte.

Wieder fiel ein Teilchen aus Camellias Körper, und sie stopfte es blitzschnell in die Tasche. Die Frau musterte sie.

»Was willst du denn mit all den Puzzleteilen machen?«, fragte sie.

»Die setz ich später wieder ein.«

»Das glaub ich dir nicht«, sagte Dahlia.

»Ich auch nicht«, stimmte die Frau ihr zu.

»Ach bitte.«

Als der Arm der Frau wieder vollständig war, streckte sie ihn kurzentschlossen aus und zog Camellias Ärmel ein Stück nach oben. Der Arm ihrer Schwester, der zum Vorschein kam, sah aus wie ein Puzzle, die Teilchen von hellblauen Venen schwach umrissen. Einige Stücke fehlten, und durch die Löcher sah man den Steinfußboden.

»Ach du meine Güte …« Nicht nur die Frau bemerkte es, auch Dahlia, die inzwischen wieder aufgetaucht und voll einsatzbereit war.

»Dreh doch mal deine Taschen um«, befahl sie Camellia, und als diese nicht sofort gehorchte, stand sie auf und drehte die Taschen ihrer Schwester kurzerhand selbst um. Dutzende Puzzleteilchen prasselten zu Boden.

Die Schwestern schnappten nach Luft.

»Du hast doch behauptet, es wären bloß hin und wieder ein oder zwei Teile«, stellte Dahlia empört fest.

»Und du musst lernen, dich zu entspannen und nicht wegen jeder Kleinigkeit gleich so in die Luft zu gehen«, fauchte Camellia zurück. »Wenn du nicht aufpasst, dann hast du nämlich irgendwann keinen mehr, der dich vom Boden aufkratzt. Dann schaufeln wir dich in den fischstinkenden Eimer und lassen dich für immer da drin.«

Die Frau schnaubte, und alle drei Schwestern brachen in lautes Gelächter aus, froh, dass sie sich über ihre Situation lustig machen konnten.

»Ich fühle mich einfach ... na ja, noch unzufriedener als sonst«, erklärte Camellia. »Irgendwie leer. Als fehlt mir irgendwas. Ich weiß nicht recht, wie ich es ausdrücken soll.« Weiter kam sie nicht, denn ihr Mund fiel ab, landete in ihrem Drink und raubte ihr die Worte.

Die Frau fischte ihn wieder heraus und steckte ihn zurück an seinen Platz.

»Also, das ist mir noch nie passiert«, sagte Camellia erschrocken und leckte sich über die Lippen.

»Camellia«, sagte die Frau sanft zu ihrer kleinen Schwester. »Du musst besser für dich sorgen. Wenn du einen Teil von dir verlierst, solltest du ihn sofort wieder einsetzen, lass es nicht mehr so weit kommen wie jetzt.«

»Dasselbe gilt für dich«, meinte Dahlia und sah die Frau an. »Sobald du merkst, dass du dich verhakst und dir weh tust, kommt sofort ein Pflaster drauf.«

»Und du«, wandte Camellia sich an Dahlia, »du musst lernen, dich zu entspannen. Und nicht mehr so hitzköpfig zu sein.«

»Ich weiß, ich weiß«, gab Dahlia zu.

»Die Stücke wieder an die richtige Stelle zu kriegen, dauert länger, als ihr denkt«, erklärte Camellia. »Ihr habt keine Ahnung – oder vielleicht doch. Ich versuche es wirklich, aber wer hat denn schon Zeit, sich jeden Abend wieder komplett in Form zu bringen? Ich will dann bloß noch essen, ins Bett und schlafen. Den Tag einfach hinter mir lassen.«

»Du meinst, du bist dann so sehr damit beschäftigt, dich unzufrieden zu fühlen, dass du keine Kraft mehr hast, damit aufzuhören?«, warf die Frau ein.

»Vielleicht wärst du zufriedener, wenn du nicht dauernd irgendwelche Teile von dir in deinen Taschen verstecken würdest«, meinte Dahlia, ging auf die Knie und sammelte die Puzzleteile ein, die aus Camellias Taschen gefallen waren, während Camellia mit großer Sorgfalt weiter die Haut der Frau zusammenwickelte.

Dahlia half Camellia, Camellia half der Frau, die sich aufgelöst hatte, und die Frau beobachtete ihre Schwestern und fragte sich, warum sie sich eigentlich nicht öfter im Pub trafen. Ihr ging es schon so viel besser.

Allerdings dauerte es eine Weile, bis sie ihre Zehen wieder fühlte. Sie waren taub, und als das Blut endlich wieder zu zirkulieren begann, kribbelten sie erst eine Weile, ehe ganz langsam das Gefühl zurückkehrte. Als es endlich so weit war, legte sie ihren Schwestern die Arme um die Schultern, und sie halfen ihr, sich aufzurichten. Ganz langsam gingen sie im Raum auf und ab, und als sie sich überzeugt hatten, dass Camellia alle wichtigen Teile der Frau sachgemäß wiederhergestellt hatte, setzten sie sich ans Feuer und ließen die Wärme den Rest des Heilungsprozesses übernehmen.

Nun fast wieder wie neu, wandten die beiden älteren Schwestern sich Camellia zu.

»Was denn?«, fragte sie etwas defensiv.

»Na, jetzt bist du dran. Zieh den Mantel aus und zeig uns den Schaden«, befahl Dahlia.

Da sie wusste, dass Widerstand zwecklos war, zog Camellia den Mantel aus, zeigte ihre nackten Arme und wartete, dass ihre großen Schwestern über sie herfielen. Doch die Attacke blieb aus.

»Gut«, sagte die Frau nur. »Ihr kennt ja die Regeln – alle Teile mit dem Gesicht nach oben auf den Tisch. Erst die Ränder, und von da aus arbeiten wir uns dann zur Mitte vor.«

Auf einmal waren sie wieder Kinder, die am Küchentisch gemeinsam ein Puzzle legten, aber diesmal war es ihre jüngste Schwester, die sie wieder zusammensetzten. Vor Dankbarkeit hatte Camellia Tränen in den Augen.

»Danke, ich hab euch sehr lieb, Leute«, sagte sie und schniefte.

»Ach Süße!« Dahlia unterbrach das Puzzeln und wischte ihrer Schwester liebevoll eine Träne von der Wange. »Ich wüsste auch nicht, was ich ohne euch beide anfangen würde.«

»Gruppenumarmung!«, rief die Frau, und die drei Schwestern umarmten einander. »Weil wir uns immer wieder auf die Reihe kriegen.«

»Bravo! So ist es!«, bestätigten die anderen, und alle hielten einander ganz fest.

29
Die Frau, die sich das Beste herauspickte

Mit vierzehn Jahren begann die Frau auf der Farm zu arbeiten, wo sie und ihre beiden älteren Brüder Yamato und Yuta in der japanischen Lavendelsaison, den langen schwülheißen Tagen von Juni bis Ende August, angestellt waren. Die Farm gehörte der Familie Chiba und hatte fünfzehnhundert Kirschbäume mit dreißig verschiedenen Sorten. Der Eigentümer der Farm war ein schweigsamer, hart arbeitender Mann, seine Frau dagegen war laut und erteilte gern Befehle. Die beiden hatten eine Tochter, die furchtbar faul war. Entweder lag sie mit kirschsaftbeschmiertem Gesicht und ohne eine einzige Kirsche im Korb unter einem Baum und schnarchte, oder sie saß dort und war dabei, sich die Kirschen in den Mund zu stopfen.

Bevor sie auf die Farm kam, hatte die Frau noch nie Kirschen gegessen. Als alle Kirschenpflücker zusammen vor der Familienveranda standen und sich den Vortrag des Farmers darüber anhörten, welche Kirschen am besten schmeckten, wie man die einzelnen Arten identifizierte und korrekt pflückte, probierte die Frau zum ersten Mal eine Kirsche. Unter der Aufsicht des Farmers sammelten alle danach Kirschen von einem nahen Baum, und wer einen Fehler machte, bekam mit einem Lederriemen einen Schlag auf die Finger. Schweigsame Männer sind nicht unbedingt auch weichherzig.

Die Frau lernte mit großem Interesse, sie wollte alles über Kirschen erfahren. Im Gegensatz zu ihren eher mathematisch veranlagten Brüdern verstand sie intuitiv, worauf es ankam. Auf der einstündigen Busfahrt und bis tief in die Nacht, wenn alle anderen schon schliefen, las sie sämtliche Broschüren, lernte die Namen der Kirschsorten und prägte sich genau ein, wie man sie nach Form und Farbe unterscheiden konnte. Tagsüber führte sie ihre Studien weiter, indem sie die einzelnen Sorten kostete. Im Handumdrehen konnte sie die süße Gassan-Nishiki identifizieren, die praktisch keine Säure enthielt. Die beliebte große rosa Nanyo war eine Kirsche wie aus dem Lehrbuch. Bei der Beni-Shuho war die äußere Schicht zwar weniger attraktiv, aber ihr köstlicher Geschmack machte dieses Manko mehr als wett. Rein äußerlich fand die Frau die leuchtend rosarote, herzförmige Taisho-Nishiki-Kirsche am schönsten, aber sie schmeckte ihr nicht, woraus sie die wichtige Lehre zog, dass äußere und innere Qualitäten in den seltensten Fällen zusammenhingen. Die Summit-Süßkirsche gehörte zu den dunkelvioletten Arten, Yuda-Giant war anfangs ebenfalls violett, verfärbte sich dann aber auf geheimnisvolle Weise orange, und die Red Glory war trotz ihrer tiefroten Färbung eigentlich eine seltene Schwarzkirsche.

Für die Hanokoma-Kirsche entwickelte die Frau erst mit der Zeit Respekt und Zuneigung. Sie war eine recht weiche Sorte, und um zu vermeiden, dass der Baum zu viele Früchte trug, die ihm selbst die Nährstoffe entzogen und die Kirschen zu süß werden ließ, musste er zurückgeschnitten werden. Oft führte das allerdings dazu, dass die Früchte eine strenge Bitterkeit entwickelten, daher war große Sorgfalt vonnöten, wenn man eine geschmacklich ausgewogene Kirsche ernten wollte.

Die schwarze Hinode-Kirsche enthielt sehr viel Anthozyane, was die Sehkraft förderte und angestrengte Augen beruhigte. Die Frau sammelte diese Sorte gern für ihre Großmutter, aber während die Kirsche den Augen der Großmutter tatsächlich guttat, hinterließ der Saft Flecken auf ihrer Kleidung, die sich nicht mehr auswaschen ließen.

Dreißig verschiedene Kirschsorten an fünfzehnhundert Bäumen waren eine Menge, doch der schweigsame Farmer musste der Frau kaum je auf die Finger schlagen, denn sie wollte die Welt der Kirschen verstehen und machte fast keine Fehler.

Da die Bäume niedrig waren, konnten auch jüngere, kleinere Pflücker die Kirschen ernten. Obwohl die Frau wusste, dass sie sich auf die unteren Zweige konzentrieren sollte, kletterte sie oft zu den Kirschen weiter oben. Und mit der Zeit lernte sie, schon von weitem zu erkennen, welche die besten waren.

Die Brüder der Frau, mit denen sie jeden Tag zur Farm kam, ignorierten sie meist, und sie trottete stumm hinter ihnen her. Doch im Lauf der Wochen und Monate wurde die Frau nach und nach immer wählerischer. So wollte sie eines Morgens nicht in den Bus steigen, der an der Haltestelle hielt, sondern auf den nächsten warten, weil sie meinte, er wäre besser. Sie beharrte auf ihrer Meinung und erklärte jedem, der es hören wollte, dass dieser Bus einfach nicht gut war. Schließlich schleiften ihre Brüder sie gegen ihren Willen in den Bus, doch zehn Minuten später hatte er eine Panne, so dass sie in der sengenden Hitze auf den nächsten warten mussten – den die Frau von Anfang an hatte nehmen wollen.

Am folgenden Tag hörten ihre Brüder auf sie. Sie nahmen sogar erst den dritten Bus und kamen trotzdem an, bevor der erste Bus an der Haltestelle losgefahren war. In der darauffolgenden Woche befolgten alle an der Bushaltestelle wartenden Passagiere den Rat der Frau.

So veränderte sich die Frau dadurch, dass sie lernte, sich ein Urteil über die Kirschen zu bilden, und ihr Horizont erweiterte sich. Es blieb nicht bei den Kirschen, sondern sie begann, alles, was ihr begegnete, zu analysieren, zu prüfen und zu erforschen – sei es nach Geschmack, Geruch, Gefühl, Form, Farbe oder einem sonstigen Kriterium.

Beispielsweise lehnte sie ab, als ein Junge sie bei einem lokalen Tanzvergnügen zum Tanzen aufforderte. Daraufhin fragte er ihre Freundin, trat ihr aber so oft auf die Zehen, dass die Füße der Freundin am Ende des Abends voller blauer Flecke und Schrammen waren. Die Frau wartete, bis der perfekte Partner, ein Junge mit fehlerlosem Rhythmusgefühl, sie aufforderte, und tanzte den ganzen Abend mit ihm. Doch als er sie küssen wollte, wies sie ihn ab, denn sie wusste, dass es im Saal einen jungen Mann gab, der besser küssen konnte.

Genau wie der schweigsame Farmer gab auch sie sich nur mit dem Besten zufrieden und bildete sich über alles in ihrem Leben sorgfältig ein Urteil. Sie lernte, ihre Bedürfnisse zu jedem Zeitpunkt genau einzuschätzen, und traf erst dann ihre Entscheidung. Süß oder sauer. Küssen oder tanzen. Humor oder Konversation. Unterhaltung oder Wissen. Sicherheit oder Abenteuer. Immer richtig, niemals falsch.

Sie beobachtete den schweigsamen Farmer bei der Arbeit, aber nach einer Weile wendete sich das Blatt – er beobachtete sie und lernte von ihr. Auch alle anderen orientierten sich an der Frau und ließen sich von ihr führen.

Mit ihrer Hilfe wuchs die Farm. Familie Chiba kaufte neues Land, erweiterte die Farm auf vierzigtausend Quadratmeter, rüstete sie mit kleinen Unterständen aus, unter denen man bei Regen Schutz suchen konnte, und veranstaltete All-you-can-eat-Tage. Außerdem regte die Frau einen Nebenerwerb an und schlug der lauten Farmersfrau und ihrer faulen Tochter vor, Kirschkuchen, Kirschmarmelade und Kirschessig zu verkaufen. So gewann der schweigsame Farmer mehrere Auszeichnungen für seine Farm, die laute Frau kaufte teure Kleider, und die faule Tochter bekam ein Auto geschenkt.

Vier Jahre später trat die Frau ins Büro des Farmers.

Er blickte von seinem Papierkram auf, und sie stellte ihren Korb ab.

»Mr Chiba, es ist Zeit für mich zu gehen.«

Der Farmer war ein strenger, ein schweigsamer und stolzer Mann. Er bat die Frau nicht zu bleiben, aber er bot ihr einen deutlich höheren Lohn an. Als sie das großzügige Angebot, das er keinem anderen auf der Farm jemals gemacht hätte, dankend ablehnte, wusste er, dass sie einen festen Plan im Kopf hatte und dass er sie nicht davon abbringen konnte. Er hatte ihr enormes Talent mit eigenen Augen gesehen, ein Talent, das er seiner faulen Tochter gewünscht hätte, und er wusste, dass die Frau mit ihrer geübten Urteilskraft den Weg in eine bessere Zukunft vor sich sah. Wie sie früher auf die Kirschbäume geklettert war, so wollte sie auch jetzt höher hinaus.

Als sie mit der Schule fertig war, zog sie in die Stadt und entschied sich für die fünfte Wohnung, die sie besichtigt, und für die siebte Mitbewohnerin, die sie interviewt hatte. Sie arbeitete in einer Fabrik am Fließband. Nach ihrem ersten Arbeitstag wurde sie ins Büro gerufen.

»Sie arbeiten viel langsamer als die anderen«, tadelte der Aufseher sie. »Sie stehen rum und schauen sich die einzelnen Stücke genau an. Am liebsten möchte ich Sie sofort feuern, aber der Chef besteht darauf, dass ich Ihnen eine zweite Chance gebe. Also sehen Sie zu, dass Sie schneller werden, sonst müssen Sie gehen.«

»Aber Mr Maki, ich bin nicht faul.«

»Sieht aber ganz danach aus«, meinte der Aufseher mit einer wegwerfenden Handbewegung.

»Ich wähle nur die besten Stücke aus«, erklärte sie ihm. »Denn viele von den Einzelteilen, die auf dem Fließband liegen, sind fehlerhaft.«

Er schnaubte verächtlich und schickte sie weg, aber als sie am Ende des Tages sein Gesicht sah, erkannte sie mit großer Befriedigung, dass ihre Charge als einzige von ihrem Chef, der in der Abteilung Tests gemacht hatte, für fehlerlos befunden worden war.

Einige Zeit später verließ sie die Produktion, kletterte auf der Erfolgsleiter ein ganzes Stück empor und übernahm einen Job in der Personalabteilung, wo sie für jede Aufgabe die geeignetsten Kandidaten auswählte. Hier kamen vor allem ihre Detailgenauigkeit und ihre Fähigkeit, die wünschenswerten Charaktereigenschaften und benötigten Talente ganz präzise zu bestimmen, zum Tragen. Mit den richtigen Leuten in den richtigen Positionen blühte das Unternehmen auf, das Team verjüngte sich und verrichtete neu belebt und engagiert seine Arbeit. Die Frau war der Schlüssel zu jedermanns Erfolg.

Sie nahm den zweiten Heiratsantrag des dritten Mannes an, mit dem sie ausging, und sie kauften das sechste Haus, das sie besichtigten. Aber ihre drei Kinder liebte sie alle gleich, vom allerersten Moment an.

Als sie krank wurde, verließ sie sich nicht auf die Diagnose der beiden Ärzte, die sie konsultiert hatte, sondern suchte einen dritten auf, obwohl man ihr davon abriet. So erhielt sie die Krebsbehandlung, die ihr das Leben rettete.

Um ein bisschen Abwechslung zu haben, studierte sie die Tokioter Börse. Sie beobachtete, analysierte, riskierte. Weil sie besser war als alle anderen, strömten ihr die Angebote zu. Im Handumdrehen stieg sie von der Börsenhändlerin zur Risikomanagerin auf. Aber als sie sich in ihrer neuen Stellung etabliert hatte, erinnerte sie sich plötzlich an die Hanokoma-Kirsche, daran, wie sehr sie den komplexen, schwierigen Baum geschätzt hatte. Komplikationen und Misserfolge machten einen Erfolg um so vieles befriedigender. Letztlich wurde sie Chefin einer internationalen Investmentbank, und da Banken weitgehend politische Institutionen sind, entdeckte sie schon bald eine neue Stärke: Sie besaß ein natürliches Talent für die Politik.

Immer höher stieg sie auf, und als die Frau bei einer renommierten Veranstaltung auf dem Podium stand und für ihre Verdienste in Wirtschaft und Kultur geehrt wurde, blickte sie hinaus über das Meer von Gesichtern, die gespannt zu ihr aufblickten und darauf warteten, dass sie etwas Tiefgründiges sagte. Sie überlegte, was das sein könnte. In der Menge sah sie ihre alt gewordenen Eltern, ihre beiden Brüder und deren Frauen, sah ihre Kinder mit ihren Partnern und ihre Enkel.

Sie dachte zurück an den schweigsamen Farmer auf der Chiba Kirschfarm, wo sie gearbeitet hatte, als sie vierzehn Jahre alt gewesen war. Sie erinnerte sich an ihren ersten Tag, als sich alle auf den Stufen der Familienveranda versammelt hatten. Vor ihnen stand der Farmer mit einem Eimer Kirschen in der Hand, bereit, ihnen die erste Lektion über die Identifizierung der verschiedenen Kirschsorten zu erteilen. Langsam hob er seinen mit Kirschen gefüllten Eimer in die Höhe und forderte die Pflücker auf, die Früchte genau zu betrachten. Dann blickte er ihnen in die Augen, einem nach dem anderen, und vergewisserte sich, dass sie ihm ihre volle Aufmerksamkeit widmeten. Nach einer langen Stille sagte er drei Worte, die die Frau tief beeindruckten und die sie nie vergessen hatte.

Sie holte tief Luft und trat ans Mikrophon. Drei Worte. »Trefft gute Entscheidungen.«

30
Die Frau, die brüllt

Sie lebt in einem Vorort an der Küste, einem idyllischen Städtchen, in dem hauptsächlich dynamische junge Familien und Senioren wohnen. Sie hat zwei Kinder, ist im Elternbeirat aktiv, meldet sich bei jedem Schulausflug und Sportfest freiwillig als Betreuerin, arbeitet ehrenamtlich als Badmintonlehrerin, hat einen Garten, in dem alles blüht und grünt, und verkauft im Sommer selbst gemachte Erdbeermarmelade in Gläsern mit rotkariertem Abdeckstoff und weißen Schleifchen. Nie vergisst sie einen Namen, weder die der Kinder noch die der Eltern, und arrangiert fortwährend Spieltreffen bei sich zu Hause. Alle vertrauen ihr, sie ist ausgeglichen, gut organisiert, entspannt. Wenn jemand Fragen hat, wendet er sich an sie, denn sie weiß auf alles eine Antwort. Sie trinkt keinen Alkohol, ist aber stets gesellig; wenn andere sich beim alljährlichen Klassentreffen übergeben müssen, hält sie den Betreffenden den Kopf, streicht ihnen die Haare zurück, erwähnt es aber später nie. Sie hat nie geraucht. Sie ist eine Stilikone. Wenn es regnet, wird sie von den anderen Müttern beobachtet, die wissen wollen, ob sie nass wird.

Sie liebt ihren Mann. Er liebt sie.

Aber sie hat ein Geheimnis.

Wenn die Kinder in der Schule sind und ihr Ehemann bei der Arbeit ist, wenn die Frau alles erledigt hat, was erledigt werden muss, dann geht sie zu dem Regal im Ankleidezimmer und zieht einen Schuhkarton heraus, hinter dem sich ein geheimes Tastenfeld verbirgt.

Dort gibt sie einen sechsstelligen Pincode ein – das Geburtsdatum ihrer Zwillingsschwester. Natürlich ist es auch ihr eigenes Geburtsdatum, aber für sie ist es immer das ihrer Schwester. Ein Klicken ertönt. Die Schuhregale an der Wand gleiten nach rechts hinter ihre dort ordentlich aufgereihten Kleider, und zum Vorschein kommt ein Geheimzimmer.

Rosa Samttapeten und ein weicher rosa Plüschteppich empfangen die Frau. Sie streift die Schuhe ab und tritt ein. Die Schuhwand hinter ihr schließt sich, ihre Augen gewöhnen sich an das sanfte Rosa eines Nachtlichts.

Sie lächelt zufrieden.

Macht den Mund auf. Und brüllt.

Seit sie im Jahr 1970 ihre Anwaltszulassung erhalten hat, arbeitet sie als Richterin im High Court. Sie ist sehr streng; ihre Karriere ist lang und fruchtbar gewesen, und sie hat die Verhandlung bei einigen der prominentesten und brutalsten Fälle des Landes geleitet. Grauenhafte, entsetzliche Taten sind es gewesen, und vor allem in Augenblicken, in denen sie das Gefühl hatte, dass sie Gefahr lief, sich daran zu gewöhnen, schwor sie sich, niemals abzustumpfen. Tag um Tag, Stunde um Stunde muss sie sich mit den schlimmsten Seiten der Menschheit befassen, und nur gelegentlich flackert ein Funken von Anständigkeit oder Güte auf.

Sie hat zwei Kinder und fünf Enkel, ein Ferienhaus am Meer, in dem sie den Sommer verbringt, sie ist passionierter Fußballfan, hat eine Dauerkarte und besucht jedes Spiel. Sie ist kompetent, stabil, gelassen und vor allem fair. Für letztere Eigenschaft hat sie mehrere Auszeichnungen erhalten und sogar schon mit dem Präsidenten gespeist.

Den meisten Leuten, mit denen sie zusammenarbeitet, jagt sie Angst ein, denn sie hat keine Zeit für Samthandschuhe und leeres Geschwafel. Sie braucht ihre Kraft für die vielen Menschen, die sich darauf verlassen, dass sie für Gerechtigkeit sorgt: fälschlich Verurteilte, die unschuldig im Gefängnis schmachten, Mordopfer, deren Energie die Frau umwabert wie dunkle Materie, bis der Täter endlich der Gerechtigkeit zugeführt wird. Da gibt es einfach keinen Platz für Smalltalk.

Sie liebt es, mit nackten Füßen durch den Sand zu gehen. Sie trägt ihr Parfüm wie eine Rüstung. Ihre erste Liebe ist ein französischer Balletttänzer gewesen. Aus irgendeinem Grund hat sie ihm ihre Gefühle nicht gestehen können und denkt oft an ihn. Sie isst nicht besonders gern, schicke Restaurantbesuche sind ihr lästig. Von all ihren Enkeln ist der mit dem pechschwarzen Humor insgeheim ihr Liebling.

Sie ist schrecklich sensibel und weichherzig, aber das wissen nur ihr Mann und ihre Enkel. Mit ihren Kindern ist sie oft zu hart gewesen.

Aber sie hat ein Geheimnis.

Wenn sie bei einem besonders grauenerregenden Fall die Verhandlungspause in ihrem Richterzimmer verbringt, hängt sie ihre schwarze Robe an die Garderobe neben ihrer Bibliothek. Dann nimmt sie ein paar der dicksten juristischen Wälzer aus dem Regal, und ein Tastenfeld kommt zum

Vorschein. Sie gibt einen Code ein: die Aktennummer eines Falls, bei dem eine Frau von ihrem Mann brutal ermordet worden war. Der Fall hatte ihr so zu schaffen gemacht, dass sie die Narbe in ihrem Herzen immer noch spürt. Sie hatte die Anklage gegen den Ehemann geführt und verloren, doch dieser Fall hat ihre ganze weitere Laufbahn geprägt, denn sie hatte sich geschworen, niemals so zu werden wie der Richter, der damals den Vorsitz führte. Sie benutzt das Aktenzeichen des Falls, um der Frau zu sagen, dass sie im Leben misshandelt worden ist, aber im Tod niemals vergessen wird.

Ein Klicken ertönt, die Bücherregale gleiten zur Seite und enthüllen einen holzvertäfelten Raum. Hinter den Walnussholzpanelen sind die Wände schalldicht isoliert.

Die Bücherregale schließen sich wieder, einen Moment steht sie im Dunkeln, dann leuchtet das Nachtlicht auf. Rot. In der Farbe ihrer Wut.

Sie öffnet den Mund.

Und brüllt.

Sie ist eine vierundvierzigjährige Landschaftsarchitektin. Sie liebt es, mit den Händen in der Erde zu wühlen, sie strukturiert Flächen gern neu, findet das Licht, schafft Lebensräume, die auf die Bedürfnisse der Menschen zugeschnitten sind, ohne die praktischen Aspekte des Gartenbaus außer Acht zu lassen. Am liebsten gärtnert sie im Regen, denn so fühlt sie sich den Elementen noch enger verbunden. Sie lebt mit ihrer Freundin in einem Plusenergiehaus, meilenweit von den nächsten Nachbarn entfernt, und genauso will sie es. Die Arbeit ist oft hektisch; gerade hat die Frau einen komplexen Dachgarten auf einem Haus im Stadtzentrum entworfen, und der Eigentümer hat mehrmals den Wunsch in ihr geweckt, vom Dach zu springen.

Sie liebt Lakritz und könnte ihr eigenes Körpergewicht in Hummus essen. Sie ist vollkommen unmusikalisch und kann sich beim Monopolyspielen in körperliche Auseinandersetzungen verwickeln. Sie beobachtet gern rote Eichhörnchen, findet die Stimme der nationalen Wetterfee beruhigend, und wenn ihre Freundin über Nacht auf Reisen ist, schläft sie beim Klang des Wetterberichts ganz entspannt ein.

Nach einem langen Tag kehrt sie in ihr Haus zurück, das seine Energie ausschließlich von Wasserturbinen und aus Geothermie bezieht. Die riesigen Fenster maximieren das Sonnenlicht und bringen gleichzeitig das atemberaubende Gebirgspanorama zur Geltung; das auf dem Dach gepflanzte Gras verhindert Hitzeverlust. Es ist ihre Oase, aber jede Oase ist eine Zuflucht, und jede Oase berührt auch die Grenzen des Ortes, dem man entflohen ist.

Sie hat ein Geheimnis.

Im Gartenschuppen, hinter dem Regal, auf dem die Töpfe mit den Cannabispflanzen stehen, die sie demnächst ins Freiland umsetzen will, befindet sich ein geheimes Tastenfeld. Sie schiebt die Cannabistöpfe beiseite, gibt den Geheimcode ein – das Datum, an dem sie ihrer Freundin einen Heiratsantrag machen wollte und das sie schon dreimal geändert hat, weil sie sich so vor einer Zurückweisung fürchtet. Ein Klicken ertönt.

Das Regal mit den Töpfen versinkt im Boden, und sie steht vor einem kleinen Raum. Gras bedeckt Wände und Boden, alles ist schallisoliert. Als sie beiseitetritt, schließt sich die Tür aus Topfregalen hinter ihr, und der grüne Schimmer eines Nachtlichts erwärmt den Raum.

Sie fällt auf die Knie. Schließt die Augen. Ballt die Fäuste. Und brüllt.

Sie ist Lehrerin und unterrichtet sechzehnjährige Schüler in Geographie. Sie liebt ihren Job und mag ihre Schüler. Ihr Freund hat zwei Kinder aus einer früheren Ehe. Von seiner Exfrau wird sie auf Facebook unter einem Pseudonym getrollt, das sie beide zum Lachen bringt. Ihr Vater leidet an Parkinson, ihre Mutter sammelt Keramikglocken. Ihr Hobby sind Comedyfestivals, denn sie lacht sehr gern. Am liebsten umgibt sie sich mit fröhlichen Menschen. Schüler mit starker Persönlichkeit findet sie am angenehmsten, und sie ist dankbar für die Clowns unter ihnen, selbst wenn sie gelegentlich den Unterricht stören. Ihr Lachen ist überall zu hören, und jeder weiß sofort, dass sie es ist, denn niemand sonst lacht so laut und herzlich, so tief aus dem Bauch. Sie ist sehr witzig und weiß das auch. Außerdem würde es ihr leichtfallen, für den Rest ihres Lebens jeden Tag Lasagne zu essen.

Doch sie hat ein Geheimnis.

Wenn alle Pause machen, schließt sie die Tür des Klassenzimmers und geht zu der riesigen Landkarte, die an der Wand hängt. Vorsichtig schlägt sie Botswana zurück, wo ihre Großeltern geboren wurden, und legt das Tastenfeld dahinter frei. Als sie den Geheimcode eingegeben hat – die Koordinaten von Botswana –, hört man ein Klicken.

Die Wand unter der Weltkarte rutscht ein paar Zentimeter nach vorn, gleitet nach links, und schon sieht man einen kleinen Raum. Auf die mit Korkpappe verkleideten Wände sind überall Landkarten gepinnt. Die Frau findet den Gedanken hilfreich, dass das Leben mehr zu bieten hat als nur diesen Raum, diese Schule, in diesem Land auf diesem Kontinent. Die Korkpappe dient als Schallschutz.

Sie wartet, bis die Wand mit der Weltkarte sich hinter ihr wieder geschlossen hat und der Raum von einem orangenen Lichtschein erfüllt ist.

Dann holt sie tief Luft.

Und brüllt.

Sie arbeitet im hauswirtschaftlichen Bereich eines Fünfsternehotels. Ihre Vorgesetzte hat Mundgeruch. Um ihre neun Monate alte Tochter kümmert sich die Großmutter. Ihre Mutter braucht Alkohol, um den Tag zu überstehen, aber sie ist unglaublich lustig, und niemand bringt die Frau so zum Lachen wie sie. Nachdem sie die Schule endlich hinter sich hat, gefällt ihr die Freiheit des Arbeitslebens, denn sie kann etwas für sich tun. Aber sie kommt auch sehr gern wieder nach Hause, sie liebt das Zahnfleischlächeln ihrer Tochter und die pummeligen Händchen, die sich ihr entgegenstrecken.

In der Metzgerei gegenüber arbeitet ein Typ, an den sie dauernd denken muss. Sie beobachtet ihn oft durchs Schlafzimmerfenster und kann das alberne Lächeln, das sich unweigerlich auf ihrem Gesicht ausbreitet, wenn sie an ihn denkt, einfach nicht unterdrücken. Ihrer kleinen Tochter geht es genauso, wenn sie ihn sieht. Ein sicheres Zeichen für ihre Sympathie. Sie hat diesen Monat mehr Fleisch gegessen als je zuvor.

Auf dem Stockwerk müssen noch drei Zimmer geputzt werden, dann ist sie fertig für den Tag. Wie so oft nimmt sie die Hotelschokolade, die die Gäste liegengelassen haben, einfach mit, um sie nachher ihrer Mutter aufs Kopfkissen zu legen und die Bettdecke für sie zurückzuschlagen. Ihre Mutter findet das immer toll.

Sie hat zwei Geheimnisse. Niemand weiß, wer der Vater des Babys ist. Aber da ist noch etwas.

Als alles erledigt ist, verschwindet sie in der Abstellkammer, schiebt den Karton mit den Shampooflaschen zur Seite, und ein Tastenfeld erscheint. Rasch tippt sie den Geheimcode ein – die Kombination ihres ehemaligen Schulspinds.

Ein Klicken ist zu hören, das Regal mit den flauschigen weißen Handtüchern gleitet zur Seite, und vor ihr öffnet sich ein kleines Zimmer. Es riecht nach frischer Wäsche, ein sommerlicher, sauberer Duft. Rasch zieht sie die Schuhe aus und geht hinein. Der Boden besteht aus weichem Baumwollstoff, auch die Wände sind damit verkleidet. Dahinter befindet sich eine Schallisolierung.

Die Regalwand schließt sich, ein lila Schimmer umhüllt die Frau, Lavendelduft steigt ihr in die Nase.

Langsam atmet sie ein und aus.

Dann öffnet sie den Mund.

Und brüllt.

Sie ist Kinderkrankenschwester, hat selbst noch keine Kinder, hofft aber, welche zu bekommen. Die häufigen Nachtschichten machen es schwierig für sie, jemanden kennenzulernen, ganz zu schweigen davon, ihr Leben mit jemandem zu synchronisieren. Sie lebt für ihren Job, ihre Babys sind ihr Ein und Alles. Auch in der Freizeit denkt sie ständig an sie. An die, die überleben, und an die, die es nicht geschafft haben. Nachts, wenn sie schläft, hört sie manchmal die Verlorenen weinen und glucksen, fühlt marshmallowweiche Haut an ihrem Gesicht, und der Duft von Babypuder steigt ihr in die Nase. Wenn sie erwacht, ist der Geruch verschwunden.

Sie spielt wundervoll Klavier und trinkt sehr viel. Aus einem unerfindlichen Grund wird sie gelegentlich von dem Drang übermannt, ihre Unterwäsche zu zeigen, was ihre Freunde total witzig finden. Sie ist Hals über Kopf in einen verheirateten Mann verliebt. Aus schlechtem Gewissen folgt sie seit Neuestem seiner Frau auf Twitter. Jedes Mal, wenn sie ein Buch fertiggelesen hat, schenkt sie es dem Obdachlosen, der in ihrer Straße sitzt und sich nie dafür bedankt. Aber das ist ihr egal. Ihr Lieblingsduft ist der süße Mistgeruch der Familienfarm, auf der sie aufgewachsen ist. Sie hat die Erfahrung gemacht, dass sie öfter Dinge liebt, die andere Menschen hassen.

Bei der Arbeit ist ihre Geduld endlos. Immer wieder bezeichnen die Eltern ihrer Babys sie als Engel. Wenn sie Schlange stehen muss, bekommt sie Platzangst. Sie liebt es, ihren Vater singen zu hören, und ist fast hundertprozentig sicher, dass ihr Bruder schwul ist. Allerdings vermutet sie, dass seine Frau nichts davon weiß. Mindestens fünfmal pro Tag überlegt sie, ob sie mit ihm darüber reden soll.

Auch sie hat ein Geheimnis.

Im Schlafbereich der Schwestern vergewissert sie sich, dass sie allein ist, und zieht den Vorhang um ihr Bett fest zu, um ungestört zu sein. Dann setzt sie sich aufs Bett, nimmt die Fernbedienung in die Hand, mit der man das Bett verstellen kann, und drückt gleichzeitig auf den Knopf für nach oben und für nach unten. Die oberste Schublade des Nachtschränkchens öffnet sich. Darin befindet sich ein Tastenfeld.

Sie tippt den Geheimcode ein: die Identifizierungsnummer auf dem Armband des letzten Babys, das sie verloren hat.

Die Wand hinter dem Kopfende des Bettes öffnet sich, und die Frau klettert über das Kopfbrett in einen kleinen dunklen Raum, in dem es nach Babypuder riecht. Boden und Wände sind mit Fleece bezogen, weich wie ein Teddybär. Hinter ihr schließt sich die Wand, sofort erhellt babyblaues Licht die Dunkelheit.

Die Frau legt sich auf den Boden, rollt sich zusammen. Und brüllt.

Sie ist eine nichtberufstätige Mutter mit drei Kindern unter drei Jahren. Sie liebt ihre Kinder, legt aber großen Wert auf die zwei Stunden, die sie für sich allein hat, wenn die Kleinen eingeschlafen sind. Dann setzt sie sich mit einer Flasche Wein auf die Couch. Am liebsten lauscht sie den Plaudereien der Kinder untereinander. Niemand kann sie so gut zum Lachen bringen wie ihre Kinder.

Sie ist eine Meisterin in der Kunst, bei anderen den Eindruck zu erwecken, dass sie zuhört, auch wenn es gar nicht stimmt. Sie erwirbt gern ohne festen Anlass Geschenke für andere; wenn sie etwas entdeckt, was sie für jemanden passend findet, will sie es sofort kaufen. Sie fährt gern schnell Auto. Sex mit ihrem Mann ist ihr liebster Zeitvertreib. Auch Pornos mag sie. Bisher hat sie nie wirklich jemanden gehasst, aber bei der Frau ihres Bruders ist sie nah dran. Sie tanzt leidenschaftlich gern und meidet Konfrontationen, so gut es geht. Sie ist sozial inkompetent und ungeschickt. Innerhalb eines Jahres hat sie fünf Schlüsselbunde verloren.

Beim Einkaufen im Supermarkt gerät sie schnell in Wallung und wird wütend. Beim Joggen pinkelt sie sich manchmal in die Hose, deshalb hat sie das Laufen aufgegeben. Sie kommt nie zu spät. Sie ist eine exzellente Mutter. Aber sie lässt den Toast immer verbrennen und weiß nicht, wie man verlorene Eier macht. Sie kann wunderschön singen; was das Aussehen angeht, sind ihre Haare ihr größter Aktivposten.

Alle sagen immer zu ihr: »Ich weiß nicht, wie du das machst.«

Sie hat ein Geheimnis.

Wenn die drei Kinder ihren Mittagsschlaf machen, geht sie ins Spielzimmer und betätigt den Hebel des Springteufels. Die Figur ist drahtlos mit dem Tastenfeld an der Wand verbunden, das plötzlich zwischen den Transformers der Jungs erscheint.

Sie gibt einen Code ein: 6969. Zwar findet sie es selbst albern, aber sie muss darüber lachen. Langsam öffnet sich die Transformers-Wand, und ein kleiner Raum tut sich auf.

Drinnen sind die Wände mit rotem Leder bezogen. Die Frau liebt es, sie anzufassen.

Die Wand schließt sich wieder hinter ihr.

Nachtlichter gibt es nicht, die Frau mag es lieber dunkel. Langsam tastet sie sich am kühlen Leder der Wand entlang zu einer Ecke des Raums und lässt sich hinuntergleiten. Einen Augenblick liegt sie reglos da, starrt in die Dunkelheit und konzentriert sich.

Dann öffnet sie den Mund.

Und brüllt.

Cecelia Ahern
Postscript - Was ich dir noch sagen möchte
Roman

Vor sieben Jahren ist Holly Kennedys geliebter Mann Gerry gestorben. Er hat ihr Briefe hinterlassen, die sie in ein neues Leben begleitet haben. Da wird Holly von einer Gruppe von unheilbar kranken Menschen angesprochen. Inspiriert von Gerrys Geschichte, möchten sie ihren Lieben ebenfalls Botschaften hinterlassen. Holly will nicht in die Vergangenheit zurückgezogen werden. Doch als sie beginnt, den Mitgliedern des »P.S. Ich liebe Dich«-Clubs zu helfen, wird klar: Wir können alle Sinn finden und die Liebe weitertragen. Wenn wir uns nur einlassen auf die Frage: Was will ich heute noch sagen und tun, falls ich morgen nicht mehr da bin?

Die überraschende Fortsetzung des Millionen-Bestsellers »P.S. Ich liebe Dich«.
Aus dem Englischen von Christine Strüh
432 Seiten, gebunden

Weitere Informationen finden Sie auf
www.fischerverlage.de

CECELIA AHERN

Wunderbare Geschichten, große Bestseller

Nichts verpassen?
Folge Cecelia auf ihrem deutschsprachigen facebook-Kanal:

https://de-de.facebook.com/
ceceliaahernofficial